# 만나요약설교 6

# 만나요약설교 6

김명규 목사 지음

# 머리말

사도 바울은 고백하기를 맨 나중에 만삭되지 못하여서 난 자 같은 나에게도, [고전15:8]라고 하였는데 어찌 바울과 비교 하겠느냐만서도 아무리 생각해 보아도 모두가 하나님의 은혜가 아닌 것이 하나도 없음을 고백 하면서 여섯 번째 「만나 요약설교」집을 출간하게 되었다.

어린 시절부터 은혜 속에 성장하여 왔으나 말이 없어서 사람들은 내게 벙어리가 아니냐고 조롱도 하였으나 그런 나에게 청중들 앞에서 설교하는데 사람이 많을수록 더욱 웅변적인 기질이 나오는 것은 이따금씩 나 자신도 깜짝 놀라곤 하는 부분이다. 이것은 분명하게 하나님의 은혜요 축복이라고 고백하지 않을 수 없는 부분이다.

고등학교 1학년 첫 시간에 국어 선생님이 담임 이셨는데 사람 인 자를 넉자 쓰시더니 사람이면 다 사람이냐 사람이어야 사람이다. 하시면서 너희들은 먼저 사람이 되어야 한다고 교훈하여 주신 말씀이 새롭게 생각나는 때가 많이 있다.

주의 종으로 부름 받아 설교를 시작한지가 벌써 35년은 되었다, 그동안 무슨 설교는 하지 아니 하였겠으리요 마는 시간이 갈수록 더욱 두렵고 떨리는 때가 많이 있음은 나만의 입장 일까, 두렵고 떨림으로 너희 구원을 이루라, [빌2:12] 고 하셨는데 앞으로 얼마나 어디에 누구에게 설교를 하여야 하는지는 나의 주인 되시는 그분이 아시겠지만 바른 심부름꾼이 되어 전하기로 다짐해 본다.

부족한 사람을 대신교단의 43회기 총회장으로 일하게 하신 하나님께 감사드리고 함께 수고하신 임원들과 상비부서에서 일해오신 분들에게도 마음을 전하지 않을 수 없다.

원고 정리에 힘써준 사무실 직원들의 노고와 당회원과 불철주야 기도해 주신 성도들에게 마음을 전한다. 예루살렘 출판사 역시 언제나 마음에 두며 고맙게 생각하는 바 이다.

사랑하는 아내 유미자 사모에게도 마음에서 나오는 정서를 보내는 바이다.
이 책을 보는 분들에게 조금이라도 도움이 된다면 그것으로 만족하게 생각하며 하나님의 축복이 언제나 함께 하시기를 바란다.

2009년 6월
소석 **김명규** 목사

# 추천사

사람이 일생동안 하는 여러 가지 일들이 있습니다. 그 일 중에는 가치 있는 일도 있고 무가치한 일도 있습니다. 그리고 일을 하다보면 가치 있는 일만도 할 수 없습니다. 그러나 일을 하면서 가치 있는 일을 한다면 그것은 본인뿐만 아니라 여러 사람에게 유익을 줄 것입니다.

그 가치 있는 일 가운데는 여러 가지 일들이 있습니다. 돈을 벌어 가족을 부양하는 일도, 사회나 직장과 가정에서 주어진 일을 성실히 감당하는 일도, 사람을 깨우치고 가르치는 일도, 정치하는 일도 가치 있는 일입니다. 그 외에도 가치 있는 일은 너무나 많습니다. 그러나 그러한 일들보다 참된 가치를 부여할 만하고 귀한 일은 사람의 생명을 살리는 일입니다.

사람의 영혼을 살리는 일은 새벽마다, 주일마다, 강단에서 하나님의 말씀을 선포하는 일입니다. 이 말씀을 선포하는 일에만 평생을 종사하셨고, 오로지 이 일에만 마음을 쓰신 총회장님의 주옥같은 생명의 말씀이 한 권의 책으로 묶어져 나오게 됨은 복된 일이며, 축하 받을 만한 일입니다.

성도들은 이 책을 책꽂이에 한 권씩은 꼭 비치하고 읽을 것을 권합니다. 더 나아가 주위 사람들에게 이 책을 권하여 읽도록 하여, 더 많은 사람들이 영혼 구원받도록 하여야 할 것입니다.

대한예수교장로회 총회 부서기 **최효식** 목사

# 목차

## 전도

강권하라, 그리고 채우라 (눅14:16-24) ········· 16
'내 집을 채우라' 하셨습니다 (눅14:15-24) ········· 20
무익하던 사람이 유익한 사람으로 (딤후4:9-11) ········· 24

## 성도

구세주의 마지막 부탁 (마28:16-20) ········· 28
예루살렘에서 여리고로 내려가는 길 (눅10:30-37) ········· 32
성도가 입어야 할 옷 (골3:12-14) ········· 36
영적인 신기한 능력 (벧후1:1-7) ········· 40
불구덩이에서 부자가 주는 교훈 (눅16:27-31) ········· 44
쉬지 않고 해야 할 영적인 일들 (행5:38-42) ········· 48

하나님은 중심을 보십니다 (삼상 16:6-13) ······· 52
추수감사보다 먼저 할 일들 (살전5:16-18) ······· 56
최후 승리가 기약된 사람 (단6:25-28) ······· 60
나신 왕께 경배하라 (마2:1-12) ······· 64
요단 건너 새로운 땅의 축복 (수1:4-9) ······· 68
시험을 이기는 사람들 (약1:12-15) ······· 72
일어나 함께 가자 (아2:10-14) ······· 76
두려워하지 말라 (사44:1-8) ······· 80
덮어주고 가리워주는 가족들 (창9:20-29) ······· 84
행복하고 성공적인 가정 (행10:1-6) ······· 88
하나님께서 주신 복을 받을 사람들 (시128:1-6) ······· 92
인생의 소망을 어디에 두십니까? (벧전1:17-21) ······· 96
하나님이 기뻐하시는 헌신 (출35:20-29) ······· 100
시종일관 감사하라 (시103:1-3) ······· 104
우리의 몸에도 예수의 흔적을 (갈6:17) ······· 108
성도를 향하신 하나님의 선언 (사43:1-7) ······· 112
천사의 얼굴 모습 (행6:7-15) ······· 116
시간의 남은 때를 (벧전4:7-11) ······· 120
내 영혼이 잘되면 (요삼 1-4) ······· 124

게네사렛땅과 그곳 사람들 (마14:34-36) ········· 128
새벽을 깨우라 (시108:1-7) ········· 132
영적인 신령한 거울 (고전10:6-12) ········· 136
가서 너도 이와 같이 하라 (눅10:30-37) ········· 140
신앙을 따라 이사한 사람들 (창12;1-4) ········· 144
복 받을 일 부모공경 (엡6:1-3) ········· 148

## 은혜

감사 할 수밖에 없는 하나님의 은혜 (고전15:9-11) ········· 152
몇 번이나 용서하여 주리이까? (마18:15-35) ········· 156
에스겔이 본 성소에서 시작한 물(성민의 축복) (겔47:1-12) ····· 160
행복한 삶의 조건들 (살전5:16-24) ········· 164
여호와의 복주신 향취 (창27:26-30) ········· 168
베풀고도 남는 축복의 법칙 (눅6:27-38) ········· 172
보아스의 옷자락에 담긴 뜻 (룻3:6-9) ········· 176
치료받은 사마리아인의 감사 (눅17:11-19) ········· 180
하나님께서 주신 선물들 (엡2:7-10) ········· 184
단비가 절대로 필요한 인생들 (슥10:1-6) ········· 188

## 교회

닫힌 문을 열어라 (대하29:1-11) ...... 192
베드로의 사역에서 주신 교훈 (행9:31-35) ...... 196
일어나 전신갑주를 입어야 할 사람들 (엡6:10-13) ...... 200
연합하여 하나가 되어야 할 일 (겔37:15-17) ...... 204
교회여 일어나라 성도여 빛을 발하라 (사60:1-3) ...... 208

## 예수님

안심하라 두려워 말라 믿으라 (마14:22~33) ...... 212
예수를 만나고 변화 받은 사람들 (마9:1-8) ...... 216
무엇이 보이느냐? (막8:22-26) ...... 220
십자가 위에서 흘리신 예수의 피(고난주간) (히9:11-15) ...... 224
왜 예수만 믿어야 합니까 I (요1:12-13) ...... 228
왜 예수만 믿어야 합니까 II (요10:1-15) ...... 232
왜 예수만 믿어야 합니까 III (마4:23-25) ...... 236
왜 예수만 믿어야 합니까 IV (행4:12) ...... 240
왜 예수만 믿어야 합니까 V (마16:13-20) ...... 244

왜 예수만 믿어야 합니까 Ⅵ (히9:27-28) ·············· 248
예수그리스도의 피 (히10:19-25) ·············· 252

## 하나님

눈을 들어 주를 바라보라 (시121:1-8) ·············· 256
하나님만 바라라 (시62:1-7) ·············· 260
너희를 건지리니 두려워 말라 (렘42:10-12) ·············· 264
세상 어디에 소망을 두십니까? (시146:1-5) ·············· 268
예레미야에게 보이신 하나님 (렘33:1-9) ·············· 272
부르짖으매 나를 고치셨나이다 (시30:1-5) ·············· 276
모두 주의 것입니다 (롬14:6-9) ·············· 280
하나님의 절대적 주권 (삼상2:6-10) ·············· 284
하늘과 땅이여 들으라 (사1:1-9) ·············· 288

## 기도

깨어라, 그리고 기도하라 (골4:2-6) ·············· 292
은혜와 평강 가운데 복에 복을 더하는 교회 (대상 4:9-10) ····· 296
솔로몬의 기도에서 주시는 교훈 (대하6:12-17) ·············· 300
위기를 기회로 역전케 하는 기도 (에4:14-16) ·············· 304

## 믿음

| | |
|---|---|
| 일곱 번까지 다시 간 결과 (왕상18:41-46) | 308 |
| 죽었으나 믿음으로 말하는 사람들 (히11:1-4) | 312 |
| 무엇이든지 두려워하지 않는 사람 (시27:1-3) | 316 |
| 부활의 주님을 믿습니까? (요16:28-33) | 320 |
| 탕감받은 자의 믿음 (눅7:43-50) | 324 |
| 소원의 항구로 인도하소서 (시107:23-32) | 328 |
| 푯대를 분명히 하라 (빌3:12-16) | 332 |

# 만나요약설교 6

# 강권하라, 그리고 채우라
(눅14:16-24)

아름답고 좋게 지은 집이라도 비워두면 결국 폐가가 되고 거미줄이 쳐지고, 마당에는 잡초만 우거지게 됩니다. 시골에 가면 옛 영화로운 집들이 폐가가 된 집들이 많이 있는데 사람이 살지 않기 때문입니다.(눅11:24-26)폐가가 된 비어둔 집에는 깨끗이 청소가 되어있어도 결국 귀신이 저보다 더 악한 귀신을 일곱이나 데리고 들어가서 더욱 어렵게 만든다고 하였습니다. 그래서 언제나 마귀는 본질상으로 빈 집만 골라서 여기 저기 기웃거리기 때문에 깨어서 대적해야 하고 조심해야 할 대상입니다.(벧전5:8) 따라서 비워두게 되면 화근이 되고 말 것입니다.

본문 말씀은 마태복음 22:1-14까지의 말씀과 동일한 말씀인데 어떤 임금이 아들 결혼식에 사람들을 초청하였으나 이런저런 핑계를 대면서 오지 않았고 오히려 종들을 때리고 능욕하고 죽이기까지 하였습니다. 이에 화가 난 임금이 저들을 모두 심판하게 되었고 이제는 길거리 어디든지 나가서 아무나 데려다가 내 집을 채우되, 강권하여 채우라고 하셨습니다.

여기에서 우리는 빈 집으로 놓아둘 것이 아니라 아무나 데려다가 내 집을 채우라는 말씀에서 큰 교훈을 얻게 됩니다.

## 1. 결과적으로 임금의 대노를 불러오게 되었습니다.

임금님의 아들 결혼식에 초청하여도 오지 않았던 저들에 대해서 대노를 발하게 된 것입니다.

### 1) 임금이 대노를 발하게 된 결과를 보시기 바랍니다.
임금이 노를 발하게 되면 무섭습니다.
① 군대를 보내어 진멸하게 되었습니다.

마22:7의 말씀을 자세히 읽어 보시기 바랍니다. "임금이 노하여 군대를 보내어 그 살인한 자들을 진멸하고 그 동네를 불사르고" 하였습니다. 타락한 인간 세상에 심판이 임하게 되었고(창5:5), 그것은 장차 오게 될 심판의 모형이요 예표입니다.(창19:24)
② 임금이 노하게 되었습니다.
(눅14:21) "이에 집주인이 노하여"라고 하였습니다. 소를 샀기 때문에, 밭을 샀기 때문에, 장가들었기 때문에 등의 핑계를 대면서 오지 않는 것은 임금을 우롱한 처사입니다. 더욱 사신들을 능멸하고 죽였습니다. 이것은 보내신 분에 대한 전쟁선포와 같은 행위입니다.

### 2) 이것은 비유입니다.
비유의 초점이 어디에 있겠습니까?
① 아들 되시는 예수그리스도에 대한 사건입니다.
하나님께서 예수그리스도를 아들의 신분으로 이 땅에 보내셨지만 자기 백성이 영접치 아니하였고 배척하였습니다.(요1:11) 그리고 주변 사람들을 핍박하거나 죽였는데 스데반집사(행7:55-60)와 요한의 형제 야고보(행12:1)를 죽였고 바울은 목 베임 받게 되었고 베드로는 거꾸로 십자가에 죽었으며 도마는 인도에서 순교 당하였습니다.
② 지금도 세계 도처에는 천하 임금의 아들 예수그리스도의 복음을 전하다가 박대나 곤혹을 치르고 심지어 죽임 당하는 경우들도 있습니다. 핍박의 현장들이 많이 있거니와 임금 되시는 하나님도 배척하는 무리들의 모습입니다.

## 2. 강권하라 그리고 데려다가 채우라
화가 난 임금은 이제 특정인을 초청하는 것이 아니고 유대인이든 헬라인이든 야만인이든 닥치는 대로 데려다 채우라고 하십니다. 특정인인 유대인만이 아니라 예수 안에서는 모두가 대상입니다.(롬2:28)

### 1) 만나는 사람마다 아무나 데려다가 집을 채우라고 하였습니다.
길거리, 산비탈, 시장 바닥 어디서든지 만나는 사람마다 데려오라고 하였습니다.

① 1차 초청 받은 사람이 유대인이라면 2차 대상은 누구든지 데려오라고 하는데 이방 구원 시대가 열림을 암시해 줍니다. 마22:10에서는 "종들을 보내며 길에 나가 악한 자나 선한 자나 만나는 대로 모두 데려오니 혼인 자리에 손이 가득한지라" 했습니다.
② 이제는 만인 구원의 복음 전도시대입니다.
그래서 주인은 입구에서 들어오는 사람마다 예복을 입혀주었는데 이 예복을 입는 자만 잔치에 들어가게 됩니다. 예수그리스도 안에서는 무슨 허물이 있든지 모두 덮어주시는 축복입니다. 신분 관계나 남녀의 구별이 없습니다. 예수께서 가려주십니다.

### 2) 이제 우리는 무차별적인 전도 시대에 살고 있습니다.
구약시대에는 선민의식이 있었지만 지금은 은혜시대입니다.
① 누구든지 데려와야 합니다. 하나님의 교회는 신분차별이나 그 어떤 차별이 없습니다.
② 데려오기 위해서 힘써야 합니다. 한 사람이라도 데려다가 잔치 집을 채워야 합니다.
③ 계속적으로 관심을 가지고 사람을 접촉해야 합니다.
보험하시는 분들이 보험 계약을 위해서 노력하는 만큼만 해보세요. 분명히 열매가 맺히게 됩니다.
④ 영혼구원을 위해서 집중적으로 상대하며 기도해야 합니다.
전도대상자를 놓고서 계속 기도하세요. 열매가 있습니다. 영혼 구원의 역사들이 은평교회에 풍성히 나타나기를 축원합니다.

## 3. 지금은 전도의 마지막 기회의 시대입니다.
계절따라 겨울이 오듯 시대적인 겨울이 올 것입니다.

### 1) 구원의 문이 닫히기 전에 영혼 구원해야 합니다.
구원의 문, 전도의 문이 언제나 열려 있는 것이 아닙니다.
① 방주의 문이 닫혔습니다.(창7:16)" 여호와께서 그를 닫아 넣으시니라" 하였습니다. (Then the LORD shut him in) 교회 문이 닫히는 때가 다가오고 있습니다.

② 잔칫집 문도 닫히게 됩니다.(마25:10)
"예비하였던 자들은 함께 혼인 자리에 들어가고 문은 닫힌지라" 하였습니다.(And the door was shut) 전도의 때가 지나가고 있습니다.

### 2) 임금은 참으실 만큼 참으셨습니다.
① 그러나 언제까지 참으시지는 않습니다.(벧후3:8) 따라서 기회가 언제나 있는 것은 아닙니다.
② 임금의 소원은 빨리 하나라도 돌아와서 구원에 이르기를 원하십니다. 지상교회의 존재목적은 전도요 선교에 있습니다. 예수님은 누가복음 15장에서 한 영혼이 돌아올 때에 하나님이 제일 기뻐하신다고 하셨습니다. 아들이 돌아올 때와 같이 이번 전도축제가 잔치가 되기를 주의 이름으로 축원합니다.

**결론 : 문이 닫히기 전에 전도합시다.**

# '내 집을 채우라' 하셨습니다
(눅14:15-24)

창고는 곡식으로 가득할 때 주인이 기쁘고, 교실에는 배우는 학생으로 가득할 때 선생님이 신바람이 나서 교육하게 됩니다. 예수님께서 가시는 곳마다 사람들이 인산인해를 이루었음을 보게 됩니다.(마5:1, 4:25, 8:1, 막3:7-8, 눅6:17)

그리고 큰 무리(마14:14 many peoples), 허다한 무리(large crowds), 많은 백성(a great number of peoples)라고 하셨는데 후에 계시록에서는 이 큰 무리는 구원 받은 백성들이라고 하였습니다.(계7:9)

본문에서 예수님께서 전도에 관한 중요한 말씀을 혼인잔치에 초청한 사건으로 비유해서 말씀하시면서 '내 집을 채우라'고 하시는 모습을 보게 됩니다.

지금은 교회의 문이 활짝 열리게 되었고 데려다가 채우는 시대입니다. 교회 부흥은 곧 천국 부흥인바 천국 부흥을 위해서 전도하여 교회를 채우는 일에 다시한번 힘써야 하겠습니다.

## 1. 전도는 천국으로 초청하는 행사입니다.

우리는 몇 달 전 부터 천국으로 초청하는 행사인 전도를 위하여 기도하며 준비해 왔습니다. 왜 전도해야 합니까? 본문에서 임금의 초청과 같이 만왕의 왕되시는 하나님께서 오라고 하시는 초청이 전도입니다.

1) 하나님께서는 전도의 미련한 것으로 택한 백성들을 구원하시려고 초청하게 됩니다.(고전1:21)

① 전도는 천국의 초청장(Invitation of heaven)인데 여기에 초청장이 바로 전도라는 매개체입니다. 그래서 전도는 매우 중요한 일인바 생명을 살리고 구원받게 하는 일이기 때문입니다. 그런데 사람들은 이 전도를 미련하게 여기며 응하려 하지 않습니다. 그러나 하나님은 전도의 미련한

것(the foolishness of what was preached)을 통해서 택한 백성들을 부르시며 구원하십니다.
② 옛날이나 지금이나 구원 받은 사람들은 이 전도의 방법을 통해서 하나님께 나오게 됩니다. 하지만 사람들은 당장 지구의 종말이 온다 해도 믿지 않고 있다가 망하게 되는데 말세 때에도 그러하리라고 예수님은 노아시대나 소돔과 고모라의 사건을 말씀하시면서 언급하셨습니다.(창 7-8장, 마24:37) 지금은 여러 가지 많은 매체를 통해서 하나님께서 부르시고 계십니다.

### 2) 수많은 매체를 통해서 부르시지만 사람들이 응하려 하지 않습니다.
초대에 응하게 되면 구원이요, 축복이요, 사는 길인데도 사람들은 초대에 나오지 않습니다.
① 바쁘다는 이유에서 입니다.
눈에 뵈는 일에는 바쁘지만 더 중요한 영혼을 위한 영원한 일에는 생각지도 않습니다.(17-18)
(18) '다 일치하게 사양하여'(But they all alike began to make excuses)라고 하였습니다.
무엇을 위해서 바쁜 것일까요?
② 저들이 사양하는 이유들을 보시기 바랍니다.
소를 샀다, 밭을 샀다, 장가들었다는 이유인데 모두가 한결같이 세상일이요 육신적일이며 영적인 일에는 관심이 없습니다. 그것 가지고는 천국에 갈 수가 없으며 먼저 해야 할 일은 그 나라와 그의 의를 구하는 일인 것을 모르는 처사입니다.(마6:33) 다시 후회할 때에는 때가 늦게 됩니다.(히12:16) 그래서 우리는 자신의 사명이 있음을 잊지 말아야 합니다.(딤후4:1-)

## 2. 전도는 하나님의 사랑에 대한 강권적인 일입니다.
아담 안에 죽은 자(창2:17)를 예수 안에서 다시 살리는 일(엡2:1)이기 때문에 중대한 일입니다.

### 1) 하나님의 사랑 때문에 중요한 일입니다.

하나님께서 멸망시키셔도 인간은 할 말이 없습니다. 그러나 하나님은 사랑 때문에 죽어 마땅한 인간을 구원하시는 이 일을 기뻐하십니다.
　① 하나님의 사랑 때문입니다.
　　　하나님의 놀라운 사랑을 보시기 바랍니다.(요일4:8, 16, 벧후3:8) 기다리시고 기다리시다가 심판하십니다.
　② 이제는 길거리 아무에게나 복음을 전해서 데려다가 내 집을 채우라고 하셨습니다. 골목마다 다니며(21절), 강과 산으로 다니며(23), 강권해서(21) 채우라는 것입니다. 이것이 하나님의 뜻입니다.(딤전2:4)

**2) 마지막 기회를 주실 때에 깨달아야 합니다.**
언제나 기회가 있는 것이 아닙니다.(눅16:19-)
　① 교회에 이미 돌아온 자도 깨달아야 합니다.
　　　이제는 마지막으로 부르시는 때입니다.(last calling time) 비행기가 떠난다고 계속 방송하는 데 다른 곳에 있는 사람도 있습니다. 이 성중에 내 백성이 많기 때문에 전도해야 합니다.(행18:10)
　② 아직도 돌아와야 할 택자가 주변에 많이 있습니다.
　　　직장, 사업 등 인생이 해야 할 일이 제아무리 바빠도 예수 믿고 천국 가는 일이 더 바쁩니다. 인생은 말씀으로 삽니다.(마4:4)

## 3. 전도하게 되면 교회가 부흥되고 천국에 풍년이 옵니다.

교회가 부흥되고 천국에 풍년을 원하십니까? 아멘! 그렇다면 전도 밖에 없습니다.

**1) 주님은 12제자와 따르는 몇 무리만 구원받으라고 하시지 않았습니다.**
오히려 전도 명령을 주셨습니다.(마28:18-20)
　① 전도 명령입니다.
　　　전도 명령을 주시고 이를 위해서 성령을 약속하셨고(요14:16), 약속하신 성령이 오실 때까지 기다리라 하셨고(행1:4), 오시면 권능을 받고 전도하라고 명령하셨습니다.
　② 전도는 강제로라도 해야 합니다.
　　　그래서 반강제적으로 데려와서 말씀을 듣게 해야 합니다. 영혼 구원을 위해서 입니다.

## 2) 전도하지 않으면 교회 부흥도 없습니다.

'내 집을 채우라' (my house will be full)하십니다.

① 교회 부흥은 곧 전도입니다.

핍박 시대에도 지하 전도가 이루어지고 콘스탄틴황제에 와서는 드디어 로마를 기독교국가가 되게 했습니다. 평화시대도 전도해야 합니다.

② 때로는 가능성이 없어보여도 전도해야 합니다.

전도는 하나님의 성령의 역사로 이루어지게 됩니다. 전도자는 다만 심부름하는 사역자입니다. 이번에 새생명축제에 수많은 영혼이 구원되기를 주의 이름으로 축원합니다.

**결론 : 전도는 지상명령입니다.(Great commandment)**

# 무익하던 사람이 유익한 사람으로
(딤후4:9-11)

산에 올라가면 수많은 나무들이 있는데 제각기 다르지만 각자마다 기능(Function)들이 있습니다. 지구촌에는 70억이 넘는 사람들이 있는데 하나님께서 전적으로 사용하시는 인물들이 있습니다.

교회사에서도 수많은 사람들 중에서 잠시 동안 1회용으로 쓰인 사람도 있지만 대대로 유명한 사람도 있습니다. 현대사회에 와서도 하나님께서 귀하게 쓰시는 인물들이 많이 있는데 기둥같이 여기는 일군이라고 하였고(갈2:9), 그들이 교회사를 빛나게 했습니다.

바울은 바울되기 전에 사울이었고 교회를 핍박하고 죽이는데 앞장선 사람이었으나 예수님을 만나고 완전히 바뀌었습니다. 그 바울은 디모데에게 편지하면서 '네가 올 때에 마가를 데리고 오라 나의 일에 유익하다' 고 하였습니다.

마가는 사도행전 11-15장에서 볼 때에 사명감도 없었고 무책임하며 바울과 바나바에게 피해를 끼친 사람이었지만(행15:39) 그러나 이제는 노사도 바울에게 필요한 사람으로 바뀌었습니다. 무익하던 사람이 필요한 사람으로 바뀌게 되었는데 여기에는 바나바의 역할이 컸습니다. 바뀌게 되었고 사용하게 된 마가를 통해서 은혜를 나눕니다.

### 1. 마가는 예수님을 사랑하는 사람으로 바뀌었습니다.

사람이 바뀌기는 바뀌는데 나쁘게 바뀐 사람들도 있습니다. 그런데 마가는 하나님이 쓰시기에도 아름답게 바뀌었습니다.

1) 성경에서 빌레몬서에 나오는 오네시모와 같은 경우입니다.
오네시모는 아름답게 변화 받은 사람입니다.

① 오네시모는 빌레몬의 종으로서 그릇행하여 옥에 갇히게 되었는데 옥중에서 바울을 통해서 예수님을 만나게 되었고 사랑 받는 사람으로 변했습니다.(골4:9) 무익하던 자가 유익한 사람으로 바뀌었습니다.(몬11절)
② 마가 역시 책임성이 없던 사람이 훌륭한 복음의 사역자로 바뀌게 되었습니다. 전도자 바울에게 매우 필요하고 요긴한 사람으로 바뀌게 되었기에 마가를 데려오라고 부탁했습니다. 교회에는 이렇게 변화 받은 사람으로 가득 채워져야 합니다.

### 2) 변화 받게 될 때에 주님을 사랑하는 일군으로 살게 됩니다.
변화 받기 전에는 자기 존재의 중요성조차 모르고 살아갑니다.
① 변화 받게 될 때에 사랑하는 자가 됩니다.
주님을 사랑하게 되고 교회의 성도를 사랑하며 뭇 영혼을 사랑하여 주께로 인도하는 사명자가 됩니다. 데살로니가교회는 사랑하기에 사랑의 수고를 하는 교회로 성장하였습니다.(살전1:3) 하나님은 사랑이십니다.(요일4:8, 16) 내가 죄인이었을 때 사랑하신 사랑을 본받는 사랑입니다.(롬5:8)
② 변화 받고 사랑 받는 사람들을 보시기 바랍니다.
본문을 중심으로 해서 성경에는 변화 받고 사랑받는 사람들이 많이 기록되었습니다. 오네시모(골4:9), 사도베드로뿐(요21:15-) 아니라 교회사 가운데 수많은 사람들이요, 이 세대를 살아가는 우리 자신들이 바로 그 당사자들이라고 봅니다.

## 2. 주님의 복음을 위하여 최선을 다하는 사람으로 바뀌었습니다.

밤빌리아 전도여행 시에 무책임했던 모습이 아닙니다. 바나바를 통해서 은혜 받게 되었고 바뀌었습니다.

### 1) 무책임하였던 마가는 복음을 위해서 최선을 다하는 복음의 일군으로 바뀌었습니다.
일군이 되었습니다.
① 복음을 위해서 필요하고 요긴한 사람으로 변화되어야 하겠습니다.
지금은 교회마다 일군이 부족한 추수 때이기 때문입니다.(마9:37-38)

예수님은 천국의 일군에 대해서 강조하셨습니다.(마20:1-16)
② 변화 받은 사람이 주님의 일에 응하게 됩니다.
이사야는 그 좋은 예라고 할 것입니다. 변화 받은 이사야를 부르시고 사용하셨습니다.(사6:1-8) 변화 받게 될 때에 비로소 하나님이 쓰시는 사람이 되었고 현대 교회에서도 같은 원리입니다.

**2) 진정으로 변화 받지 못하면 복음을 위해서 사명자가 될 수가 없습니다.**
또한 최선을 다할 수도 없게 됩니다.
① 영적인 일이기에 구조상으로 볼 때에 변화 받아야 합니다.
우리가 추구하는 바는 이 세상이 아니라 영원한 천국입니다. 따라서 먼저 급선무는 변화 받는 일이 중요합니다.
② 믿음까지도 영적인 일입니다.
마가는 믿음 없는 무책임에서 믿음 있는 책임자로 바뀌어 있었기에 베드로의 통역관으로써 마가복음을 기록하게 되었고 사도바울이 급하게 부르는 사람이 되었습니다.

## 3. 끝까지 전도자의 자리를 지키는 사람으로 변화되었습니다.
이제는 옛날과 같이 무책임하지 않습니다.

**1) 여기에 영적으로 의리가 중요합니다.**
전에는 의리도 없었고 혼자만 생각했던 사람입니다.
① 주께서는 심지가 견고한 사람을 찾으십니다.(사26:3)
바울도 외쳤습니다. 변함없이 사랑해야 합니다.(엡6:24)(The grace of the LORD Jesus Christ be with your sprit Amen) 순교자들이 모두 여기에 속한 사람입니다.
② 세상에서 이야기하는 의리도 중요하지만 영적인 일에는 더 중요하다고 하겠습니다.
그런데 여기에는 어려운 십자가가 따르기에 십자가를 지고 가야 합니다.(마16:24)

**2) 믿음의 동역자 곁에서 끝까지 영적 일에 힘써야 하겠습니다.**
① 변심자 데마도 있습니다.(9-10)

데마를 통해서 씁쓸한 면을 보여주기도 합니다.
② 의사 누가는 바울 곁에서 끝까지 함께 하였습니다.
'저가 나의 일에 유익하니라' (because he is helpful is me in my ministry) 하였습니다.
끝까지 복음 따라가며 필요한 일군들이 되시기를 주의 이름으로 축원합니다.

**결론 : 복음에 필요한 일꾼 되시기 바랍니다.**

# 구세주의 마지막 부탁
(마28:16-20)

구세주(Savior)란 말은 글자 그대로 다른 어떤 곳에서 위기 때에 건져주신 은인을 일컫는 말인데, 세상에 그 어떤 사람도 은인이 될 수가 없지만 오직 예수그리스도만이 우리의 영원하신 은인이 되십니다. 예수그리스도는 십자가 위에서 우리의 지옥 갈 죄를 담당하시고 대속적인 죽음을 죽으셨으며 부활하셨습니다(롬4:25).

우리가 아직 죄인 되었을 때입니다(롬5:8). 우리의 구원을 완성하시고(요19:31), 승천하시면서 부탁이자 명령을 하시고 가셨습니다. 이 복음을 전하라는 것입니다. 그래서 전도는 예수님의 명령이자 부탁입니다. 또한 유언(히9:16)이기도 합니다.

본문을 통해서 다시한번 몇 가지 은혜를 나누어 보며 다시한번 사명을 다짐해 봅니다.

## 1. 제자들은 먼저 예수님께 경배하였습니다.

부활하신 예수님이십니다. "명하신 산에 이르러 예수를 뵈옵고 경배하였다"(마28:16-17) 하였습니다. (17절 When they saw him, they worshiped him)

### 1) 경배는 경배의 대상에게 하는 행위입니다.
아무에게나 또는 아무데서나 경배하는 것은 아닙니다.
① 하나님을 믿는 성도들의 자세는 언제나 하나님께 경배하는 일입니다. 아벨의 예배처럼(창4:4), 노아의 예배처럼(창8:20), 아브라함의 예배나(창13:18), 이삭의 예배(창26:25)와 야곱의 경배(창28:18)와 같은 경배입니다. 애굽에 살던 백성들을 이끌어낸 목적이 여기에 있습니다(출

5:1). 하나님은 경배를 받으십니다. (삼하24:21-25, 왕상3:5) 솔로몬도 다윗도 이런 예배를 드렸습니다.

② 예수님은 부활하신 후에 제자들에게 경배를 받으심으로써 모든 시대의 모든 성도들이 그 분에게 경배할 것을 유언으로 보여주셨습니다.

그런데 이스라엘 백성들은 큰 은혜를 받고도 예배가 부실하였습니다. 그래서 순교자 스데반집사님의 순교 설교에서도 책망이 임하였습니다 (행7:51). 성경대로 오신 메시야이신 예수 그리스도를 믿지 아니하였고 예배도 아니하였습니다.

**2) 이 시대의 성도들이 예배에 소홀히 함을 알아야 합니다.**

① 예배 생활에 대해서 인색하지 말아야 합니다.

예수님은 십자가에 죽기까지 대속적 제물이 되셨습니다. 주일이면 산과 들로 나가는 행위는 하나님이 기뻐하시지 않습니다. 예배중심, 경배의 중심이 되어야 합니다.

② 예수 그리스도에 대한 대한민국 교회들의 자세가 옛날보다 많이 약화되었음을 회개해야 합니다.

배고픈 시절 일본 36년의 피압박생활, 그리고 6.25 전쟁의 폐허 속에서도 예배가 소망이었고 축복이었는데 이제 하나님의 축복을 받고서 변심해가는 시대적 상황입니다. 이제 회개하고 바르게 서는 것이 부활 신앙을 가진 교회의 참 모습입니다.

## 2. 경배하는 제자들에게 주신 유언을 보겠습니다.

경배하는 제자들에게 예수님은 유언을 남기셨습니다.

**1) 가서 전하라, 제자 삼으라는 유언입니다.**

(19절)" 너희는 가서 모든 족속으로 제자를 삼아 아버지와 아들과 성령의 이름으로 세례를 주고 내가 너희에게 분부한 모든 것을 가르쳐 지키게 하라" 하였습니다.

① 전도해야 합니다. 복음 되신 예수 그리스도를 전해서 십자가의 도를 통해서 구원 받게 하는 일이 제자들이 부여받은 사명이요 임무입니다. 우리는 사도들을 본받아 주의 참 제자가 되어야 합니다(고전11:1).

② 예수님은 세례를 주라고 하셨습니다.
세례는 물세례와 불세례가 있으며 모두 죄를 씻었다는 표시요, 하나님의 자녀가 된 것에 대한 표식(標識)입니다. 그래서 성령께서 인(印)쳤다고 말합니다(엡1:13). 표시(Mark)입니다. 제자의 표시요, 하나님의 자녀의 표시입니다.

### 2) 예수님은 또 하나의 유언을 남기셨습니다.
사랑하라 그리고 하나가 되라는 유언입니다. 예수님의 기도 가운데 분명히 보여주셨습니다.(요17:11)
① 서로 사랑해야 합니다.
그래서 대야에 물을 떠다놓으시고 발을 씻기시면서 교훈해 주셨습니다.(요13:14)
② 아버지와 내가 하나이듯이 너희는 하나가 되라고 강조해 주셨습니다.(요17:11)
교회론에서도 하나 될 것을 강조하셨습니다(엡5:22-23). 우리는 모두 주님의 제자들로써 유언을 생각해야 합니다.

## 3. 내가 세상 끝 날까지 항상 함께 있으리라 하셨습니다.
가실 때에 3가지 약속을 하셨습니다. 그 약속 위에 교회가 세워지게 되었습니다.

### 1) 보혜사 성령의 약속입니다.
① 성령을 보내 주실 것을 약속하셨습니다.
약속하신 대로 성령께서 오시게 되었고 교회가 시작되는 기점이 됩니다.(요14:16, 26, 행1:4)
② 오순절 날에 성령께서 오셨습니다.
기다리던 120문도에게 임하셨습니다(행1:15). 사도행전은 성령행전입니다(행2:1, 19:2, 요20:20). 내가 그리스도 안에 있는지 확인해야 합니다(고후13:5).

### 2) 함께 계시겠다고 약속하셨습니다.
'세상 끝 날까지', '항상' 입니다(to the very and of the age).

① 항상 함께 하십니다(always).
　시편에도 약속하셨습니다(시121:1-8). 약속을 믿으시기 바랍니다.
② 이 약속을 믿어야 합니다.
　세상이 변해도 이 약속은 언제나 유효합니다. 455장 찬송에서 이 이 하잇(E.E.Hewitt)은 전도하다가 부상당했을 때에 하나님의 사랑을 깨닫고 그 약속을 찬송했습니다.
　모두 이 은혜 중에 승리하시기를 축원합니다.

**결론 : 주님은 지금 나에게 부탁하십니다.**

# 예루살렘에서 여리고로 내려가는 길
(눅10:30-37)

세상에는 길이 많이 있습니다. 사람이 다니는 인도를 비롯해서 차들이 다니는 차도와 배들이 떠가는 뱃길도 있으며, 비행기도 항로에 따라서 비행해야 합니다. 심지어 야생하는 야생동물들도 습관적으로 다니는 길이 있어서 그 길로 다니게 됩니다.

마땅히 사람으로서 앞으로 가야되는 길이 있으며 행하여야 되는 행동이 있습니다. 그래서 하나님께서는 하나님의 백성들에게 바른 생명의 길을 제시하시고 그 길로 행할 것을 말씀하셨습니다.(신30:15) 사람의 생명이 사는 길이기 때문입니다. 세상에는 프랜시스 베이컨(Francis Bacon)이 지적했듯이 거미와 개미 또 꿀벌과 같은 세 가지 유형의 인생이 있어서 각기 제 길로 가겠지만 결국에는 하나님의 심판대에 서게 될 때가 있음을 알아야 합니다.(전12:13-14)

본문은 예수님께서 이른바 누가 선한 이웃이냐에 관한 비유의 말씀인바 여기에서 우리는 인생의 여러 가지 형태의 걸어가는 길을 배우게 됩니다. 물질문명이 최고도로 발달한 시대이지만 영적으로 어둡고 인생길이 점점 퇴락하는 시대에 사는 이 때에 다시한번 큰 교훈을 얻습니다.

## 1. 본문에 등장하는 인물에 대해서 보겠습니다.
세상에는 이른 바 여러 가지 종류의 인생이 있음을 보게 됩니다.

### 1) 이런 사람들을 유심히 보시기 바랍니다.
어디까지나 본문에 등장하는 인물들입니다.
　① 강도 만난 사람입니다.
　　강도 만난 사람은 안타까운 일이지만 우연이 아니고 필연적이라고도 할 것입니다. 왜냐하면 걷지 말아야 할 길을 걷고 있었기 때문입니다.

여리고에 대해서는 이미 내려가지 말 것과 위험한 곳임을 경고한 바 있습니다.(수6:26-27, 왕상16:34) 상징적으로 예루살렘은 예배하는 곳이요 성지인데 그곳을 떠나서 여리고로 내려간다는 것은 강도를 만날 수 밖에 없는 일이었습니다. 지형적으로 보아서 예루살렘은 해발 800여m에 위치해 있지만 여리고는 225m에 위치해 있기 때문에 575m나 내려가는 급경사요 위험한 곳입니다.

② 강도떼들입니다.

강도는 언제나 위험한 곳에 은신하고 있다가 지나가는 사람을 위협해서 물건이나 목숨까지 빼앗는 종류의 사람들인데 예루살렘과 여리고 사이에는 이런 일들이 자행되고 있었습니다. 현대 도시 문명의 화려하게 보이는 생활 속에서도 이런 일은 얼마든지 자행되기 때문에 성도는 언제나 예루살렘과 같은 예배와 말씀을 떠나지 않는 것이 중요한 일입니다. 잘못하게 되면 영혼이 강탈당하게 됩니다.

③ 종교인들입니다.

여기에서 등장하는 종교인은 당시에 최고의 영적지도자들이라 자청하는 레위인과 제사장들이었습니다. 그러나 강도를 만나서 죽어가는 사람들을 그냥 지나쳐 버리는 사람들이었습니다. 우리의 신앙은 이론이 아니고 실제 생활이 중요합니다. 생활에서 신앙이 나타나야 합니다. 야고보서에서는 우리에게 행함의 신앙과 긍휼을 강조해 주셨습니다(약 2:17, 26). 빛과 소금은 희생할 때 그 진가가 나타나게 됨을 알아야 하겠습니다.

④ 선한 사마리아사람입니다.

이 사람의 사회적 지위나 평판은 유대인들이 볼 때에 좋지 않았고 사마리아사람과 유대인들은 큰 갭(gap)이 있는 관계였으나 행함에 있어서 살아있는 사람이었습니다. 우리 주변에는 사마리아인과 같은 손길이 필요한 곳이 너무나 많이 있습니다.

## 2) 우리가 사는 이 세상은 다양화된 세상입니다.

문화나 생각과 생활들이 제각기 다른 길입니다.

① 나는 어디에 서서 어느 방향의 길로 가고 있는지 자문자답해 보아야 하겠습니다.

② 자기 밖에 모르는 극단적인 이기주의 시대에 다시한번 눈을 크게 뜨고 옆과 주변을 볼 줄 알아야 하겠습니다.
타인을 위한 배려가 필요한 시대입니다.

## 2. 누가 강도 만난 사람입니까?
당시에는 실제적으로 많이 발생했던 사건입니다.

### 1) 지금도 상징적으로 위험한 곳은 얼마든지 존재합니다.
① 예루살렘은 성전이 있는 곳입니다.
이곳은 아브라함이 이삭을 드렸던 모리아산이요(창22장) 다윗이 예배하였던 곳이요(삼하24:22-24) 솔로몬이 이곳에 성전을 건축한 성산인데(대하3:1) 이곳을 떠나면 곤란합니다.
② 상징적으로 이곳은 교회요 예수님이 피 흘리신 성전입니다.
예루살렘을 떠나면 강도들이 많이 있음을 알아야 합니다. 그래서 예루살렘을 떠난 사람이 강도를 만나는 것은 필연입니다.

### 2) 어려워도 예루살렘을 떠나지 말고 예루살렘 안에 있어야 합니다.
여리고는 세상과 같은 존재입니다.
① 교회를 떠나면 누구도 책임질 수 없는 문제가 발생합니다. 교회 안에서 살아야 합니다.
② 내려가게 되면 하나님이 기뻐하시지 않습니다.
성경에 분명히 말씀했습니다(히10:38-39). 룻기에 나오는 엘리멜렉 가족이 또한 큰 교훈을 줍니다.

## 3. 우리는 강도 만난 사람의 이웃이 되어야 합니다.
본문이 주시는 큰 핵심입니다.(36절)

### 1) 누가 이들의 이웃이 되느냐는 말씀입니다.
① 이웃에 대해서 우리는 선한 사마리아 사람의 마음으로 전도를 해야 하겠습니다.
모두가 마귀라는 이름의 강도를 만난 사람들입니다.

② 기독교 신앙은 행동하는 신앙입니다.
전도하며 저들을 교회 안으로 인도해야 합니다.

### 2) 예수님이 강조하심을 보시기 바랍니다.
① "너도 가서 이와 같이 하라"입니다(Jesus told him, "Go and likewise"). 이론이 아니라 실제입니다(마25:31-).
② 우리는 성령 충만한 가운데서 이렇게 행하여야 합니다.
우리는 지금 어떤 길로 행하고 있습니까? 믿음의 정석으로 행하게 되시기를 주님의 이름으로 축원합니다.

**결 론 : 성경적 길로 행하여야 합니다.**

# 성도가 입어야 할 옷
(골3:12-14)

사람이 입고 있는 옷의 역사는 창세기에서부터 보여주고 있습니다. 무화과 나무 밑에서부터 시작해서 짐승의 가죽옷까지 말씀하시는데(창3:7, 21) 물론 여기에는 영적이고 신령한 뜻이 있습니다. 현대에 와서 옷의 기능은 다양해졌습니다.

옛날에는 몸을 가리고 추위와 더위로부터 보호하는 기능이었지만, 이제는 디자인과 색까지 모두가 맞아야 합니다. 요즈음은 외출복인지, 속옷인지 모를 정도로 다양화된 시대입니다. 그리고 그 유행이 달라지고 변화가 심한 것이 옷입니다. 그 값 역시 차이가 많아서 몇 천 원에서 시작해서 서민층이 볼 때에 천문학적 숫자의 옷도 있습니다.

본문에서 사도 바울은 성도가 세상에서 살아가면서 입어야 할 영적이고 신령한 옷을 소개하며 전하였습니다. 육신적인 옷이 아닙니다. 영적이고 신령한 측면에서 입어야 하는 옷입니다. 이 옷을 입지 아니하면 결국 천국 잔치에 참여할 수 없습니다.(마22:1-14) 이 시간에 영적이고 신령한 옷에 대해서 확인하는 시간이 되시기 바랍니다.

## 1. 성도는 옷을 바르게 입고 있어야 합니다.

여기 앉아계신 분들 중에 육신의 옷은 모두 입고 있지만 영적인 면에서의 옷을 생각해 보시기 바랍니다.

### 1) 영적인 옷을 입어야 합니다.

영적으로 어떤 옷을 입어야 하는지 밝혀주고 있습니다.

① 긍휼의 옷입니다.

'긍휼'(σπλάγχνα οἰκτιρμῶν, 스플랑크논 오이크틸모)은 '자비의 심장'

이란 뜻인데 그리스도의 심장에서부터 나오는 최고의 긍휼을 의미합니다. 모든 그리스도인은 이 마음을 품어야 하며(빌2:5, 1:8) 예수님이 강조하셨고(마5:7) 야고보도 외치고 있습니다.(약2:13)
② 자비의 옷입니다.
'자비'( χρηστότητα ,크레스토테타)라고 하는데 영어에서는 두 가지로 나누어집니다. 선함(goodness)과 친절함(kindness) 그리고 관대하고 너그러움(generosity)을 뜻하는데 갈라디아5:22에서 성령의 아홉 가지 열매 중에 하나로 강조하였고, 예수님은 비유로써 용서에 관한 말씀을 하실 때에 강조하셨습니다.(마18:32)무자비한 현대에 강력히 주시는 말씀입니다.
③ 겸손의 옷입니다.
'겸손'( ταπεινοφροσύνην , 파데이노프로수넨)은 '비천하다' 는 뜻으로써(humility, modesty) 비굴하고 굴욕적일 정도로 최고로 겸허한 상태를 뜻합니다. 예수님이 본을 보이셨고 그래서 나귀를 타시고 예루살렘에 입성하셨습니다.(슥9:9, 마21:7, 벧전5:5, 약4:6) 어거스틴은 겸손이 신앙의 최고의 미덕이라고 강조하셨습니다.
④ 온유의 옷입니다.
'온유'( πραότητα , 프라우데타)는 온유라는 말(gentleness, 온유)과 친절(kindness), 동정심(sympathy)과 겸손(humility)으로써 외적인 행위에 나타나는 최고의 부드럽고 친절한 태도인데 그래서 온유라는 말은 양털의 부드러움에서 비유가 됩니다.(마11:29)
⑤ 오래 참음의 옷입니다.
오래 참음( μακροθυμίαν , 아크로두미아)로써 인내(patience), 확고부동함(firmness), 견딤(endurance), 관용(forbearance)으로써 오래 참고, 품어 주는, 용서하는 옷입니다.
성령의 9가지 열매 중에 4번째요, 고린도전서 13:4에서 사랑은 오래 참는다고 하였습니다. 그런데 말세 때의 불행은 조급(rash)한데 있다고 하였습니다.(딤후3:4)

## 2) 이 옷은 영적이고 신령한 옷입니다.
① 육신적인 옷이 아닙니다.

그래서 육신적 생각으로 이해할 수 없는 옷입니다. 갈5:16-17에서 볼 때에 성도의 옷은 이해할 수 없습니다.
② 영적인 사람들만이 이 옷을 입게 됩니다.
세상 사람들이 볼 때에는 이 옷이 미련하고 어리석게 보인다고 하였습니다.(고전2:13) 그래도 성도는 이 옷이 있어야 합니다.

## 2. 예수님은 그의 신부들의 옷을 보게 됩니다.

예수님의 신부들이 입는 옷이 반드시 있습니다. (계16:15)' 깨어 벌거벗고 다니지 아니하며 자기의 부끄러움을 보이지 아니하는 자가  복이 있도다' 하였습니다..

1) 예수님의 신부이기 때문입니다.(계19:8-)
   ① 세마포 옷이 예수님의 신부들이 입는 옷입니다.
   탕자가 돌아왔을 때에도 제일 좋은 옷을 입혔습니다.(눅15:22)이 옷은 성도들이 입어야 하는 옷입니다.(엡6:15)
   ② 이 옷을 입지 아니하면 잔치에 들어갈 수가 없습니다.
   마22:12에서 강조하셨습니다. 예배당에는 아무나 올 수 있지만 천국잔치는 아무나 들어가는 것이 아닙니다.

2) 이것은 외형적인 조건이나 신앙생활의 경륜과는 관계가 없습니다.
   ① 라오디게아나 사데교회의 경우에서 보게 됩니다.
   ② 이 두 교회는 부유한 교회였고 핍박도 없었습니다.(계3:1, 14)
   특히 라오디게아교회는 벌거벗은 교회였습니다.(3:18) 신학자들은 이 구동성으로 말세교회의 모습이라고 말합니다.

## 3. 말세 성도가 입어야 하는 옷이 있습니다.

연예인들은 유명할수록 옷이 많다고 합니다. 그러나 성도가 입는 옷은 그런 옷이 아닙니다.

1) 영적인 옷으로써 어떤 옷을 입어야 할까요?
   ① 빛의 갑옷입니다.(롬13:12)

어거스틴은 탕자였다가 이 말씀에 무릎을 꿇고 돌아왔습니다.
② 전신갑주의 옷입니다.(엡6:10)
세상의 화려한 옷이 결코 아닙니다.

2) 세상 역사가 바뀌어도 영적인 원리는 바뀌지 않습니다.
① 구약에도 그랬습니다. 영적 옷을 입어야 했습니다.
② 신약이나 교회사에서도 마찬가지입니다.
성도이기 때문에 반드시 입어야 하는 옷입니다.
이 옷을 입고 승리케 되시기를 축원 합니다.

**결론 : 영적인 옷을 입어야 합니다.**

# 영적인 신기한 능력
(벧후1:1-7)

세상에는 사람들이 잠시 동안 이상하게 여기는 일들이 있어서 신기하다느니 불가사의한 일이라느니 하는 말들을 합니다. 그런데 그것 역시 시간이 지나고 나면 그 사건이 그렇게 될 수밖에 없다는 자연 이치로 밝혀지게 됩니다. 그러나 성경의 진리는 영원한 하나님의 말씀이기 때문에 세월이 아무리 흘러도 변치 않고 퇴색되지 않습니다.

사도 베드로는 본문에서 신기한 능력(His divine power)이라고 전하였습니다. 갈릴리 어부로 평생을 지낼 수밖에 없는 본인을 부르시고 사도로 삼으신 모든 일들을 볼 때에 하나님의 특별하신 역사요 신기한 능력이 아닐 수 없음을 고백하였습니다.

그 분이 행하시는 모든 기적과 역사하심을 보고도 위기 때에는 세 번씩이나 부인했던 본인을 예수님은 또 다시 찾아와 주셨고(요21:15) 오순절 이후에 성령 받은 베드로는 인생관이 달라지고 그 분에 관한 신앙이 달라져 있었습니다.(행4:19) 모든 것을 체험한 베드로는 신기한 능력이라고 고백하였는데 본문에서 몇 가지 은혜를 나누게 됩니다.

## 1. 보배로운 믿음이 신기한 능력입니다.

본문에서 보배로운 믿음(1절), 신기한 능력(3), 지극히 큰 약속(4), 신의 성품(4) 등의 용어가 기록되었습니다. 이 용어들이 신기한 능력에 해당되는 용어들입니다.

### 1) 신기한 능력은 보배로운 믿음입니다.
왜 신기한 능력이 보배로운 믿음이겠습니까?
① 이 믿음이 곧 우리 영원한 죄와 허물로 죽은 자를 다시 살리게 되기 때

문입니다.
죄악의 세상이요, 어두운 세상에서 생명을 살리는 역사는 믿음의 역사가 되기 때문입니다. 약속을 믿고 순종하는 믿음인데 구리뱀 사건에서 나타내 보이셨습니다.(민21:-. 요3:14) 이것이 곧 십자가의 도요, 믿음의 길입니다.(롬1:17, 고전1:18)
② 이 믿음으로 여러 가지 역사들이 일어나게 됩니다.
영혼의 구원을 받게 되고(벧전1:9) 하나님을 기쁘시게 해 드리게 되고(히11:6), 믿음에서 모든 일을 하나님의 영광을 위해서 살게 됩니다.(고전10:31) 이 믿음이 세상을 이기게 되고(요일5:4) 하나님의 자녀가 되는 권세가 있게 하고(요1:12) 온갖 능력과 기적에는 이 믿음이 따르게 되었습니다.(마14:21, 마9:20, 마17:20, 막10:52, 막2:5) 모두 믿음으로 된 사건입니다.

**2) 이 믿음은 우리 모두에게 하나님께서 주신 선물입니다.**
머리가 좋거나 세상적인 인기가 좋아서가 아닙니다.
① 하나님께서 약속하심 따라서 하나님의 성품에 참여시키시려고 주신 것들입니다.
하나님의 자녀요 천국의 시민권자들이기 때문입니다.(빌3:20) 따라서 하나님의 성품에 참여하는 것이 중요합니다. 바울도 그리스도의 마음, 그리스도의 심장(빌1:8, 2:5)이라고 하였습니다. 우리는 하나님의 형상대로 지으심을 받게 되었습니다.(창1:26)
② 이 믿음은 보배로운 것으로서 하나님께서 택한 백성들에게 주신 것입니다.
선물이며(엡2:8) 행위에서 난 것이 아닙니다.(엡2:9) 따라서 이 신기한 능력(His divine power)인 믿음을 잘 간직해야 합니다.

## 2. 하나님의 사랑이 곧 신기한 능력입니다.
제일 많이 들은 용어 가운데 하나가 사랑이라는 말일 것입니다.

**1) '사랑을 공급하라' 하였습니다.**
이 믿음이 중요한데 이 믿음 역시 사랑해서 주신 것입니다.

① 하나님은 곧 사랑이시기 때문입니다.
하나님의 사랑이 아니면 벌써 멸망하였을 것입니다. 죽게 되었을 때에 사랑 때문에 살게 되었기 때문에(롬5:8) 따라서 사랑이야말로 신기한 능력입니다.
② 사랑의 하나님의 은혜를 받은 자가 되었습니다.
믿음으로 말미암아 하나님의 사랑을 받게 되었고 변치 않는 사랑에 의해서 살게 되었으니 이것이 곧 신기한 능력이 됩니다.(요일4:16) 하나님의 그 사랑이 지금도 유효하며 능력이 있습니다.

**2) 이제 이 사랑을 받았으니 행하여야 합니다.**
5절 이후의 용어를 보시기 바랍니다. 믿음, 덕, 지식, 절제, 인내, 경건, 형제우애 등입니다.
① 형제를 사랑함을 행하라는 것입니다.
왜냐하면 사랑이 최고이기 때문입니다.(고전13:1-13) 사랑이 없다면 아무것도 아닙니다.
② 이 사랑의 실천이 곧 신기한 능력입니다.
그래서 개인도, 교회도, 모두 사랑의 실천자가 되어야 합니다. 예수님은 부활 후에 베드로에게 질문하셨습니다. "네가 나를 사랑하느냐" 입니다.(요21:15-) 사랑의 실천에는 반드시 수고가 따라야 합니다.(살전1:3) 주님을 사랑하시면 주님을 위해 수고가 따라야 합니다. 이것이 신기한 능력입니다.

## 3. 마지막까지 참고 소망하는 것이 신기한 능력입니다.
인내(忍耐)라는 말은 소망이 있기 때문에 가능한 것입니다.

**1) 믿음의 성도는 기다림(waiting)이 있습니다.**
기다림은 소망(Hope)이 있기 때문입니다.
① 소망은 성도에게 있어야 할 중요한 덕목입니다.
절망은 곧 죽음에 이르게 만드는 병입니다.(키엘케고르) 심리학적으로 절망이 있는 것은 소망이 있기 때문입니다.
② 하나님은 소망의 하나님이 되십니다.(롬15:13)

하나님 안에서는 언제나 소망을 주시기 때문에 복음입니다.

**2) 소망이 있는 한 승리가 보장되어 있습니다.**
 ① 소망은 신기한 능력이 됩니다.
  아래를 보게 하기 때문입니다. 예수님 안에서는 언제나 소망이 있습니다.
 ② 하나님의 신기한 능력은 지금도 유효합니다.
  이 능력만 있으면 세상을 이기게 됩니다. 신기한 능력으로 세상을 이기게 되시기를 주의 이름으로 축복합니다.

**결론 : 우리는 신기한 능력의 소유자들입니다.**

# 불구덩이에서 부자가 주는 교훈
(눅16:27-31)

영화 제목 가운데 '행복은 성적순이 아니야'라는 것이 있었습니다. 좋은 학교를 나왔는데 일생일대기가 좋지 않은 경우도 있고 세상 말로 학벌은 별로인데 일생일대기가 잘 풀려나가는 경우들이 있습니다. 이런 문제는 비단 인생사의 문제뿐이 아니라 영원한 천국에까지 비추어볼 문제라고 봅니다.

세상에서는 큰소리치며 성공적이라고 살았는데 죽음 문제 이후에도 그렇게 힘이 있다는 분들은 없습니다. 여섯째 인을 뗴일 때에 사도요한이 보았던 광경은 인생들에게 큰 교훈이 아닐 수 없습니다.(계6:12-17)

본문에서 예수님은 부자와 나사로의 사건을 말씀하시면서 분명한 천국과 지옥에 관한 교훈을 말씀해 주셨는데 본문에서 큰 은혜를 받게 됩니다. 예수님은 분명히 말씀하셨습니다. "너희 이름이 하늘에 기록된 것으로 기뻐하라"(눅 10:20 but rejoice that your names are written in heaven)

## 1. 인생은 누구나 한번은 죽을 때가 온다는 교훈입니다.
가난한 사람이든 부유하게 인생을 살았든지 한번은 죽습니다.

### 1) 죽지 않는 사람은 없습니다.
진나라의 시황제도 불로초와 불사약이 무효였습니다.
① 역사 가운데서 유명한 사람들도 모두 무덤만 남겼습니다.
제일 오래 산 사람이 에녹의 아들 므두셀라인데 969세로 제일 장수했으나 역시 죽었습니다.(창5:25) 죽는 방법만 다를 뿐이지 사람은 언젠가 죽게 됩니다. "한 번 죽는 것은 사람에게 정하신 것이요"(히9:27) 했습니다.(Just as man is destined to die once)
그래서 언제든지 죽음에 대한 준비가 필요합니다.

② 죽음에 대한 생사의 여탈권은 하나님께 있습니다.
사람이 임의로 어떻게 할 수가 없습니다. 왜냐하면 생명의 주인은 하나님이시기 때문입니다. 그래서 스스로 자살하는 사람은 지옥행입니다. 생명을 약탈하였기 때문입니다.
결국 마귀에게 속아서 죽은 후에 마귀를 따라서 지옥을 가게 됩니다. 그러므로 이 세대에 교회가 정신을 차리고 전도해야 합니다.

**2) 죽음 이후에는 반드시 심판이 있습니다.**
대개 사람들은 모르기 때문에 그릇 행하게 되고 죽으면 그만이라는 식이지만 심판이 있습니다.
① 심판은 필연적으로 있습니다.
평생에 행한 대로 심판을 받게 됩니다. "그 후에는 심판이 있으리니" 했습니다.(히9:27하 and after that to face judgment) 행한대로 갚으신다는 말씀은 많이 말씀해 주셨기 때문에 의심의 여지가 없습니다.(마16:27, 계20:12) 책에 기록된 대로 심판이 있다고 하였습니다. "죽은 자들이 자기의 행위를 따라 책에 기록된 대로 심판을 받으니"(계20:12) 하였습니다. 누가 이 심판대에서 빠져나올 수 있겠습니까?
② 심판대에서 인생의 변호사는 오직 예수그리스도이십니다.
예수님이 나 때문에 십자가에서 대속적 죽음을 당하시고 우리를 의롭다 하심을 얻게 하기 위해서 부활하셨습니다.(롬4:24-25_ 우리 죄 문제를 지시고 십자가에서 다 이루셨습니다.(요19:31)
보혜사성령께서 이 사실을 믿는 자들에게 변호사가 되시므로 우리는 심판에서 제외됩니다. 그래서 예수 믿는 것이 제일 귀한 일입니다. 예수 밖에는 없습니다.

## 2. 이 세상의 환경이나 조건과 영원한 세계의 조건은 동일하지 않다는 교훈입니다.

본문에 세상에서 부자의 매일 생활상이 기록되었습니다.(19절) 나사로의 생활도 기록되었습니다.

**1) 이 세상의 행, 불행이 저 세상과 동일하지는 않습니다.**

① 착각하지 말아야 합니다.
세상에서 호화롭게 산다고 해서 천국에도 그런 조건이 내게 있다고 착각하지 말아야 합니다. 예수 없이는 지옥입니다. 결국 세상것은 허사이기 때문입니다.(벧전1:24)
② 분명히 이 세상에서 부유하고 행복한 것이 저 세상까지 연결되지 않는다는 사실입니다. 착각에서 벗어나서 예수를 믿어야 합니다.

2) 천국과 지옥은 이 세상의 외적인 문제와 직결되지 않습니다.
① 부자의 경우를 보시기 바랍니다.
매일같이 호화롭게 살았지만 죽음 이후에는 달라졌습니다. 화려한 장례식이나 분묘가 문제가 아닙니다. 예수 없이는 지옥이 나타나게 됩니다.(마25:41, 계21:8)
② 예수 믿고 천국 가는 것이 축복 중에 축복입니다.
예수 없이 지옥 가겠습니까? 짧은 인생이(시90:4, 9-12) 얼마나 살겠다고 예수 모르는 인생이 많습니다. 그래서 죽음은 예수 안에서 죽음이 복이 됩니다.(계14:13)

## 3. 세상에서 전도하는 것도 예수 믿는 것도 늦기 전에 해야 합니다.

전도의 기회, 예수 믿는 기회가 언제나 있는 것이 아닙니다.

### 1) 태어남은 순서가 있지만 죽는 것은 순서가 없습니다.
① 예수 믿는 것도 때가 있습니다. 늦기 전에 믿어야 합니다.
늦게 되면 곤란합니다. 은혜 받는 것도 구원의 날도 때가 있습니다.(고후6:1-3) 지옥에서 하는 부자의 소리를 들어보시기 바랍니다. '내 형제 다섯이 있다' '세상에는 모세와 선지자들이 있느니라' (31절)
② 늦기 전에 전도해야 합니다.
지옥 가는 사람이 너무 많습니다. 빨리 지옥 가는 길을 막아야 합니다. 이것이 전도입니다. 세상일은 다시 할 수 있지만 죽음은 미래를 모릅니다.

### 2) 때를 놓치지 말아야 합니다.

이것은 영적 일입니다.
　① 죽거나 예수님 오시기 전에 전도합시다.
　　로마 가톨릭과 같이 연옥이 있는 것이 절대 아닙니다. 천국이냐 지옥이냐 둘 밖에 없습니다.
　② 지금이 곧 기회입니다.
　　믿을 때요, 전도할 때입니다. 세상 헛것에 속지 말아야 합니다. 깨닫게 되시기를 축원합니다.

**결론 : 세상과 죽음 후의 일은 다릅니다.**

# 쉬지 않고 해야 할 영적인 일들
(행5:38-42)

사람은 태어나서부터 마지막 하나님의 부르심을 받고 죽을 때까지는 날마다 해야 하는 일들이 있습니다. 더욱이 현대 한국인들은 일에 파묻혀서 산다고 할 만큼 일 속에 살아가는데 세계인의 노동 시간이 OECD국가 중에서 제일 많은 나라에 속해있습니다. 그래서인지 옛날부터 한국 사람은 모든 것을 서두르게 되고 '빨리' 라고 하는 단어가 익숙해져 있습니다. 결과적으로 단기간에 세계 속에 경제 대국으로 올라가기는 하였지만 더 중요한 정신적이고 내면적인 일들을 상실한 점도 많이 있습니다.

이제는 잠시 숨을 고르면서 눈을 바로 뜨고 정신을 가다듬을 때가 되었다고 생각해 봅니다. 더욱 중요한 일은 육적이고 세상적인 일보다도 영적이고 신령한 면에서도 숨을 고를 때가 되었습니다. 예수님의 행적을 기록한 책이 사복음서(四福音書)라면 사도들의 행적을 기록한 것이 사도행전(使徒行傳)입니다.

예수님을 십자가에 못 박듯이 예수님이 남기신 교회인 사도행전 시절에도 핍박을 많이 겪게 되었습니다. 문제는 그 무서운 핍박 중에서도 사도들과 초대교회는 쉬지 않고 계속적으로 진행한 일이 있습니다. 가죽이 찢겨져 나가는 채찍질 속에서도 중단이 없었습니다. 사도 바울은 이런 채찍을 39대 맞는 일을 다섯 번씩이나 겪으면서도 중단치 아니하였습니다.(고후11:24) 그럼에도 불구하고 약화되지 않고 부흥되었던 초대교회를 생각하며 너무나 나약해진 이 시대의 우리 신앙을 한번 뒤 돌아 봅니다.

## 1. 교회가 영적으로 쉬지 않고 해야 할 일들이 있습니다.

세상에는 제아무리 어렵고 힘든 때에도 쉬지 아니하고 해야 할 일이 있습니다.

## 1) 기도하는 일은 쉬지 말고 해야 합니다.

사무엘은 기도 쉬는 죄를 범하지 않겠다고 하였습니다.(삼상12:23)

"나는 너희를 위하여 기도하기를 쉬는 죄를 여호와 앞에 결단코 범치 아니하고 선하고 의로운 도로 너희를 가르칠 것인즉"(삼상12:23) 하였습니다.

신체가 밤에 모두 휴식을 해도 심장의 박동은 쉬지 않듯이 기도 역시 쉬지 않아야 합니다.

① 기도는 쉬지 말고 하라고 하셨습니다. 왜냐하면 호흡과 같기 때문입니다.

(살전5:16-18)항상 기뻐하라 쉬지 말고 기도하라 범사에 감사하라고 명하셨는데 그중에 기도는 쉬지 말라고 하셨습니다.(pray continually) 쉬지 말고 기도하라고 하셨고, 항상 기도하라고 하셨습니다. (눅18:1 always pray)

교부 중에 크리소스톰(Chrysostom)은 말하기를 '환난 중에서도 항상 기뻐할 수 있는 비결은 쉬지 않고 기도하는 것이다' 라고 했습니다. 기도는 성도가 입어야 할 전신갑주의 요건이 됩니다.(엡6:18)

② 환난 때에 이기고 세상을 이기는 비결은 기도 밖에 없습니다.

예수님은 실제로 기도하셨고(막1:35), 기도를 강조하셨으며(막9:29), 승천 이후에 사도들을 비롯한 초대교회는 기도 가운데서 승리한 모습을 보게 됩니다.(행1:14, 4:31, 6:4, 12:12 등) 실로 기도는 만능열쇠(master key)와 같다고 할 것입니다.

## 2) 전도하며 생명을 건지는 일은 쉬지 말고 해야 할 일입니다.

(4절)" 저희가 날마다 성전에 있든지 집에 있든지 예수는 그리스도라 가르치기와 전도하기를 쉬지 아니 하니라" 하였습니다.

① 전도하는 일은 쉬지 말고 해야 할 일입니다.

전도는 해도 되고 하지 않아도 무관한 것이 아니라 반드시(must) 해야 하는 성도의 의무입니다. 전도하지 않고 선교하지 아니하면 지상교회의 존재목적(存在目的)을 상실한 것이기 때문입니다. 초대교회는 목숨을 버리면서 전도하였고 이 땅에 복음이 입수될 때에도 목숨을 버리며 전도하였습니다.

② 어디에 있든지 장소나 시간에 관계없이 전해야 합니다.

(42) "저희가 날마다 성전에 있든지 집에 있든지" 하였습니다.(Day after day, in the temple courts and from house to house)
바울은 옥에서도 전도하였고 그래서 오네시모를 구원하였고 훌륭한 일군이 되었고(몬11, 골4:9), 옥사장이 구원 받았습니다.(행16:25-31)

## 2. 왜 기도와 전도를 쉬지 말고 해야 할까요?

지금처럼 대중화되고 다양화된 시대에 각자의 종교와 취미에 맡기지 아니하고 극성스럽게 전도한다고 비난합니다. 만약 그랬다면 기독교는 벌써 세속에서 흡수되었을 것입니다.

### 1) 왜 쉬지 말고 전도와 기도를 해야 합니까?

성경의 명령이며(골4:2), 그리스도의 지상명령이기 때문입니다.(행1:8, 딤후4:1)

① 예수 믿는 사람은 복음의 빚을 졌습니다.
  바울도 분명히 외치고 있습니다. 나는 빚진 자라고 하며 로마에 있는 사람에 이르기까지 전하기를 소원하였습니다.(롬1:14) 복음의 빚을 갚아야 합니다.

② 영혼 구원하는 일은 복음 밖에 없습니다.
  세상 다른 집단들이나 기구들이 얼마든지 다른 일은 할 수 있으나 영혼 구원은 오직 교회 밖에 없습니다. 예수 복음 밖에는 다른 길이 없습니다.(요14:6, 행4:22, 롬1:16-17)

③ 복음을 전하지 않는다면 화가 미친다고 하였습니다.
  사도 바울은 복음을 전하지 않으면 화가 미칠까 두려워한다고 외치며 전하였습니다.(고전9:16) 이 세대에 제일 중요하게 해야 할 일은 기도와 전도의 사명이 교회의 일입니다.

## 3. 쉬지 않고 전도하고 기도하는 일은 영적 열매가 풍성해지게 합니다.

결과론이 되겠지만 기도와 전도 없이는 영적 풍성함도 없습니다.

### 1) 기도와 전도는 영적으로 축복이 풍성해지게 합니다.

복음이기 때문입니다.
① 복음은 영혼을 살리게 하고 풍성해지게 합니다.
그래서 복음으로 살고 기도의 풍성한 신앙은 축복이 넘치게 됩니다. 이것이 교회사의 간증이요 자랑거리가 되었습니다.
② 세계 지도를 펴놓고서 풍성한 나라와 가난한 나라를 살피면 확연하게 드러나게 됩니다.
역시 기도하고 전도하는 나라, 선교가 활발한 나라가 부강한 축복의 나라입니다.

2) 기도하고 전도하게 될 때에 구원의 열매가 더욱 풍성해집니다.
초대교회가 그 모습을 보여주고 있습니다.
① 초대교회는 미약하게 시작하였으나 기도와 전도로써 세상을 바꾸어 놓았습니다.
이것이 복음의 위력입니다. 복음은 본래 약하고 미약하게 시작되었지만 크게 됩니다.(사53:1-, 겔47:1-)
② 하나님께서 오늘도 우리에게 기도와 전도의 문을 열어 주시기를 원합니다.
이것이 영적 생명을 살리는 일이기 때문입니다. 복음의 문이 열리어야 합니다.(고후2:12) 다급하고 언제나 우선적으로 쉬지 말고 해야 하는 기도와 전도의 문이 활짝 열리게 되기를 축원합니다.

**결 론 : 영적 일은 우선적으로 해야 합니다.**

# 하나님은 중심을 보십니다
(삼상 16:6-13)

세상에는 겉과 속이 다른 것이 많이 있습니다. 예로써 여름에 인기가 높은 수박일 것입니다. 겉은 파랗고 줄무늬이지만 속은 빨강입니다. 한마디로 겉과 속이 다른 이중인격자의 견본과 같다고 할 것입니다. 더욱이 옛 속담에 열 길 물속은 알아도 한 길 사람 속은 모른다는 말도 있습니다. 그런데 사람은 잠시 속일 수 있어도 하나님은 속일수가 없습니다.

왜냐하면 하나님은 마음속 중심까지 모두 보시고 계시기 때문입니다. 아나니아와 삽비라 사건에서 분명히 드러나게 되었습니다(행5:1) 본문은 이스라엘의 초대왕인 사울왕이 폐위 되고 이새의 아들 다윗을 왕으로 세우는 때에 하나님께서 주신 말씀입니다. 불순종하였고(삼상15:9), 전쟁에서 이기고 돌아올 때에 자기를 위해서 기념비를 세우며(삼상15:12), 탐심과 탐욕이 가득하였고(삼상15:19), 참지 못하는 다혈질적이었고(삼상15:27), 사무엘이 지적하는데도 회개가 없고 결국 평계만 대다가 버림을 받은 왕이 되었습니다.

그 뒤를 이어서 이스라엘의 왕으로 세우실 때의 다윗은 기라성 같은 형들을 뒤로하고 왕으로 추대되었습니다.(행13:22) 주권자가 하나님이십니다. 왕이라는 자리를 생각지도 아니하였던 다윗이지만 어느 날 갑자기 하나님께서 주셨습니다. 그 배경을 몇 가지 보게 됩니다.

## 1. 다윗은 하나님께서 맡기신 일에 충성을 다하는 사람이었습니다.

일곱 형들이 모두 집에 와서 사무엘 앞에 알현하는 시간에도 어린 다윗은 들에서 양떼를 돌보고 있었습니다. 들에서 양떼를 지키다가 부름 받고 오게 되었습니다.(16:11)

1) 나이는 어리지만 최선을 다하는 모습에서 다윗의 됨됨이를 보게 됩니다.
① 끝까지 자리를 지키며 양떼를 돌보는 다윗에게 국가를 맡기고 백성을 돌보는 지도자의 자리를 맡기셨습니다.
"지극히 작은 것에 충성된 자는 큰 것에도 충성되고 지극히 작은 것에 불의한 자는 큰 것에도 불의하니라"(눅16:10) 하였습니다. 예수님은 므나 비유에서 작은 것에 충성될 것을 강조하셨습니다.(눅19:17) 미국의 대통령 가운데 땅콩 밭에서 백악관의 주인이 된 지미카터 대통령의 유명한 말이 있습니다. '왜 최선을 다하지 않느냐'(why do not best) 지극히 작은 것에도 충성을 해야 합니다.
② 내가 지금 하는 일이 작은 일이라고 낙심합니까?
작게 보이지만 그 일이 내가 할 수 있는 최선의 일임을 잊지 말아야 합니다. 왜냐하면 작은 일부터 할 때에 큰일도 하기 때문입니다.

2) **우리는 하나님 앞에서 최선을 다하는 모습을 보여야 합니다.**
어떤 일이든지 최선을 다하는 모습이 중요합니다.
① 모든 일은 작은 것에서 부터 시작해서 크게 됩니다.
예컨대 우리의 믿음도 작은 것에 비유되었습니다. (마17:20)믿음을 겨자씨에 비유하셨습니다. 작은 것이지만 큰 나무로 자라서 새들이 깃들일 만큼 자라게 됩니다. (겔47:1-)성전 문지방에서 흘러나오기 시작한 작은 물이 결국은 큰 강물의 원천(源泉)이 되었습니다. 이것은 복음의 원리요, 작은 것에의 진리를 깨우쳐주시는 말씀입니다.
② 많은 사람들이 큰 것에만 관심이 있게 되고 작은 것에는 큰 관심이 없습니다.
다윗은 작은 마을에서 양치는 목동에서부터 큰 자가 되었습니다. 자기에게 주어진 일이 작은 것이라고 소홀히 하지 아니하고 최선을 다하는 사람이요, 장차 큰 사람이 되는 기반이 되었습니다. 교회 일 역시 작은 것에서 충성하는 사람이 큰 것에도 충성합니다.

## 2. 다윗은 그 마음이 하나님께 합한 사람이었습니다.

중요한 것은 '하나님의 마음에 드는 사람인가?' 입니다.

(16:12) "여호와께서 가라사대 이가 그니 일어나 기름을 부으라" 하셨습니다.(Then the LORD said, "Rise and anoint him; he is the one)

### 1) 하나님의 마음에 드는 것이 중요합니다.
이새의 아들들이 많이 있었지만 다윗이 왕재였습니다.
① 하나님의 마음에 꼭 맞는 사람이 되어야 합니다.
(13절) "이 날 이후로 다윗이 여호와의 신에게 크게 감동되니라" 하였습니다.(and from that day on the Spirit of the LORD came upon David in power) 하나님께서 쓰시는 사람들은 하나님 마음에 드는 사람들이었습니다. 노아(창6:7), 아브라함(창12:1), 요셉(창41:38) 등을 보시기 바랍니다. 그리고 야곱은 하나님께서 사랑하시는 사람이었습니다.(말1:2)
② 하나님의 눈에 꼭 드는 성도가 되어야 합니다.
사람들의 비유를 맞추기보다 하나님의 마음에 들도록 힘써야 합니다. 하나님의 코드(CODE)에 맞아야 합니다. 이런 사람은 하나님께서 귀하게 사용하십니다.

### 2) 하나님은 겉모양만 보시지 않고 중심을 보십니다.
요즈음 병원에서는 성형수술이 유행이지만 모두가 겉만 잘 보이기 위함입니다. 그러나 영적인 모습과는 별개의 문제입니다.
① 하나님께서 보시는 것은 외형이 아닙니다.
(16;7)"용모와 신장을 보지 말라 나의 보는 것은 사람과 같지 아니하니 사람은 외모를 보거니와 나 여호와는 중심을 보느니라" 하셨습니다. 성형수술이 하나님께 잘 보이는 방편은 아닙니다.
② 성도는 심적이고 마음의 단장이 더 중요합니다.
(벧전3:3-)"너희 단장은 머리를 꾸미고 금을 차고 아름다운 옷을 입는 외모로 하지말라"고 하셨습니다.

## 3. 다윗은 평상시에 하나님 마음에 꼭 드는 생활을 살았습니다.
잠깐만 잘 보이게 하는 시험 보는 식이 아니라 평상시 생활이 중요합니다.

### 1) 평상시에 하나님 편에서 살았습니다.

① 평상시에 생활이 하나님 중심이었습니다.
　예컨대 골리앗 문제로 인해서 신앙적이고 영적인 의분에서 일어나는 다윗의 마음에서 봅니다. (17장 참조)
② 찬양과 기도의 사람이었습니다.
　언제나 찬양과 기도로써 하나님을 기쁘시게 했습니다. 하나님의 신이 크게 감동된 사람입니다.(16:13-14)

### 2) 인생의 성공자가 되고 싶습니까?
하나님의 마음에 드는 자가 되시기 바랍니다.
① 세상 직장에서도 사용자의 눈에 들 때에 크게 됩니다.
　하나님께서 쓰시는 사람이 성공합니다.
② 은평교회 성도들이 여기에 해당되시기 바랍니다.
　하나님께서 보시는 기준이 분명합니다. 믿음의 생활입니다. 하나님께 합한 사람들이 모두 되시기를 축원합니다.


**결론 : 이 세대에 다윗이 되시기 바랍니다.**

# 추수감사보다 먼저 할 일들
(살전5:16-18)

모든 일에는 그 본질적 문제가 있고 그 본질을 위하여 먼저 준비해야 하는 일들이 많이 있습니다. 운동선수가 운동에 돌입하기 전에 먼저 하는 준비운동이 반드시 필요한 것과 같은 원리입니다. 예수님의 재림이 본질이라면 재림 전에 징조들이 많이 나타날 것을 말씀하심도 역시 이런 관건에 있습니다.

본문에서 사도 바울은 '신앙의 3대 요소'를 전하면서 이런 사실을 말씀하고 있습니다. 추수감사절에 우리가 생각해야 할 일은 잠간동안 봉투 하나 드리면서 다 됐다고 하는 마음이 있다면 그 자체로써 감사절의 뜻이 아니라는 사실입니다. 모든 일에는 기초(Foundation)가 있듯이 감사 신앙 역시 기초가 중요한 일인바 본문에서 그 사실을 배우게 됩니다.

### 1. 감사절에 앞서 해야 할 일은 항상 기뻐하는 일입니다.

(16절) "항상 기뻐하라"(Be joyful always)고 하였습니다. '기뻐한다'의 반대는 매사에 부정적이고 슬픔에 쌓여 있다는 것입니다.

**1) 예수의 사람이기 때문에 천국백성이요 축복의 백성이기 때문에 기뻐해야 하는 것이 기본이 되어야 합니다.**

전에는 지옥 가는 백성이요, 멸망의 사람이기에 우울했지만 이제는 입장이 바뀌게 되었고 달라지게 되었습니다.

① 기뻐하는 일은 당연히 해야 할 기본입니다.

왜냐하면 감사는 마음에서 우러나오는 진정한 감사가 되어야 하는데 마음에는 전혀 움직임이 없고 그저 교회 절기에 따라서 드려지는 감사 행위는 체면치레는 될지 모르나 진정한 감사는 아니라는 것입니다. 진정한 감사는 마음이 열리고 진정으로 드려지는데서 출발해야 합니다. 예수 안에서 기쁨이 그래서 중요한 일입니다. 비유컨대 겨울 내내 딱딱

하게 굳어진 대지에 씨를 파종하기 전에 갈아엎어야 하듯이 기뻐하는 마음이 있는 토대 위에 감사행위가 따를 때에 올바른 순서라는 사실입니다. 왜냐하면 언제나 마음 상태가 중요하기 때문입니다.(잠14:10, 15, 23, 15:15, 17:22) 마음이 닫혀있는 굳은 상태에서는 올바른 감사가 어렵습니다.
② 성경의 예를 보겠습니다.
최초로 예배 행위를 소개하는 창세기 4장에서 가인과 아벨을 소개하였습니다. 같은 예배인데 가인은 열납되지 못하였고 동생인 아벨은 열납되었습니다. 성경적인 추수감사절의 유래라고 볼 것입니다. 왜 열납하지 않으셨고 하나는 왜 열납하셨을까요? 그 답은 히11:4에서 밝혀주는데 '믿음'에 있었습니다. 먼저 앞서야 하는 것이 열린 마음이요 믿음입니다. 가인에게는 그것이 부재하였습니다. 그 속에는 기쁨이 없었습니다. 무엇을 보아서 그렇게 말할 수 있을까요? 하나님께 예배하는데 회개도 없었고 기쁨도 없었습니다. 동생을 죽이고 시기가 득하여 있을 때에 하나님께서 질문하십니다. "네 아우 아벨이 어디 있느냐" 하실 때에 그가 대답하기를 '내가 내 아우를 지키는 자 이니이까?' 했습니다.(Am I my brother's keeper" 우리 속담에도 '하나를 보면 열을 알 수 있다'고 하였습니다.

**2) 예배 전에 우리 마음이 기뻐하는 마음과 열린 마음이 되어야 합니다.**
① 그래서 예수님은 여러 가지로 이런 진리를 보이셨습니다.
(마5:23)예배 전에 제단에 예물을 드리다가 형제에게 원망들을 만한 일이 생각나거든 먼저 형제와 화목하라는 것입니다. 여기에서 닫힌 마음이 풀어지고 용서의 신앙과 함께 마음에 기쁨이 있기 때문입니다. 그렇지 않을 때에는 예배를 드려도 그 속에 기쁨이 있을 리가 없습니다. 예배는 기쁨과 감격이 있어야 합니다.
② 예배와 감사절에 기쁨의 마음이 회복되어야 합니다.
거듭나서 예수 안에 있는 사람은 할 수 있는 일입니다. 이는 배우나 탈렌트가 연기의 내용에 따라서 웃기도 하고 울기도 하는 것과는 다른 일입니다. 이것은 연기가 아니라 속에서 나오는 기쁨으로 하는 일입니다. 의사요 사회사업가였던 장기려 박사는 말하기를 '내게 여러 가지 기쁨

이 있겠으나 최고의 기쁨은 예수 믿는 기쁨이라' 고 하였습니다.

## 2. 감사절에 알아야 할 일은 기도가 선행되어야 합니다.

감사절에 할 것은 기쁨이요 또 하나는 기도입니다. 기도 속에서 기쁨이 나오기 때문입니다. 기도 없이는 기쁨도 없습니다.

### 1) 감사절에 기도해야 합니다.
영적으로 감사는 기쁨이 앞서고 기쁨은 기도가 앞서야 합니다.
① 기도에는 하나님이 들으심이 있고 응답이 있습니다.
기도는 하나님께서 들으시겠다고 약속해 주셨습니다. (시94:9)" 귀를 지으신 자가 듣지 아니하시겠느냐 눈을 지으신 자가 보지 아니하시겠느냐" 하였습니다.(Does he who implanted the ear not hears? Does he who formed the eye not see?) 히스기야왕도 그렇게 기도하였습니다.(왕하19:16) 그리고 들으신바가 되었습니다.(왕하10:5)
② 여기에는 응답이 확실하게 약속되었습니다.
하나님은 응답의 하나님이십니다. (렘73:1-2, 마7:7-)

### 2) 기도하게 되면 감사할 수밖에 없는 감사의 조건이 보입니다.
① 기도가 없을 때에는 감사의 조건은 보이지 않습니다.
영적인 눈이 감기게 되고 깨닫지 못하기 때문입니다. 매사가 내 공로이지 하나님의 은혜를 깨닫지 못하기 때문입니다.
② 바울은 나의 나 된 것은 하나님의 은혜라고 하였습니다.
매사에 하나님께 영광을 돌리게 됩니다.(딤전1:12, 엡3:8) 기도하는 곳에 감사가 나오게 됩니다.

## 3. 신앙생활의 성숙도는 감사하는 신앙입니다.

모든 일에 길이, 높이, 깊이 등을 측정하는 계기가 있듯이 신앙생활의 측정은 감사에 있습니다.

### 1) 기도하는 사람은 감사로써 신앙을 표현합니다.
그래서 측정기라고 부릅니다.

① 은혜 속에서 감사하는 사람과 감사가 없는 사람이 있습니다.
(눅17:11-19)10명의 문둥이의 사건에서 보게 됩니다. 1명만이 감사하였고 그는 영혼 구원까지 확답 받았습니다. '네 믿음이 너를 구원하였느니라' 하였습니다.
② 역시 그 믿음이 구원한 것입니다.(19절)
이 감사의 믿음이 있을 때에 진정한 감사행위가 나옵니다.

## 2) 성도의 됨됨이는 감사에서 보게 됩니다.

'이것이 하나님의 뜻이니라' 하였습니다.
① 범사에 감사해야 합니다. 하나님의 뜻이기 때문입니다.
모든 것이 선을 이루시기 때문에 감사해야 합니다.(롬8:28)
② 감사로써 신앙을 입증해야 합니다.
여기에서 신앙의 거성중에 손양원목사님의 간증도 있습니다. 바울처럼 감사하는 신앙으로 승리하시기를 축원합니다.(고후9:15)

**결론 : 감사는 신앙의 성숙 잣대입니다.**

# 최후 승리가 기약된 사람
(단6:25-28)

인류가 지나온 역사 속에는 유명한 인물들이 많이 소개되어 있습니다. 세계사는 곧 인물사도 되기 때문입니다. 그 가운데는 좋고 아름다운 면에서 본(sample)이 되는 사람도 있고, 그렇게 하면 망하게 되고 인간 역사에 역행하게 되니 이러면 안된다는 측면에서 본(sample)이 되는 사람들도 있습니다. 교통사고가 잘 나는 곳에는 자동차가 휴지조각처럼 흉하게 구겨진 차를 전시해 놓는데 왜냐하면 그것을 보고 조심하라고 하는 뜻입니다. 성경에서도 같은 원리를 말씀해 주셨는데 아브라함, 이삭, 야곱, 다윗, 히스기야는 믿음의 선진들의 길에 있거니와, 에서, 아간, 사울, 아합, 가룟유다와 같은 인물도 있고 알렉산더와 후메내오도 소개되어 있습니다.(딤전1:19-20) 국가적으로도 스탈린이나 히틀러나 김일성, 김정일 같은 사람도 있고 링컨이나 세종대왕 같은 사람도 있습니다.

본문에서 유대가 주전 586년 바벨론에 망할 때에 바벨론에 끌려가게 되었던 다니엘에 관한 인물을 소개했습니다. 그는 흠이 없었고(단1:4) 온갖 재주가 비상하며 불신앙과 불의 앞에서는 아니요(NO)하는 인물이었습니다. 127도를 다스리는 바벨론의 3명의 총리 중에 하나가 되었는데 위대한 신앙의 인물로써 후대에 견본적인 신앙인이 되었습니다.

신앙의 견본으로써 본문에서 몇 가지 은혜를 나누게 됩니다.

## 1. 다니엘의 인품(personality)에 대해서 생각해 봅니다.

신앙의 견본인 다니엘은 다음과 같은 본받을만한 인품의 사람이었습니다.

### 1) 순수한 유다인입니다.

비록 죄 값으로 유다인이 바벨론에 70년 간 피압박 민족이 되었지만 생면부지의 땅이요, 풍속이 다른 바벨론에 거하면서 유다인의 긍지와 자부심은 물론이고 신앙을 끝까지 지키는 대표적 인물이었습니다.
① 바벨론에 혼합되지 아니하였습니다.
대개가 그 나라에 혼합되거나 편하게 살려는 심리에서 그 땅에 안주하려는 사람들이 있었지만 다니엘은 먹는 음식물 하나라도 바른 믿음을 지켜 나간 사람입니다.(단1:8) 이론적인 신앙이 아니라 실제 문제 앞에서 행동하는 신앙인이 되었습니다.
② 다니엘은 성경에서 의인이라고 칭했습니다.
하나님께서 인정하시는 몇 안 되는 의인의 반열에 있습니다.
(겔14:14-20)노아, 다니엘, 욥, 이 세 사람을 의인이라고 칭하는데 다니엘이 중심에 있습니다. 노아는 (창6:8) 방주를 지은 사람이요, 욥은(욥1:1, 3, 5) 환난에서 승리한 사람이요 다니엘은 외국 땅에서 승리한 사람으로 기록에 남을 만했습니다. 모두가 의를 버리고 죄악 세상에 안주하려는 심리가 있는 때에 우리는 다시한번 성경으로 돌아가서 생각해야 하겠습니다.

**2) 다니엘은 외형적인 면에서도 자랑할 만한 사람이었습니다.**
사람이 하나님을 의지하고 신앙 중심으로 살 때에는 사람들의 인식이 모자란 부분이 있기 때문이라고 말하기 쉽지만 다니엘은 그런 사람이 아니었습니다.
① 사람이 갖출 수 있는 모두를 가지고 있었던 사람입니다.
왕 앞에 모셔놓고 그 어떤 것을 시험해 보아도 부족이 없었던 사람이 다니엘이었습니다.(단1:4) 다른 총리들이 시기가 날 정도로 다른 것으로는 도무지 견주지 못할 실력자였습니다.(단6:3-5)
② 역사에나 우리 현실적 주변에서도 훌륭한 인물의 배경에는 하나님을 향한 신앙인들이 많이 있습니다.
정치, 경제, 사회, 군사, 문화 어디를 보아도 내세울만한 인물들이 많이 있는데 이들은 모두가 신앙적인 요인이 가장 큰 원인입니다. 누가복음과 사도행전에 나오는 누가의 전도대상자였던 '데오빌로'는 누가복음을 기록할 때에는 신앙인이 아니었지만, 높은 지위에 있었고 사도행전을 기록할 때에는 높은 지위에는 있지아니하였으나 이미 그는 예수를 믿는 신앙인이었다고 전합니다.

## 2. 다니엘은 신앙적 인품을 지키기 위해서는 죽을 것도 각오한 사람입니다.

그릇된 다른 총리들에 의해서 모함으로 함정이 있는 것을 알고도 믿음이 흔들리지 아니하였습니다.(단6:10)

### 1) 위기와 죽는다는 심각성 앞에서도 기도하는 신앙이 변질되지 아니하였습니다.

① 다니엘은 알고도 변하지 아니하였습니다.

동료 총리들의 모함으로 그 큰 시험을 알고도 다니엘은 그의 신앙적 인품이 조금도 변해가거나 원망하거나 부정적이지 않고 오히려 더욱 여전히 기도하였습니다. 이것이 믿음입니다.

② 기도하는데 어떻게 기도하였습니까?

'창문을 열고' 기도하였습니다. 골방에서 한 것이 아니라 노골적이고 개방적으로 기도하였습니다. 천하에 자신의 정체성(Identity)을 보여주었습니다. 무릎을 꿇고 공개적으로 기도하는 일에 여념이 없었습니다.

### 2) 말세 성도의 신앙은 어떻게 해야 합니까?

다니엘의 신앙을 배워야 합니다.

① 성경적 신앙은 이론이 아니고 실제가 중요합니다.

현실 상황에서 이 신앙으로 살아야 하겠습니다.

② 성경적 신앙을 가진 사람은 상황에 따라서 변하는 믿음이 아니라 모든 것을 이기는 금과 같은 믿음입니다.(벧전1:7)

믿음이 변하지 않기 때문에 금으로 비유하였습니다.

## 3. 다니엘은 극도의 환난 후에 더욱 축복이 왔습니다.

이 사건 이후에 정적은 사라지게 되었고 온 나라에 더욱 크게 된 인물이 되었습니다.(요셉과 같이)

### 1) 하나님께서 다니엘과 함께 하였습니다.

기도하는 다니엘이었기 때문입니다.

① 사자가 조금도 해치지 아니하였습니다.

상한 흔적이 전혀 없습니다.(23-24) 불탄 냄새도 없던 사드락, 메삭, 아벳느고의 일과 방불합니다.(단3:25)
② 오히려 하나님의 영광이 이 사건으로 충만하게 나타나게 되었습니다. 하나님께서 살아계심을 검증된 사건입니다.(26-27) 온 나라에 조서를 내려서 온 백성들이 두려워하게 되었습니다.

### 2) 다니엘은 믿음으로 끝까지 승리한 사람입니다.
느브갓네살왕과 벨사살 그리고 다리오왕에까지 유명인이 되었습니다.
① 메대와 파사에 이르기까지 형통케 되었습니다.
60년이 넘는 기간인데 이 기간 동안에 크게 되었습니다. 모든 것이 합력하여 선을 이루기 때문입니다.(롬8:28)
② 다니엘은 영원히 우리가 본받아야 할 견본입니다.
믿음의 견본(sample of faith), 극도로 피폐해지는 이 세대에 다니엘의 믿음을 본받게 되기를 축원합니다.


**결론 :   마지막까지 승리가 보장된 사람들입니다.**

# 나신 왕께 경배하라
(마2:1-12)

금년에도 여느 때와 같이 성탄의 계절을 즈음하여 온 세상의 국가와 민족을 초월하여 예수님이 이 땅에 오신 목적과는 거리가 멀게 시끌시끌한 세상이 되었습니다. 예수님이 오신 목적은 잃어버린 자를 찾아 구원하시려고 오셨는데(눅19:10), 메시야로 오신 예수님을 믿고 영접하기는커녕 오히려 이방인의 손을 빌어서 십자가에 죽게 하였습니다.

예수님의 모든 것은 구약 성경의 예언된 것과 일치하게 이루어지는데 베들레헴에 태어나실 것과(미5:2, 마2:5-6), 십자가에 고난을 겪으실 것과(사53장), 죽음 후에 무덤에 내려가는 최고의 비하의 신분에 처하심도 예언되었습니다.(사22:16) 이스라엘 백성들은 이런 사실을 알고도 마음과 귀에 할례를 받지 못한 자같이 강퍅하게 되었고 목이 곧은 자들이 되었습니다.(사10:16, 행7:51) 또한번의 성탄의 때가 되었습니다.

하나님의 엄청난 은혜를 받고도 이 세대 역시 유대인들과 같이 십자가의 원수로 지내며(빌3:18) 하나님께 더욱 저항하는 시대에 살고 있습니다. 초림으로 오실 때에 예수님을 맞이하며 경배하였던 동방박사들은 당시의 유명한 점성학자들로서 6세기말 경에 그들의 이름이 밝혀지는데 멜콘, 발사살, 그리고 가시퍼로 알려졌습니다. 별을 따라 찾아가 아기께 경배하고 보배합을 열어서 황금과 유향과 몰약을 드렸던 박사들의 모습에서 재림주로 오실 예수님을 맞이할 사람들의 모습을 보게 됩니다. 본문에서 은혜를 받게 됩니다.

## 1. 박사들은 첫 번째 예물로써 황금을 드렸습니다.

(11절)"보배합을 열어 황금과 …… 예물로 드리니라" 하였습니다.

1) 박사들이 드린 황금에서 의미를 찾게 됩니다.

동서고금을 물론하고 황금은 귀금속 중에 기본이요 매우 값지기 때문에 모든 가치들이 금의 동향에 따라서 자리매김하게 됩니다. 금값에 따라서 경제 추이의 변수가 생기게 됩니다.

① 황금을 드렸다는 것은 사람이 유물적 소유로써 제일 귀한 것을 드렸다는 뜻입니다.

박사들이 드린 금과 같이 내가 가진 최고의 것을 드리는 자세가 중요합니다. 141장을 지은 I. Watts(아이작 왓츠)는 '늘 울어도 눈물로서 못 갚을 줄 알아 몸 밖에 드릴 것 없어 이 몸 바칩니다' 하였습니다. 먼저 페르시아에서 부터 예루살렘을 거쳐 베들레헴까지 가게 된 동방박사가 보배합을 열어 황금을 드리듯이 이 세대에 성도는 헌신이 중요한 예물이라고 알고 헌신을 드려야 하겠습니다.

② 보배합이 열리듯이 헌신의 마음이 열리어야 하겠습니다.

헌신은 우선 마음이 열리게 될 때에 가능하게 됩니다. 마음이 닫힌 상태에서는 헌신이 어렵습니다. 열린 마음에서부터 기쁘고 즐겁고 자원하는 마음으로 드리게 됩니다.(고후9:7) 예수님께 옥합을 드렸던 마리아와 같이 자원하는 마음이 중요합니다.(요12:1-8)

**2) 황금은 영적으로 깊은 뜻이 있습니다.**

황금에 대한 영적인 깊은 뜻이 있기 때문에 성경에는 황금에 관한 언급이 많이 있습니다.

① 성경에서 금은 믿음을 상징해 주고 있습니다.

그래서 믿음과 연관된 일들에서는 언제나 황금이 비유되었습니다.(약1:3, 벧전1:7, 욥23:10)

우리는 믿음이 있을 때에 하나님을 믿게 되고 주님께 헌신이 가능합니다. 주님은 오늘도 성도들에게 믿음을 요구하십니다.

② 모세를 통해서 광야에서 만들어진 성막의 내용들이 모두가 금으로 장식되었고 금이 안 들어간 것이 없습니다.

광야에 앙상하게 서있는 아카시아과의 싯딤나무인데 이것을 다듬어서 맞춘 조각목들이 모두가 금으로 둘러싸여져 성막이 되었습니다. 요한 칼빈(John Calvin)은 '금이 지니고 있는 뜻은 그의 왕되심을 상징한다'라고 말하기도 하였습니다. 예수그리스도는 만왕의 왕이시며 만주의

주가 되십니다.(딤전6:15, 계2:26)
③ 만왕의 왕을 흉내 내다가 망해버린 사람들도 있습니다.
느브갓네살왕이 그 대표요(단3장), 헤롯왕이 그 대표라고(행12:22-23) 할 수 있습니다. 네로황제는 미치광이가 되어서 죽었습니다. 만왕의 왕은 오직 한분이신 예수그리스도뿐입니다. 오직 그 분에게만 황금으로 경배해야 합니다.

## 2. 두번 째 예물은 유향으로 드리게 되었습니다.

박사들이 아기 예수님께 드린 예물의 두 번째 목록입니다. 당시로서는 최고의 향료인데 아라비아(Arabia) 지방에서 관목껍데기에서 채취한 흰색의 향기로운 기름으로 알려지고 있습니다.

### 1) 유향에서 성경적 의미를 생각해 봅니다.
성경에서도 향에 대한 언급이 다양하게 많습니다.
① 성경에서 유향은 신성적(神聖的)인 뜻을 가지고 있습니다.
그래서 예수그리스도의 신성적 곧 하나님 되심을 상징합니다. 요한칼빈(John Calvin)은 이를 영원하신 대제사장되신 예수그리스도로 보기도 했습니다. 예수그리스도는 세상에 대해서 향이 되십니다.
② 예수그리스도를 믿는 성도가 또한 향인데 그리스도를 나타내는 향이라고 하였습니다.(고후2:15) '우리는 구원 얻는 자들에게나 망하는 자에게나 하나님 앞에서 그리스도의 향기니' 라고 하였습니다.(For we are of God the aroma of Christ) 그러므로 예수그리스도의 신성이요, 향기로운 향이십니다.

### 2) 향은 기도를 상징하는 말씀이기도 합니다.
기도를 말씀하실 때에 향이라고 하였습니다.
① 성경적 증거를 보시기 바랍니다.
향은 곧 기도의 증거입니다.(계8:3, 5:8) 예수님은 평생에 기도로 일관된 생애이셨습니다.
② 개인이나 교회에서는 제단에 언제나 기도의 향으로 가득해야 합니다.
이 땅에 오신 예수님을 제사장과 서기관들이 헤롯과 야합해서 정치적

목적으로 죽이려 했습니다. 그러나 말세 때의 제단마다에는 기도와 찬양이 가득해야 하겠습니다.

### 3. 박사들은 세 번째 제물로써 몰약을 드렸습니다.

(11절) "몰약을 드리니라" 하였습니다. 이 몰약은 아라비아(Arabia)지방에서 자라나는 고무나무과에서 축출한 향존유로써 시체에 바르기도 하고 방부제로 쓰이기도 합니다.

**1) 죽음을 이기시고 부활하신 예수그리스도에 대한 신앙입니다.**
육신을 가지고 태어나셨지만 신성의 그리스도는 부활하십니다.
① 부활이시요 생명이신 예수그리스도의 모습을 봅니다.
　예수님은 부활하셨습니다.(눅24:1, 막16:1, 요19:39, 요11:25)
② 우리가 예수님께 드릴 수 있는 것이 무엇이 있겠습니까?
　동방박사와 같이 부활 신앙으로 예수님께 경배해야 하겠습니다. 요한 칼빈(John Calvin)은 이 부분에서 예수님의 죽으심과 장사를 말하기도 하였습니다.

**2) 기독교는 부활의 종교입니다. 예수님이 친히 부활하셨습니다.**
① 예수님이 부활의 첫 열매가 되셨습니다.(요11:25, 마28:6)
　바울도 부활을 논증했습니다.(고전15:1-58)
② 성도는 부활의 신앙으로 예수님께 경배해야 합니다.(고전15:20)
　동방박사가 예물을 드리듯이 경배하는 성도들이 되시기를 축원합니다.

**결론 : 무엇으로 경배하시렵니까?**

# 요단 건너 새로운 땅의 축복
(수1:4-9)

하나님께서 세상 모든 것을 창조하시고 인간을 창조하신 후에는 하나님 보시기에 심히 좋았더라고 말씀하셨고, 그 지으신 인간에게 축복을 주셔서 축복 중에 살도록 하셨습니다.(창1:28) 그러나 인간은 하나님과의 약속을 스스로 파기하게 되고 하나님 말씀에는 불순종이요, 마귀에게는 순종하는 꼴이 되었기 때문에 결과적으로 에덴동산에서 추방되었고 하나님의 형상도 상실하게 되었고 온갖 저주 아래 있게 되었습니다. 첫 아담은 실패하였으나 두 번째 아담이신 예수그리스도 안에서는 영원히 다시 회복을 받게 되어있습니다.

본문은 이스라엘 백성이 430년 간 애굽에서의 종노릇 후에 모세를 통해서 해방되었고, 40년이 지난 후에 모세는 죽게 되었고 후계자인 여호수아에게 주신 말씀입니다. 가나안을 바로 목전에 두고 요단강 이 편에서 저 편을 바라보며 축복을 약속하신 말씀입니다.

첫 사람 아담 안에서는 영원한 사망이지만 두 번째 아담이신 예수그리스도 안에서는 영생이요 축복인 바(히9:27-28, 고전15:22) 약속의 땅인 가나안을 바라보면서 주신 이 말씀은 2007년을 보내고 2008년을 바라보는 은평교회 성도들에게 매우 중요한 말씀이 됩니다.

일반적인 시간을 크로노스 시간이라고 한다면 신앙 안에서 바로 사는 시간을 카이로스 시간이라고 하는데 지난 과거를 반성하면서 2008년에는 크로노스 시간보다 카이로스의 시간을 살기에 힘써야 하겠습니다.

## 1. 여호와께서 여호수아를 통해서 주신 말씀을 따라가야 합니다.

430년 간 종노릇하던 애굽에서 해방될 때에 이끌었던 모세는 이미 죽었고 후계자인 여호수아에게 주신 말씀입니다. 모세와 같은 선지자는 다시 일어남이 없었지만(신34:10), 후계자 여호수아의 말에 순종해야 합니다.

**1) 방탕하기 쉬운 이스라엘백성이기 때문에 여호수아에게 하나님은 말씀하시게 되었습니다.**

① 모세와 함께 있던 것 같이 여호수아에게도 함께 하시겠다고 약속하셨습니다.

하나님은 모세나 여호수아에게 말씀하시고 또 그것을 그들은 백성들에게 전했듯이 원리는 지금도 같습니다. 하나님께서 종들에게 깨닫게 하시고 성도들은 그 전하는 말씀에 순종하는 일입니다. 그리고 그 말씀에 '아멘' 하는 것입니다. 여기에 순종할 때 복이 있습니다.

② 지금은 하나님 말씀과 66권의 성경 말씀에 순종하고 따르는 시대입니다.

종들에게 기도 가운데서 연구하게 하시고 그 깨달은 말씀을 전하게 하십니다. 여기에 보혜사성령께서 역사하시며(요14:26), 카이로스의 시간을 살게 하십니다. 성도들은 아멘의 생활이 중요합니다.(고후1:17-20) 예수님의 생애가 또한 그러했습니다.

**2) 지난 과거의 광야 생활이나 애굽 생활의 구습을 버리고 새로운 땅 가나안을 바라보라고 하셨습니다.**

옛것을 바라보고 답습하면 곤란합니다.

① 지난 시간은 모두 버려야 합니다.

쓸모없는 크로노스의 시간이기 때문입니다. 영적이고 하나님과의 관계에서 유익하지 못한 시간입니다. 원망과 불평과 감사가 없는 시간 속에 살았던 과거였습니다. 이제는 버려야 합니다.

② 버릴 것을 버리게 될 때에 은혜가 되고 축복이 됩니다.

성도는 버릴 것을 버리게 될 때에 축복의 문도 열리게 됩니다. (창35:1-2)야곱이 벧엘로 올라가기 앞서서 행한 일이 있습니다. 이방신을 버리고 새것으로 입어야 합니다.(엡4:22-24) 이방신을 버리고 자신을 정결케 하며 의복을 바꾸어 입었습니다. 성도는 옛것을 버리고 새것으로 입어야 합니다.(엡4:22-24) 이 생활이 카이로스의 시간이요 축복이 약속된 시간입니다.

## 2. 하나님 말씀을 내일로 미루지 말고 즉시로 실천해야 합니다.

들을 때에 즉시로 행하는 것이 중요합니다.

### 1) 하나님께서 가나안의 축복을 주시기 위해서 당부하신 말씀이 있습니다.
① 이미 신명기 28:1-14까지와 15-68까지를 통해서 보여주셨습니다.
순종의 생활입니다. 아브라함의 예를 보시기 바랍니다.(창12;1) 사울의 망한 예를 보시기 바랍니다.(삼상15:22) 본문에서 여호수아에게 당부하셨습니다.(수1:8)
② 순종은 즉시 해야 합니다.
차일피일 미룰 문제가 아닙니다. 주일성수를 비롯해서 신앙생활의 모든 제반 복들이 순종에서 축복이 오게 되고 가나안의 주인공이 됩니다.

### 2) 하나님 말씀을 즉시로 행하게 될 때에 복이 옵니다.
성령께서 감동하시는 말씀이요 현장이기 때문입니다.
① 바로 가서 행하시기 바랍니다.
마25:14- 달란트비유에서도 '바로 가서(16절 went at once)' 라고 전하고 있습니다. 착한 종은 바로 가서 장사를 했습니다.
② 축복을 받는 사람들이 그랬습니다.
믿음의 선진들이 모두가 어떤 일을 만날 때 즉시로 행하였고 순종한 사람들이었습니다. 영적이고 신령한 일은 다음으로 미루지 말아야 합니다. 가나안 땅과 직결되듯이 천국과 직접적 문제가 있기 때문입니다.

## 3. 말씀 따라가게 될 때에 자기도 형통하게 되고 타인도 살게 됩니다.

(7절) "좌로나 우로나 치우치지 말라"고 하였습니다.

### 1) 성도는 말씀 따라가게 될 때에 본인도 살고 타인도 축복받게 합니다.
① 그러나 세상과 타협하거나 불신앙과 타협하면 곤란합니다.
여호수아를 비롯해서 모든 성도들이 믿음으로 순종한 사람들이며 하나

님은 그들을 통해서 하나님의 일을 하였습니다.
② 따라서 내게 주신 사명이 무엇인가를 찾아서 열심히 순종생활에 힘써야 합니다.
하나님은 각자에게 재능대로 일을 맡기시기 때문입니다.(마25:15 his property to them)

### 2) 하나님의 일은 시간이 바쁘게 해야 합니다.
다른 시간 다 빼돌리고 자투리 시간을 드리려면 곤란합니다.
① 시간이 날 때 놓치지 말아야 합니다.
이것이 영적인 시간이기 때문입니다. 1년이 525600분이며 하루에 1440분이 소비되는데 남을 위한 배려는 하루에 3분에 지나지 않는다는 통계가 있습니다.
② 하나님의 축복은 지금도 유효하며 진행 중에 있습니다.
위에까지 넘치는 요단강을 밟을 때에 갈라지게 되었듯이 하나님의 말씀 속에서 새해에도 큰 역사들을 체험하게 되시기를 축원합니다.

**결론 : 요단강은 순종으로 밟아야 합니다.**

# 시험을 이기는 사람들
(약1:12-15)

사람을 비롯해서 세상에 움직이는 모든 것들이 곤란을 겪는 것은 공기의 저항 때문일 것입니다. 더욱이 육상선수들을 비롯해서 운동선수들이 움직일 때마다 공기의 저항만 없다면 더 좋은 기록을 낼 수 있을 것입니다. 그래서 현대에 와서 도로를 달리는 자동차며 공중을 날아가는 비행기며 이런 움직이는 물체는 공기의 저항을 덜 받고 날 수 있도록 최대한 날렵한 모습으로 제작해 낸 것을 보게 됩니다.

신앙생활에서 제일 큰 문제는 '시험'이라는 문제일 것입니다. 시험만 없다면 훨씬 더 승리하는 신앙생활이 많을 텐데 시험이라는 것 때문에 중도에 신앙생활에서 실패하거나 주저앉거나 손해를 보는 경우들이 많습니다. 문제는 큰 시험에서 어려움을 겪는 것은 이해가 되지만 시험 같지 않은 작은 문제 앞에서 요동치는 일이 많다는 것입니다. 큰 시험이든 작은 시험이든 시험은 무조건 이겨야 합니다.

본문에서 성경은 시험을 이기는 자가 될 것을 강조하였습니다. 예수님에게도 시험이 왔지만 시험을 이기셨습니다.(마4:4) 누구에게나 시험은 있지만 시험을 이기는 기회가 되기 바라며 본문에서 몇 가지 그 교훈을 얻게 됩니다.

## 1. 시험은 무조건 이겨야 한다는 말씀입니다.

모든 운동에서 승리해야 하듯이 시험은 이겨야 합니다.
(2절) "내 형제들아 너희가 여러 가지 시험을 만나거든 온전히 기쁘게 여기라" 하였습니다.

### 1) 이 시험은 여러 가지라고 하였습니다.
한두 가지가 아니고 여러 가지의 시험들이 있습니다. 헬라어로 다른 뜻으로는 '너희가 여러 가지 시련을 당하거든 기뻐하라' 고도 할 수 있습니다.
① 시험은 예견치 못할 때에 예견치 못한 일로 찾아옵니다.
마치 밤에 도적과 같이 온다는 사실입니다. 그래서는 전신갑주를 입고 있어야 합니다.(엡6:10-17) '하나님의 전신갑주를 입으라' 고 하셨습니다.(put on the full armor God)
② 무엇이 영적 싸움에서 이기기 위한 갑옷이겠습니까?
말씀 위에 굳게 서야 합니다.(마4:4, 엡6:17)
구원의 확실한 믿음 위에서 투구를 써야 합니다.(엡6:17, 요5:24, 롬8:1)
진리로 허리띠를 띠고 있어야 합니다. 허리띠를 허리에 띠고 힘을 쓸 때에 필요한 힘의 상징입니다.(power of spirital)
의의 흉배를 붙여야 합니다.
그래서 부정적인 모든 언행을 버리고 긍정적인 믿음 위에서 승리해야 합니다. 하나님께서는 긍정을 원하십니다.(민14:28)
복음의 신발을 착용해야 합니다.
군인에게 신발이 필수 중에 필수이기 때문입니다.
믿음의 방패입니다.
믿음이 아니면 세상을 이길 수가 없기 때문입니다.(요일5:4)
기도의 후원이 필요합니다.
영적으로 깨어있다는 것입니다. 기도 없이는 사단을 이길 수 없습니다.(막9:29)

**2) 이긴다는 것은 매사에 모든 것을 극복한 결과입니다.(Result)**
매사를 이기기 위해서는 문제마다 극복해야 합니다.
① 어떤 일이 있어도 결과가 좋아야 합니다.
열매로써 그 나무를 알 수가 있기 때문입니다.(마7:16) 그래서 결과가 중요합니다.
② 시험은 결과가 아름다워야 합니다.
시험은 누구에게나 찾아옵니다. 예수님에게까지 마귀가 시험하였고 현대에 와서 목사이든, 장로이든, 권사, 집사, 구역장, 평신도 할 것 없이 무차별하게 찾아옵니다. 이겨야 합니다.

## 2. 시험이 왔다고 인식이 되거든 무조건 참아야 합니다.

시험을 참는 자는 복이 있다고 하였습니다.

### 1) 참는다는 것은 힘이 듭니다.
그러나 참고 어려운 문제를 견디는 것이 인내(忍耐)입니다.
　① 인내로써 이긴 사람들을 보시기 바랍니다.
　　욥이 인내로써 이겼습니다.(약5:10-11) 요셉이 믿음과 인내로써 이겼습니다.(창39:3) 그리고 장자가 되었습니다.(대상5:1-2) 역시 믿음과 인내가 시험과 환난을 이기는 힘이 됩니다.(딤후2:1-7) 농부, 운동선수, 군인, 모두가 인내의 동참자입니다.

### 2) 예수 믿는 일이 세상에서는 제일 힘든 일입니다.
그러나 시험의 저항을 이길 때에 승리하게 됩니다.
　① 보이는 세상에서 보이지 않는 천국을 위해서 싸워야 하기 때문입니다.
　　천국이 보이지 않아도 소망 중에 즐거워하며 싸워야 합니다.(롬12:12) 지옥이 보이지 않아도 두렵고 떨림으로 구원을 이루어야 합니다.(빌2:12) 이것이 우리의 싸움입니다.
　② 분명한 것은 천국의 영광과 지옥의 영원한 고통이 분명하게 존재한다는 사실입니다.
　　믿음의 선진들이 이것을 증거하였고 허다한 증인들이 있습니다.(히12:1)
　　그러므로 예수를 바라보고 승리해야 합니다.(히12:2)

## 3. "시험이 왔을 때에 온전히 기쁘게 여기라" 하였습니다.

성경에는 역설적인 말씀이 많이 있습니다.
시험이 왔을 때에 온전히 기쁘게 여기는 것은 역설적입니다.

### 1) 왜 기뻐해야 합니까?
많은 이유가 있겠지만 그 이유는 분명합니다.
　① 하나님께서 나를 더욱 크게 사용하시기 위해서입니다.
　　쉬운 예로써 고시촌에 가면 사법고시에 밤낮 가리지 않고 공부하는 사람들이나 태능 선수촌에서 땀 흘리며 연습하는 사람들을 보십시오. 그들은 더욱 큰 영광을 위해서 싸웁니다. 시험 역시 그런 측면에서 기쁘게 여기고 이겨야 할 대상입니다.
② 그래서 성경에는 고난과 시련을 강조하였고 후에는 영광을 약속하였습니다.(시126:5-6, 갈6:7-9, 시119:71, 욥23:10) '인내를 온전히 이루라'고 강조했습니다.

### 2) 영광의 주인공들이 되시기 바랍니다.
왜 기뻐하고 인내하고 이겨야 합니까?
① 인생의 최고의 영광이 천국입니다.
영광의 면류관도 약속되었습니다.(he will receive the crown of life)
② 세상 약속은 변해도 하나님의 약속은 분명합니다.
이 약속 붙잡고 승리하며 충성해야 합니다.(고전15:58) 은평교회 모든 성도들은 2008년 뿐 아니라 끝까지 승리하시기를 주님의 이름으로 축원합니다.

**결론 : 시험에서 이겨야 합니다.**

# 일어나 함께 가자
(아2:10-14)

세상에는 살아가는 모습에서 서로가 격이 있는 것이 현실입니다. 심지어 같은 아파트단지 내에서도 몇 평에 사느냐에 따라서 그 사람의 품격(品格)을 갈라놓는 세상이 되었습니다. 부자와 가난한 사람, 지위가 높은 사람과 낮은 사람의 차이들이 현저한 세상이며 미국같은 선진국이며 강대국에서도 흑인과 백인의 차이가 매우 높은 담이 있는 현실입니다. 한문에 부지천한(不知天寒)이라는 말이 있는데 '내 배가 부르면 종이 배고픈 줄 모른다'는 뜻입니다. 이런 일들은 옛날이나 현재나 별 차이가 없는 세상입니다.

본문은 유명한 '솔로몬의 아가'(Song of Solomon)인데 보잘것없는 아프리카여인 술람미 여인을 사랑해서 노래한 사랑의 노래입니다. 지체 높은 왕이요 부귀영화가 충천하고 지혜가 전무후무한 솔로몬이 하찮은 여인을 사랑해서 노래한 이 말씀에는 영적인 깊은 뜻이 있습니다. 지체 높은 왕이 서민 중에 서민층에 속한 술람미 여인에게 일어나 함께 가자고 하시는 말씀 속에서 큰 은혜를 받게 됩니다.

## 1. '나의 사랑 나의 어여쁜 자야 함께 가자'고 했습니다.

이는 만왕의 왕이시요, 만주의 주인이신 예수그리스도께서 하찮은 나 같은 존재에게 부르시는 은혜입니다.

(10절) '나의 사랑 나의 어여쁜 자야 일어나서 함께 가자' 하십니다.(My lover spoke and said to me, "Arise, my darling, my beautiful one, and come with me")

### 1) 솔로몬과 술람미 여인의 사이는 서로 헤어질 수 없는 사이입니다.
각자가 다르고 입장이 다르지만 헤어질 수 없는 둘만의 관계입니다.
① 영원 전에 택하신 관계이기 때문입니다.

요즈음 어떤 사람들이 부부간에도 이혼하기를 쉽게 생각하는 그런 값 싼 관계가 아닙니다. 왜냐하면 영원 전에 예정하셨고 택하신 관계이기 때문입니다.(렘1:4-5, 엡1:3-14) 영원한 때부터 이룩된 관계입니다.(딤후1:9) 세상에 이런 관계가 어디에 있겠습니까?
② 이 관계는 전적인 사랑의 관계인데 하나님의 전적인 사랑의 관계입니다.
그런데 우리가 그분을 택한 관계가 아니요, 그분이 우리를 택하시고 사랑해 주신 관계입니다.(요15:16, 요일4:19, 요일4:10) 이는 이사야선지자를 통하여서도 분명히 가르치고 있는 말씀입니다.(사43:1)

2) **그 주님이 사랑스럽게 부르시며 일어나서 함께 가자고 말씀하십니다.**
다소곳하게 찾아오시는 주님이십니다.
① 성도는 곤고하고 어려운 길이라도 주님과 함께 가야합니다.
주께서 그의 백성들을 향하여 권하시는 말씀입니다. 기적과 능력이 있고 화려하게 사역하는 곳만이 아니라 어렵고 힘든 십자가의 곳이라도 함께 가자고 하셨습니다. (마26:46)일어나 함께 가자고 하셨습니다.("Rise, let us go! Here comes my beteayer!")
그러나 제자들은 모두 흩어지게 되었고 베드로는 세 번씩이나 주를 부인하였습니다. 그러나 억지로라도 십자가를 지고 간 구레네 시몬의 결과는 아름답습니다.(마27:32, 막15:21, 롬16:13)
② 이 세상 땅 끝은 물론이고 사후 천국에까지 주님과 함께 가야 합니다.
이 세상에서의 땅 끝은 전도요 선교라면 결과는 영원한 천국에까지 주와 함께 가는 곳이 됩니다.(마28:20-) 이것이 믿고 사명을 받은 성도의 가는 길입니다.(행1:8, 요14:1-6, 계19:17)

## 2. 사랑하기 때문에 사랑하는 신랑이 부탁하며 요구하는 일이 있습니다.

1) **첫 째 부탁은 "네 얼굴 좀 보자"고 하십니다.(14절)**
'바위 틈 낭떠러지 은밀한 곳에 있는 나의 비둘기야 네 얼굴을 보게 하라.... 네 얼굴은 아름답구나' 했습니다.

① 많은 사람들 중에 짝에 대한 아름다움들이 있습니다.
   예수님이 오늘 우리에게 하시는 말씀입니다. 바위 틈 낭떠러지 험한 곳과 같은 세상을 살아가는 성도들에게 하시는 말씀입니다. 예컨대 화장하지 않은 맨 얼굴로 새벽 기도할 때 주님이 기뻐하십니다.
② 따라서 세상일에만 바쁘게 생활하지 말고 생활 속에서 주님을 보여드리시기 바랍니다.
   청춘남녀가 사랑하기 때문에 자꾸만 보고 싶어 하듯이 예수님이 그의 자녀들을 보고 싶어 하실 때에 보여드리시기 바랍니다.

2) 주님이 원하십니다.
① 얼굴만 아니라 목소리도 듣고 싶어 하십니다.(14절)
   '네 소리를 듣게 하라 네 소리는 부드럽고' 하였습니다. 아침, 점심, 저녁을 보여드리고 기도하였던 시편기자(시55:17)와 같이 음성으로 영광을 돌려야 합니다.(히13:15)
② 기도요, 찬송이요, 행동입니다. 왜냐하면 사랑하기 때문입니다. 사랑하기 때문에 주님이 부탁하시는 줄 믿고 여기에 응하기를 바랍니다.

## 3. 주님과 함께 가기 위해서는 해야 할일이 있습니다.

일어나서 함께 가기 위한 자세입니다.

### 1) 일어나야 합니다.

(Rise up)일어나라, 하셨으니 현재 처해있는 곳이 어디든 일어나야 합니다. 여호수아에게도 일어나라고 하셨습니다.(수1:2)
① 일어나야 할 곳이 많이 있습니다
   (수1:2)약속의 땅 가나안을 가기 위해서는 일어나서 요단강을 건너야 합니다. 문제 있다고 낙심치 말고 일어나야 합니다. (사60:1)일어나 빛을 발해야 합니다. 앉아있으면 침체입니다.
② 영적으로 잠자는 자리에서 일어나야 하겠습니다.
   십자가와 함께 영광의 자리가 있기 때문입니다.(마26:46) 잠자는 가운데서 계속 있으면 곤란합니다.

### 2) 순종해야 합니다.

이렇게 권면하시고 사랑의 소리를 들려주실 때 순종해야 합니다.
① 주인되신 신랑에게 순종하는 신부가 되어야 합니다.
　　순종하게 될 때에 축복이 있습니다. 예컨대 주일날에는 순종해서 주께 나와서 예배해야 합니다. 내가 인생의 주인인양 착각하고 살면 곤란합니다.
② 불순종의 결과는 심판입니다.
　　사랑도 받아들일 때에 사랑의 효력이 나타나는 것입니다. 순종하세요, 그리고 일어나서 주님과 함께 가세요. 여기에 축복도 약속되었습니다.(신28:1-14, 살58:13-14, 말3:10-) 신랑 되신 예수그리스도와 함께 가는 주님의 신부들이 모두 되시기를 주의 이름으로 축원합니다.

**결론 : 보잘것없지만 주님은 부르시고 계십니다.**

# 두려워하지 말라
(사44:1-8)

사람이 평생을 살아가는 길에는 두려워하고 무서워하는 일들이 많습니다. 운전을 하는 자들에게는 사고의 위험성에서의 두려움이라든지, 어려운 질병에서의 두려움이나, 자녀를 양육하는 부모님들은 아이들에 대한 염려나 근심이 있게 되고, 직장인들은 직장에서 감원바람이 불때마다 직장 문제에서 자유롭지 못하고, 정치인들은 선거 때마다 닥치는 위기의 문제가 두려움일 것입니다. 예수님은 말씀하셨습니다. '들에 피는 백합화를 보라, 산에 날아가는 새 한 마리를 보라, 저들을 하나님께서 모두 입히시고 먹이시지 않느냐 너희는 먼저 그의 나라와 그의 의를 구하라 그리하면 이 모든 것을 너희에서 더하시리라' 하셨습니다. 문제는 하나님과의 관계(Relationship)가 문제라고 할 것입니다.

본문은 남쪽 유다백성에 관한 말씀입니다. 하나님 말씀을 듣지 아니하고 불순종만 계속하고 우상주의로 나가던 이스라엘 유다에 바벨론이 쳐들어온다는 전쟁의 소식과 함께 온 나라가 풍전등화의 위기에 있을 때에 백성들이 두려워하게 되었고 염려가운데 있을 때에 이사야선지자를 통해서 주신 말씀인바 "너희는 두려워 말며 겁내지 말라"고 하셨습니다.(Do not tremble do not be afraid)

왜냐하면 바벨론에 끌려가도 함께할 것이고 다시 이 땅으로 돌아오게 할 것이기 때문이라고 하였습니다. 문제는 너희가 살기위해서는 하나님 말씀에 귀를 기울이고 들어야 한다고 깨우치는데 그 중요성이 있습니다.

왜 이스라엘 유다백성 뿐이겠습니까? 이 시간에 우리 모두에게 두려워하지 말라고 하십니다. 본문에서 은혜를 나누게 됩니다. 왜 두려워하지 말아야 할까요?

## 1. 우리는 하나님의 형상대로 창조하신 존재들입니다.

모든 '있다'는 존재는 하나님의 창조하신바 된 사실이지만 인간은 다른 피조물보다 하나님의 형상대로 지으셨기 때문에 차별이 있습니다. (창1:26-27)

### 1) 더욱이 그 중에 택한 백성은 또 다른 의미가 있습니다.
창세전에 예정대로 때가 찬 경륜을 위해서 지으셨기 때문입니다.

① 믿음의 사람들은 하나님의 자녀이기에 두려워하지 말라고 하십니다.(엡1:3-9)
(2절)"너를 지으며 너를 모태에서 조성하고 너를 도와줄 여호와가 말하노라" 하였습니다. '너를 도와줄 여호와(and who will help you)' 라고 했습니다. 참 이스라엘은 예수 안에 있는 그리스도인들인 바(롬4:11) 예레미야처럼 창세전에 알았고 불러내신 것입니다.(렘1:4-) 이는 예레미야와 같이 저들에게 쇠기둥과 놋 성벽이 되게 할 것이기 때문에 두려워하지 말라고 하신 것입니다. 세상에 대해서 두려워하지 말아야 합니다.

② 하나님께서 이렇게 함께 하시기 때문에 세상에서 성도가 두려워하거나 무서워해야 할 것은 아무것도 없습니다.
황제 앞에 끌려가서 심문 받았던 믿음의 선진들도 하나님만 바라보고 두려워하지 않고 담대히 순교 각오로 승리했습니다.(단3:16-6:10, 행4:19, 행20:24) 예수님이 두려워하지 말라고 하셨기 때문입니다.(요16:33)

### 2) 문제는 우리의 믿음입니다.
두려워하며 살아가느냐, 대담하게 대처해 가느냐에 관한 것은 믿음에 달려 있습니다.

① 하나님의 형상대로 지으심 받은 하나님의 자녀임을 믿기 때문에 세상을 이기고 담대할 수 있게 됩니다.
이 믿음이 또한 세상을 이기게 됩니다.(요일5:4) 여기에 또한 예수 안에서 정죄함이 없습니다.(요일3:9, 롬8:1)

② 혹 위태로운 때가 있다면 주님께 소리쳐 보시기 바랍니다.
소리 지를 때에 주님은 다가오시고 건져주십니다. (마14:27)오병이어

사건 다음에 있었던 일로서 베드로가 예수님 따라서 물 위를 걷게 되었는데 바람과 파도 앞에 빠지게 되었을 때에 예수님이 오셔서 베드로를 건져주시면서 하신 말씀이 있습니다. '믿음이 적은 자여 왜 의심하였느냐' 고 하십니다.(Lord, save me! "You of little faith," he said, "why did you doubt?") 의심은 두렵게 만듭니다. 그러므로 우리의 믿음의 성장판이 멈추지 않게 해야 하겠습니다.

## 2. 사람이 살아갈 때에 필요한 모든 것은 하나님께서 공급해 주시기 때문에 두려워하지 말아야 합니다.

그래서 '일용할 양식(Daily Bread)'을 주시기 때문입니다.

### 1) 우기가 가진 모든 것은 이미 하나님께서 주신 것들입니다.(From God)
내가 노력해서 창조하거나 만든 것이 아닙니다.
① 광야의 마른 곳에서도 모든 것을 주시는 하나님이십니다.
(3-4절) '갈한 자에게 물을 주며 마른 땅에 시내가 흐르게 하며 풀 가운데서 솟아나기를' 하였습니다.
세상은 낙심, 좌절, 절망 같은 단어를 사용하게 되면 그렇게 되지만 감사와 찬송 속에 익숙하게 되면 감사와 찬송의 삶이 됩니다. 명령해 보세요. '좌상대감, 우상대감 나가신다'가 아니라 '하나님의 백성인 내가 나간다. 실망과 낙심은 물렀거라!'
② 광야에는 길도 없고 강도 없지만 길과 강도 내시겠다고 하셨습니다.
그래서 새 일을 행하시는 하나님이십니다.(사43:18-20) 성도는 모든 일을 하나님께 맡기고 나가야 합니다.

### 2) 어렵게 하고 힘들게 할 때에 웃는 연습을 해야 합니다.
그곳에 하나님께서 역사하시기 때문입니다.
① 어려울 때에 성령 안에서 웃어보세요.
이것이 신앙인 바 바울은 옥중에서 기뻐하였습니다. 그리고 기뻐하라고 명령을 전하였습니다.(행16:25, 빌4:4)
② 현대인들은 많은 스트레스(stress) 속에 사는데 그 스트레스를 푸는 것도 역시 웃음입니다.

미국의 유명한 스텐포드대학(Stanford University)의 윌리암프라이교수는 '웃음은 면역기능을 높이게 된다' 고 하였습니다. 예수 안에서 웃어 보시기 바랍니다. 두려움이 사라지게 됩니다.

### 3. 왜 두려워하지 않습니까? 제 1의 해답은 하나님께서 함께 하시기 때문입니다. 능력의 하나님이십니다.(출6:1)

**1) 세상에 제일 위력이 있고 능력이 있는 하나님이십니다.**
(5절) '나는 여호와께 속하였다' 하였습니다.
① 왜 두려워하지 않게 됩니까? 하나님께서 나와 함께 하시기 때문입니다. (삼상17:45-47)어린 다윗 역시 하나님을 믿었기에 담대했습니다. 그리고 큰일을 행하였던 역사적 위인입니다.
② 이 믿음만 있게 되면 두려움이 사라지게 됩니다.
188장 찬송을 지은 A. M. Toplady(1776)은 이 믿음이 있었기에 '만세 반석 열리니 내가 들어갑니다' 라고 찬송했습니다.

**2) 믿음의 사람이 가는 곳에는 능치 못하심이 없습니다.**
그러므로 담대해야 합니다.
① 세상에는 하나님 외에 다른 신이 없습니다.
예수님도 약속하셨습니다. 세상 끝날까지 함께 계시겠다고 하신 것입니다.(마28:28)
② 최후 승리는 믿음의 사람의 것입니다.
사망의 음침한 골짜기에서도 승리하게 됩니다.(시23:4) 이 믿음으로 세상에 대해서 승리하게 되는 성도들이 모두 되시기를 주의 이름으로 축원합니다.

**결론 : 성도는 두려워하지 말아야 합니다.**

# 덮어주고 가리워주는 가족들
(창9:20-29)

21세기는 이른바 정보화 시대이기 때문에 정보의 전쟁터가 되었습니다. 그러다보니 모든 정보가 새어나가서 비밀이란 있을 수 없게 되었고 여기에 따른 개인과 국가의 모든 일에 있어서 좋은 일이든 나쁜 일이든 개방된 시대입니다. 때로는 덮을 것을 덮을 때에 유익하고 덕과 은혜가 되는 법인데, 21세기는 그래서 범죄 중에도 모방 범죄가 늘어가기도 하는 때입니다.

가정의 달을 맞이하여 두 번째 주일로서 어버이주일입니다. 기존 가족 관계가 붕괴되거나 무너지기 쉬운 시대적 상황 가운데서 우리는 하나님이 주신 가족 관계가 작은 천국으로서의 가정임을 인식해야 할 때입니다. 우리 몸에 유전인자(D.N.A)가 있듯이 우리 가족에게는 예수그리스도로 말미암은 영적 유전인자가 맞아야 하겠습니다.

본문에서 홍수 이후에 노아의 가족사에서 이 시대에 주시는 교훈이 매우 큽니다. 그 결과로써 노아 이후로 지금까지 전개되는 셈과 함과 야벳의 세계는 가히 엄청 난 차이가 있다는 것을 다시한번 깨달아야 하겠습니다. 본문에서 몇 가지 교훈을 찾게 됩니다.

## 1. 포도주로 인하여 벌거벗은 노아의 모습입니다.

(21절) "포도주를 마시고 취하여 그 장막 안에서 벌거벗은지라" 했습니다.(when he drank some of the wine, he became drunk and lay uncovered inside his tent)

문제를 제공한 사람이 가장인 노아입니다. 한 가정에서 가장의 행동은 자손에게 크게 작용하며 영향을 미치게 됩니다.

### 1) 가정에서 가장이 올바르게 행하여야 합니다.

왜냐하면 가장의 모습에서 판가름이 나고 영향을 끼치기 때문입니다.
① 그래서 가문의 내력이 중요합니다.
그래서 옛 부터 혼인은 중대사(重大事)로 여겨왔습니다. 술주정뱅이나 마약과 같은 것에 손대고 하는 악성 집안에서는 악성 자손이 태어나게 됩니다. 성경에도 술을 마시지 말라고 금하고 있는 사항입니다.(엡5:18, 삿13:4, 잠23:20-21, 31, 레10:9, 잠31:6)
② 술뿐만 아니라 담배나 마약 등은 물론이고 그릇된 신관(神觀)이 인생을 망치고 개인과 가정과 심지어 사회와 국가를 망치게 합니다. 세계 여러 나라를 여행해 보면 그릇된 신관이나 사회 통념이 그릇되어서 망하게 되고 세계 꼴찌 국가로 전락한 경우들도 많이 보게 됩니다. 쇠똥이나 소 오줌을 치료약으로 바르거나 뱀 신을 섬김으로써 문제가 되는 지역이 21세기인 지금도 있다는 것은 안타까운 일입니다.

### 2) 기독교 가정에서 그릇된 관습을 몰아내야 합니다.
일반적인 가정이 아니라 기독교 가정에서 조차 옛 것을 버리지 못하고 있다면 가정의 달에 다시한번 생각해야 할 부분입니다.
① 신앙인이라고 하면서 아직도 버리지 못한 주초문제가 있다면 분명히 버려야 합니다. 이것은 인격파괴만 아니라 건강이나 삶 전체를 무너지게 하기 때문입니다. 기독교 인구가 25%나 되는 이 나라에서 청소년 흡연, 이혼, 교통사고, 인터넷 게시판의 음란물, 저출산 등이 1, 2위를 달리는 국가라면 믿는 성도들부터 자각하고 회개해야 합니다.
② 한국교회의 선배들이 우리에게 물려준 신앙을 다시 회복해야할 때입니다.
한국교회의 선배들은 일제 강점기의 기간이나 6.25와 같은 위기 때에도 선도적으로 사회를 이끌어 왔습니다. 이제는 한국교회가 일어나 빛을 발하기 위해서라도(사60:1) 가정을 바르게 세워나갈 때입니다. 모든 일은 가정에서 시작됩니다.

## 2. 그릇된 어른에게서 그릇된 자녀가 태어납니다.
함의 자세를 보시기 바랍니다. (23절)' 가나안의 아비 함이 그 아비 노아의 하체를 보고 밖으로 나가서 두 형제에게 고하여' 라고 했습니다.

### 1) 자식으로서의 도리(道理)가 아닌데 그런 현상이 나타났습니다.
바로 그것은 부모의 그런 모습에서 기인된 것입니다.
① 함은 불효를 저질렀습니다.
많은 주경학자들은 이 부분에서 한마디씩 하게 됩니다. 랑게(Lange)나 스키너(Skinner)같은 사람은 함의 이런 태도는 자식의 도리가 아니라고 분명하게 지적했습니다.
② 부모는 자식의 허물이나 장애(Handicap)를 덮어주는데 자식은 그렇지 못한 경우들이 많습니다.
가정의 달에 특히 어버이주일을 즈음해서 모든 자녀들은 깨달아야 할 부분이라고 봅니다.

### 2) 자식으로써 부모에 대하여 효도해야 합니다.
이것이 하나님 말씀이요 생명의 길입니다.
① 성경의 명령을 보시기 바랍니다.
사도들이나(엡6:1-3, 요19:26-27) 구약에도 분명한 명령입니다.(출 20:12, 잠23:25)
이 세대에 가정이 붕괴되는 이유는 성경을 멀리하기 때문입니다. 습관적으로라도 효는 행하여야 합니다.
② 효에 관한 문제는 아무리 강조해도 지나치지 않습니다.
인간이 본질적으로 해야 하는 기본이기 때문입니다. 세태가 점점 그릇된 방향으로 가더라도 주의 교회와 성도들은 솔선수범함으로써 세태를 올바르게 이끌어야 하겠습니다.

## 3. 효자들의 행동과 태도를 보시기 바랍니다.(23절)

이들이 효를 하고서 복의 주인공으로써 역사에 빛이 나고 있습니다. 이런 행동을 덮어주는 행동으로써 복의 사람이 되게 했습니다.

### 1) 두 가지로 요약됩니다.
① 하체를 보지 않았습니다.
그래서 겉옷을 벗고 뒷걸음치며 덮어주게 되었습니다. 눈은 보는 것이 기능(function)이지만 모두 보아야 할 일은 아닙니다. 다 유익한 것은

아니기 때문입니다.(고전5:12)
② 겉옷으로 덮어주었습니다.
내 겉옷을 벗어야 하는 것은 희생입니다. 희생 없이 덮어줄 수는 없습니다. 이 세대가 희생이 부족하기 때문에 가정문제가 생기는 것을 유의해야 합니다. 벗어야 덮어줄 수 있습니다.(창3:21, 시85:2, 잠17:9, 시91:4)

### 2) 세 명의 자녀들의 결과를 보시기 바랍니다.(24절)
노아가 축복한 대로 되었습니다.
① 셈과 야벳은 오늘날까지 축복의 조상과 후예를 자랑합니다.
예수그리스도의 탄생과 과학문명이 이들에게서 나오게 되었습니다. 함은 지금도 천대받는 흑인의 후예가 되었습니다.
② 최소한의 가족은 덮어주는 곳이 되어야 합니다.
가족에서, 교회에서 성도는 덮어주는 미덕을 배워야 합니다.(민12:1)
이런 가족과 교회가 되시기를 축원합니다.


**결론 : 어버이주일에 다시한번 생각해야 할 때입니다.**

# 행복하고 성공적인 가정
(행10:1-6)

행복과 성공은 누구에게나 인생사에서 원하고 바라는 단어일 것입니다. 세상을 모두 산 다음에 그 인생이 끝나기 전에 행복하였고 성공적이라고 남긴다면 얼마나 축복이겠습니까.

그런데 문제는 과연 무엇이 행복이며 성공이냐고 묻는다면 답변이 어려운 사람이 많이 있을 것입니다. 혹자는 말하기를 공부 잘해서 좋은 대학 가보고 평생에 돈 많이 모으고 높은 직위 얻게 되고 하는 식으로 성공하였다고 할 수도 있겠습니다. 문제는 개나 돼지도 먹을 것 풍족하게 주면 행복해한다는 것입니다. 교육가 중에 스위스의 '페스탈로찌(Pestalozzi)' 는 말했습니다.

'이 세상에는 여러 가지 종류의 기쁨이 있다. 그러나 그 가운데서 가장 빛나는 기쁨은 가정의 웃음이다.' 라고 하였습니다. 옛날에 비해서 웬만한 집에는 가전제품들이 즐비하게 있습니다. 그런데 그것들이 진정으로 기쁨이나 행복의 조건은 될 수 없다는 것입니다. 외부적 조건들로서 학력이나 경제적 조건이 진정한 행복이나 성공의 조건은 될 수가 없는 것이 모두가 상대적이기 때문입니다. '이 물을 먹는 자마다' 라고 하셨는데 이 물을 길러왔던 수가성여인은 그 물동이를 버려두고 예수를 전하러 가게 되었을 때에 참 행복이 있습니다.(요4:28) 결혼생활에서 A(Age, 나이), B(Beautiful, 외모), C(Credit, 신용), D(Degree, 학위), E(Economy, 경제), 등 이 모든 것을 다 갖추었어도 진정으로 중요한 것은 하나님께 대한 신앙입니다. F(Faith, 믿음, 신앙).

본문에서 고넬료의 가정에서 행복과 성공의 인생을 보게 됩니다.

## 1. 고넬료의 가정은 신앙생활의 성공자였습니다.

행복과 성공의 조건 중에 제일 우선이 신앙생활의 성공입니다. '천하의 제일 좋은 것으로 방마다 가득 채웠다해도 그곳에 신앙이 없다면 실패의 공간이다' 라고 하였습니다.(Augustine)

### 1) 우선적으로 신앙생활에 승리자가 되어야 합니다.

이것이 본문에서 주시는 큰 교훈입니다.

① 고넬료의 이력서를 보시기 바랍니다.

직업은 군인이요, 소속은 이달리야부대요, 계급은 백부장입니다. 이것을 가지고 그가 성공자라고는 할 수가 없을 것입니다. 더 높은 계급과 출세하는 사람들이 많았기 때문입니다.

② 당시의 사회구조가 황제시대요 계급주의시대였기에 백부장은 홀대받는 계급은 아니었기에 우선 성공이라고 할지모르나 그것 가지고 성공자가 된 것은 아니었습니다.

은평교회 성도들은 사회적 지위도 뒤떨어지지 않고 앞서가는 사회인이 되어야 하겠지만 그것이 곧 신앙생활의 성공이나 인생의 성공자는 아니라는 사실을 잊지 말아야 하겠습니다.

### 2) 고넬료는 영적이고 신앙적인 면에서 성공자임을 강조하여 줍니다.

(2절) '그가 경건하여 온 집으로 더불어 하나님을 경외하며 백성을 많이 구제하고 하나님께 항상 기도하더니' 라고 하였습니다. 여기에서 고넬료의 성공적 배경을 보여주는 말씀입니다.

① 신앙의 성공자가 되시기 바랍니다.

'경건하여' 라고 하였는데 이 낱말은 헬라어로 유세베이아( εὐσεβεία )로써 좋은 예배(Good Worship)라는 뜻입니다. '경건' 이라는 말은 fobo"(포보스)인데 두려움, 존경, 공경의 뜻으로서 무엇보다 하나님을 두려워하고 존경하는 뜻에서 나오는 예배생활자가 신앙생활의 성공자임을 보여줍니다. 신앙생활의 성공자는 예배생활이 성공해야 합니다. 예수님도 예배를 강조하셨고(요4:24) 바울도 구원 받은 성도의 첫째 조건이 산 예배였습니다.(롬12:1)

특히 이런 예배가 혼자만이 아니라 '온 집으로 더불어' 였습니다. 자녀들의 신앙생활에 특히 성공적이어야 합니다. Chrysostom(크리소스톰)은 교부로써 '자신의 가족의 신앙에 태만한 사람은 주변에서 삼가해야 한다' 고 하였습니다.

② 신앙생활의 성공자는 생활이 말씀적이어야 합니다.

기도, 말씀, 구제 등이 실제생활로 옮겨지게 되었습니다. 미국의 유수한 대학들은 거의 등록금이 싸고 저렴하게 할 수 있는데 왜냐하면 사회후원금이 풍족하기 때문입니다. 그래도 미국교회는 선교에도 앞장서왔습니다. 한국교회는 약한 자를 돕는 일에 배워야할 일이 많습니다.

## 2. 고넬료는 가정의 성공자였습니다.

가정의 달에 생각해 봅시다. 지금도 가정이 무너지는 곳이 많이 있음을 안타깝게 보면서 기도합니다.

### 1) 고넬료는 온 집이 신앙의 성공자였기에 가정 역시 성공자였습니다.

① 온 집이 은혜를 받은 집이 되었기 때문입니다.
특히 아이 때부터 신앙이 중요합니다. 하나님께서도 아이 때부터 역사하시기도 하시지만 마귀도 아이 때부터 역사하는데 두 성경구절은 절대적인 비교가 됩니다.(막9:21, 삼상3:1, 2:26)

② 은혜 있는 가정으로써 본래 신앙도 중요하지만 더욱이 베드로를 통해서 은혜 받았습니다.(25절)
사도(ajpostovlou)의 지위를 중요시 여기듯이 오늘날 사도적인 일을 하는 목회자의 지위 역시 중요함을 일깨워주시는 부분입니다.

### 2) 가정적으로 신앙의 성공자가 되시기 바랍니다.

심방하다가 보면 보지 못할 가정들도 발견됩니다.
① 고넬료가 베드로를 영접하듯이 하는 집도 있습니다.
참고로 바울도 여기에 감사하였습니다.(살전2:13)
② 반대로 그렇지 않은 집도 있습니다.
우리는 주님의 말씀을 보아야 합니다.(마10:40-42) 목사가 할 일이 궁해서 시간이나 때우려고 심방하는 것은 아닙니다.

## 3. 고넬료의 가정은 함께 성령 받았습니다.

성공자의 모습입니다.(44, 45, 46, 47)

### 1) 고넬료로 인해서 예루살렘교회가 이방선교의 장이 열리었음을 자각하는 계기가 되었습니다.(행11:17-18)

① 유대인만이 아니라 이방구원의 시대가 열리는 계기가 되었습니다.
　　성령 받고 은혜가 충만하면 전도와 선교의 꿈이 이루어집니다. 가족복음화는 물론이고 지역과 국가와 세계를 향해서 선교해야 합니다.
② 이방인들에게도 그리스도의 보혈로 죄 씻음 받는 역사가 필요합니다.
　　이것은 성령의 역사이기 때문입니다.(행1:8)

**2) 성령 받게 되면 모든 것이 변화 받게 됩니다.**
그래서 신앙의 성공자는 은혜 받은 사람입니다.
① 고넬료의 집은 은혜 받은 집입니다.
　　은혜 받으면 나로 말미암아 옆 사람에게까지 변화가 옵니다. 그리고 가정에 진정한 평화가 옵니다.
② 성령 받고 은혜 받으면 성공적 가정이 됩니다.
　　돈, 학력, 명예나 사회적 지위가 성공의 푯대가 될 수 없습니다.
　　은평교회 성도들의 가정이 성공적인 사람들로 가득하기를 축원합니다.


**결론 : 예수로 성공하고 행복해져야 합니다.**

# 하나님께서 주신 복을 받을 사람들
(시128:1-6)

동서고금을 막론하고 세상을 살아가면서 복 받고 살아가기를 원치 않는 사람은 하나도 없을 것입니다. 그래서 동방에서는 복(福)이란 말을 좋아하고 서양 사람들도 God bless to you(하나님께서 당신에게 복 주시기를 원합니다)라는 용어들을 기뻐합니다.

이는 창세기에서 이미 복을 약속하였으며(창1:28, 12:1) 그 대표가 아브라함으로써(창13:14-17) 아브라함은 축복의 사람이 되었습니다. 그리고 그 아들 대에도 약속과 함께 복을 주셨고(창26:12, 31:1) 신약에 와서도 아브라함과 같은 믿음과 함께 복을 약속하셨습니다.(갈3:9) 가정의 달을 맞이하여 믿음으로 살아가는 믿음의 가정들에게 축복이 임하기를 바랍니다. 본문에서 분명하게 약속한 말씀인데 (1절) "여호와를 경외하며 그 도에 행하는 자마다 복이 있도다"라고 하셨습니다.(Blessed are all who fear the LORD, who walk in his ways) (4절) "여호와를 경외하는 자는 이같이 복을 얻으리로다" 하였습니다.(Thus is the man blessed who fear the LORD) 성도들의 가정에 복을 주시기를 원합니다.

## 1. 복 받는 비결과 방법을 보겠습니다.
축복 받는 방법과 비결까지도 성경은 약속으로 주셨습니다.

### 1) 성경에는 축복 받는 방법과 비결을 조금 말씀하시지 않았습니다.
계속적으로 많이 말씀하셨습니다. 35,600가지가 넘는 축복입니다.
① 인간이 미련하고 타락된 짧은 시각에서 그릇 볼 수 있기 때문에 자세하고도 연속적인 방법으로 말씀해 주셨습니다.
구약이 23,214절이요 신약이 7,959절 인 바 합해서 31,173절의 성경이 모두 축복에 관한 성경입니다. 따라서 이 세대에도 정상적으로 말씀에

따라 신앙생활을 하게 되면 하나님께서 주시는 대로 축복을 받고 살도록 되어있습니다.
② 복에 대한 하나님의 약속을 보시기 바랍니다.
이 축복은 복의 근원이 되시는 하나님께서 약속하신 분명한 약속입니다. 아래에 소개하는 성경 말씀은 축복을 받는 비결까지 주신것이기 때문에 그대로 순종하며 따라가면 복된 자리에 앉아있게 되어있습니다. (신28:1-14, 시128:1, 말3:10, 마5:1-12, 시1:1-6, 갈3:9, 계1:3) 어찌 모든 구절을 열거하겠습니까?

## 2) 약속된 복을 받기 위한 방법이 있습니다.
하나님께서 그의 자손들에게 약속한 축복입니다.
① 성경 말씀대로 순종하면서 기도해야 합니다.
내가 믿는 하나님은 유일신(唯一神)이시며 이방인들이 말하는 다신론(多神論)이나 범신론(汎神論)이 아닙니다. 오직 한 분이신 하나님이심을 십계명중 1계명에서도 말씀해 주셨습니다. "너는 나 외에 다른 신들을 네게 있게 말찌니라"(you shall have no other gods before me) 그 하나님께서 말씀하시기를 기도하고 부르짖으라고 하셨습니다. (겔36:37)
야베스는 부르짖어 축복을 받았습니다. (대상4:9-10)
② 하나님의 약속은 지금도 그대로 유효합니다.
변치않는 하나님의 약속이기 때문입니다.
455장 찬송을 부른 히윗(E. E. Hewitt)여사는 고백하기를 '내 주와 맺은 언약은 영불변하시니 그 나라 가기까지는 늘 보호하시네' 라고 찬송했습니다. 가정마다 이 찬송이 흘러넘치게 되기를 바랍니다.

## 2. 하나님께서 약속해주신 복의 내용을 보겠습니다.
마치 어린아이들이 좋아하는 종합선물셋트와 같이 입을 크게 열고(시81:10) 부르짖을 때마다 축복의 창고 문이 열리게 됩니다.

### 1) 성도에게는 믿음으로 영생복락과 잘되는 복이 기본입니다.
세상에서 잠시 누리는 물질적 복이 다가 아니라 영생하는 천국의 복이 기본입니다.
　① 하늘에 속한 신령한 복이 약속되어 있습니다.
　　잠시 동안만 있다가 소멸되는 세상적인 복이 아니라 영원한 복이 약속되었습니다.
　　그래서 예정해 주셨습니다.(엡1:3-13) 이삭이 야곱에게 축복 기도할 때에 빌었던 축복을 보십시오.(창27:29) 믿음의 결국은 곧 영생이며(벧전1:9) 영원한 복입니다.
　② 내 손이 수고한 대로 열매를 얻는 축복입니다.
　　세상에는 내가 일한 것을 다른 이들이 가져가는 일이 많습니다.
　　(2절) '네 손이 수고한 대로 먹을 것이라 네가 복되고 형통하리로다' 하셨는데 기드온이 몰래 타작하듯(삿6:11) 한다든지, 일본시대 때 일본 사람들에게 모두 빼앗기듯 하지를 않겠다는 약속입니다. 하나님께서 복을 주시면 안전합니다.

### 2) 가정의 복을 주시겠다고 약속하셨습니다.
옛부터 가화만사성(家和萬事成)이라고 하였습니다.
　① 가정에서부터 작은 천국이 되어야 합니다.
　　부부가 그 자리에 있게 되고 자녀들은 자녀의 자리에 있는 행복한 가정이 축복 받은 가정입니다. 이런 축복을 약속해 주셨습니다. 그래서 기계속의 톱니바퀴가 윤활유를 통해서 돌아가듯이 이런 가정이 축복 받은 가정입니다.
　② 다윗은 이 축복을 받았다고 간증했습니다.
　　다윗이 받은 축복을 시144:12-15에서 간증하는데 읽어보시기 바랍니다.
　　대상29:26-28에서 나이가 많아 늙도록 부하고 존귀했다고 했습니다.(He died at a good old age, having enjoyed long life, wealth...) 온 평교회 성도들이 이 복을 받기 바랍니다.

## 3. 성도에게는 무엇보다 주의 교회가 잘 되는 모습을 보아야 합니다.
　성도의 생애는 교회가 최우선 순위의 복이기 때문입니다. 교회를 통해서 구원을 받았고 영생을 얻었기 때문입니다.

### 1) 교회가 안정되게 부흥해 가는 것이 성도의 복입니다.
(5-6) '예루살렘의 복' 이라고 하였습니다.(may you see the prosperity of Jerusalem)
　① 예루살렘은 대대로 예배하는 곳이요, 성전이 있는 곳이요, 오늘날 교회와 같은 상징적 의미가 있습니다. 그래서 그곳이 복됩니다.
　포로 중에도 예루살렘은 잊지 못할 곳입니다.(시137:1-6) 지금도 교회가 중요함을 일깨워야 할 때입니다.
　② 말세 때에는 가치관이 혼돈된 때입니다.
　미국에서 베스트셀러였던 '메가트렌즈' 라는 책에서 이 세대는 전통적 가치, 가정의 가치, 합법적 권위의 가치. 교회의 가치마저 붕괴된 때이기 때문에 방황하는 시대라고 지적한 바 있는데 그러나 교회는 바른 가치관으로 보아야 합니다.

### 2) 복 받으시기 바랍니다.(God bless to you)
하나님의 백성이기 때문에 이 복을 받아야 하겠습니다.
　① 예수 안에 있으면 복을 받게 됩니다.
　그래서 세상이 모두 변해도 예수 믿는 믿음은 변치 말아야 합니다.
　② 성도들은 은혜와 평강 가운데서 기도 응답받고 복에 복을 더하는 교회 성도들이 되시기 바랍니다.
　영혼이 잘됨같이 범사가 잘 되고 강건하시기를 축원합니다.(요한3서)

**결론 : 가정의 달에 가정들이 이렇게 되시기를 축원합니다.**

# 인생의 소망을 어디에 두십니까?

(벧전1:17-21)

사람이 세상을 살아가면서 누구나가 막연하지만 미래의 꿈과 소망이 있기 때문에 그 소망을 향해서 살아가게 됩니다.

그런데 문제는 그 소망이 무엇이며 어디에다 두느냐가 문제입니다. 현실이 아무리 화려해도 미래가 죽은 것이 있거니와 현실은 암울하고 어려워도 미래가 휘황하게 밝은 일들이 있습니다.

본문에서 믿음의 선진들인 베드로를 비롯한 사도 바울의 예에서 보면 암담한 토굴 속에서나 옥에서도 기뻐하였습니다.(벧전1:1, 행20:24, 빌4:4) 특히 베드로 서신은 짧지만 그 속에서 가장 강하게 주시는 대표적인 용어는 소망(Hope)이라는 말입니다.

산 소망(a living hope)이 있는가하면 죽은 소망(a dead hope)이 있거니와 썩지 않는 면류관이 있고 썩을 면류관(고전9:24-25)이 있습니다. 베드로는 마지막 죽을 때까지 순교적 신앙으로 승리하였는데 이것은 산 소망 때문입니다.

본문에서 몇 가지 은혜를 나누게 됩니다.

## 1. 세상의 꿈과 비전에 소망을 두는 것은 '죽은 소망' 입니다.

세상을 살아가면서 사람들이 꿈을 꾸는 모든 일들이 있겠으나 그것은 결국은 무지개(Rainbow)를 잡는 것 같아서 헛것이 되고 맙니다.

1) 세상에만 소망을 두는 자는 '죽은 소망'에 인생을 거는 어리석은 자가 될 수밖에 없습니다.

① 야고보는 이렇게 전하였습니다.(약4:13-17)

어떤 사람이 어느 도시에 가서 장사를 해서 이익을 남기고 잘 살아보려고 하는 계획(plan) 위에 '안개니라' 고 일침을 놓았습니다. 안개(a

mist)는 해가 뜨면 없어지는 허무한 일입니다. 그 인생 속에 계획은 필요하지만 하나님이 빠진 계획은 안개처럼 허무하게 됨을 교훈해 주시는 말씀입니다.
② 안개라도 허무하지 않는 계획과 인생이 있습니다.
그것은 하나님 안에서 전개되어가는 인생여정입니다.
미국의 대통령 가운데 재선에는 실패했지만 그의 퇴임 후에 더욱 크게 빛이 나는 사람이 있습니다. 지미카터대통령인데 지미카터대통령은 하나님 안에서 지금도 세계를 돌며 가난한 이웃을 돌보고 집을 지어 주는데 밀라드 훌러(Millard Fuller)와 함께 아프리카를 비롯한 가난한 나라에 20만 채를 지어주었습니다.(2000년 말 현재, 76개국)
예수님은 말씀하셨습니다. "너희 보물을 땅에 쌓아두지 말라 하늘에 쌓으라"고 하셨습니다.(마6:19-)

### 2) 우리의 현실은 어떻습니까?

외환위기 이후에 외국 선교단체나 뜻있는 곳에서는 한국정부와 한국교회를 향해서 충고합니다. '6.25의 잿더미 때에 서방교회나 국가가 너희를 도왔으니 이제는 너희가 도울 차례'라고 충고합니다. 어렵다고 해도 이제 우리는 이 말에 귀를 기울여야 합니다. 예수님은 주는 자에게 복이 있다고 하셨습니다.(눅6:38)
① 주는 자, 주는 국민이 복이 있습니다.
예수님은 몸까지 모두 주셨고 십자가에 죽으셨습니다. 썩지 않는 소망을 가진 사람들은 주고 베푸는 사람입니다. 우리는 세상에 금을 캐러 가는 사람이 아니라 천국에 금을 캐는 사람입니다. 서부개척 시대에 금을 따라간 사람들은 망했어도, 믿음 따라서 간 사람은 승리자로 남게 되었습니다.
② 우리의 헌신을 보시기 바랍니다.
대부분이 세상에 썩은 소망을 위해서 달려가는 사람들로 가득 차 있습니다. 독일은 폐광촌에다 그곳 이름을 따서 '도르트문트'라는 대학을 설립해서 유명한 대학이 되었는데, 우리는 폐광촌에다 카지노 도박판을 만들고 수많은 사람들이 죽게 하고 있습니다. 인생 소망에는 가치(valuable)가 중요합니다. 풀과 같고 꽃과 같기 때문입니다.(벧전1:24)

## 2. 우리의 진정한 소망은 어디에 있습니까?

(21절) "너희 믿음과 소망이 하나님께 있느니라" 하였습니다.(and so your faith and hope are in God)

**1) 성도의 소망은 하나님께 두어야 합니다.**
먼저 그 나라를 구하면 다른 것을 주십니다.(마6:33)
① 하나님께 소망을 두는 그 소망은 영원한 소망입니다.
　우리의 존재는 1회용이 아니요 영원한 존재입니다. 그 소망을 천국에 두어야 할 필요성이 여기에 있습니다.
② 세상은 모두가 변하고 변질되지만 하나님께 두는 자는 영원하며 본질적으로 변치 않습니다.
　세상에 주가가 오르내릴 때마다 가슴 조이는 소망이 아닙니다.

**2) 세상의 모두는 상대적 가치에 살지만 우리의 소망은 절대적 가치에 두는 것입니다.**
① 세상에 필요한 것은 모두 인정하지만 그것은 영원한 가치가 아닙니다.
　좋은 집, 출세, 돈, 명예 모두가 필요하지만 궁극적인 목표는 아닙니다. 상대적 가치일 뿐이기 때문입니다.
② 성도들의 생애에서 보시기 바랍니다.
　본문에서 믿음 때문에 흩어진 나그네들이며, 바울은 분토와 같이 버렸고(빌3:8), 모세는 애굽의 왕좌도 버렸습니다.(히11:24)

## 3. 참 가치관을 아는 사람은 모든 소망을 하나님께 두는 사람입니다.

**1) 우리가 구속 받아 하나님의 백성이 된 것은 은이나 금같이 없어질 것에 의해서 한 것이 아닙니다.**
① 예수님의 고귀하신 피 값으로 사신 바 되었습니다.
　여기에 진정한 인간의 소망과 가치관을 두어야 합니다.
② 다른 길로는 인간의 구원의 소망이 전혀 없습니다.
　예수님만이 영원한 구원이시기에 소망입니다.(행4:12, 요14:6)

**2) 하나님께만이 오직 참 소망이 있습니다.**

여기에 복이 있기 때문입니다.(시16:2, 128:1)
① 하나님께 소망을 두는 사람은 그 소망이 썩지 않습니다.
그래서 믿음의 선진들은 모든 것을 버리고 그 소망을 간직하였습니다.
② 하나님께 소망을 두는 자는 그 소망이 쇠하지 않습니다.
그래서 믿음의 선진들이 그렇게 살았습니다.
③ 하나님께 소망을 두는 사람은 그 기업이 하늘에 있습니다.
그래서 모든 보물을 하늘에 쌓아가며 살아갑니다. 이런 소망의 소유자들이 되시기를 축원합니다.

**결론 : 어떤 소망을 어디에 두며 살아갑니까?**

# 하나님이 기뻐하시는 헌신
(출35:20-29)

우리는 이 세상을 살아가면서 신앙생활을 반드시 해야 하고, 예수 믿는 신앙 가운데 따라야 하는 일은 헌신과 감사입니다. 신앙과 헌신은 마치 나무와 같아서 나무에 뿌리가 있고 지면 위로 나무가 있듯이 신앙이라는 뿌리가 있으면 감사와 헌신이라는 줄기가 있어야 합니다. 이스라엘 민족의 뿌리인 아브라함에게 믿음의 뿌리가 견고하더니 아브라함의 자자손손에게 복을 주고 번창케 하셨습니다. (창12:1-4)

이스라엘 민족은 자자손손에게 하나님의 함께 하심과 축복이 아닌 것이 하나도 없었습니다. 애굽에서도, 출애굽 이후에도, 광야에서도 가나안 땅에 입성한 이후에도 모두가 하나님의 은혜가 아닌 것이 없습니다. 그러나 그들은 하나님을 믿는다고 하면서 생활에는 헌신과 감사가 아니라 원망과 불평 속에서 우상을 섬겼습니다. 그러다가 모두 망하였습니다.(고전10:1-11, 히3:15-4:2)

신약시대에 와서 이방구원시대에 이방인인 우리가 구원 받아 하나님의 백성이 되었는데 여기에 감사와 헌신이 따르는가, 확인하는 시간이 되시기 바랍니다.

## 1. 성도의 신앙생활은 감사하는 마음으로 해야 합니다.

왜냐하면 여기에서 진정한 헌신이 나타나기 때문입니다. 영원히 죄 값으로 지옥 형벌 받을 자가 예수 믿고 구원 받았으니 이 얼마나 감격스러운 일인가? 헌신은 이 감사에서 시작됩니다.

### 1) 하나님의 감동된 마음에서 해야 한다는 뜻입니다.

(21절) "무릇 마음이 감동된 자와"라고 하였습니다.(and everyone who was willing and whose heart moved him came....)

① 성경이 성령의 감동으로 기록되었듯이(딤후3:15-16) 그 말씀을 믿고 감사와 헌신하는 일 역시 성령께서 감동하실 때에 가능한 일인데, 거기에 순종하고 따르는 것이 곧 감사요 헌신입니다. 이 불이 꺼지지 않게 해야 하고(레6:9, 12-13), 다른 불을 드리면 큰일납니다.(레10:1) 신약에 와서 바나바와 아나니아와 삽비라 사건에서도 교훈이 크다고 할 것입니다.(행4:33, 5:1-)

② 신약시대에 와서도 이것을 강조해 주셨습니다.
고후8-9장은 고린도교회에 대한 헌금론인바, 9:5-7에서는 더욱 강조해 주었습니다. '이러므로 적게 심는 자는 적게 거두고 많이 심는 자는 많이 거둔다 함이로다.... 인색함으로나 억지로 하지 말지니 하나님은 즐겨내는 자를 사랑하시느니라' 했습니다. 어떤 헌신을 하든지 인색과 억지로 하는 것(not reluctantly or under compulsion)은 하나님이 기뻐하시지 않습니다.

### 2) 자원해서 헌신하는 예를 보겠습니다.

이것은 모두 성령의 감화와 감동으로 이루어진 예들입니다.

① 오병이어의 사건에서 그 예를 찾게 됩니다.(마14:14-21)
세례요한의 순교 장면이 끝나고 벳세다 뜰에서 수많은 군중들 앞에 예수님 말씀을 전하시게 되는데 이때에 어린아이 하나가 주님께 드린 물고기 두 마리와 보리떡 다섯 개의 헌신은 큰 헌신입니다. 오늘 본문에서도 성막을 지을 때에(21절) '무릇 자원하는 자가 와서', '가져왔으며'라고 강조했습니다. 헌신은 감사 속에서 자원하는 것이 헌신입니다.

② 마음에 다른 마음이 있다면 진정한 헌신이 될 수가 없습니다.
교회생활을 하면서 사사건건마다 부정적이고 불신앙적인 것은 하나님이 기뻐하시지 않습니다. 여기에서 불평이 나오게 되고 하나님의 진노가 내렸습니다. 예로써 12명의 정탐꾼 사건에서 보게 됩니다.(민14-15장) 성막을 지을 때에도 하나님께서 명하신 대로 지을 때에 축복이 임하였습니다.(출39:41-43)

## 2. 자원하는 마음으로 드려지는 감사와 헌신은 하나님의 명령입니다.

반드시(must) 그렇게 해야 한다는 뜻입니다.

**1) 성경에는 신약이든 구약이든 간에 하나님께 나올 때에는 헌신의 마음을 요구했습니다.**
　① 성경을 보시기 바랍니다.
　　(출23:15) '빈손으로 내게 보이지 말찌니라' 하였습니다.(No one is to appear before me empty-handed)
　　(창15:8-9)하나님께서 아브라함에게 축복을 약속하실 때에도 제물들을 요구하셨고 아브라함은 실행하였습니다.
　② 적은 것이라도 하나님은 그 중심과 마음을 보십니다.
　　(눅21:1)가난한 과부의 렙돈도 예수님은 칭찬하셨습니다.
　　구차한 중에 렙돈은 그 여인으로서는 최선을 다했기에 칭찬을 받게 되었습니다.

**2) 헌신과 드림도 '감동'이 필요합니다.**
　① 헌신 역시 감동에서 이루어져야 합니다.
　　속에서 움직이는 마음이 감동입니다. '감동'은 히브리어로 '나사'인데 분발하는 마음이란 뜻입니다.
　　'자원하는 마음'은 히브리어로 '나다브'인데 '거리낌 없이'란 뜻입니다.
　② 그러므로 매사에 성령에 감동하여 주 앞에 나와서 드려지는 것입니다.
　　141장 찬송과 같이 몸 밖에 드릴 것 없어 이 몸 바치는 마음입니다.
　　185장 찬송과 같이 주님은 우리에게 질문하십니다. '너는 나를 위해 무엇을 주느냐?'

### 3. 하나님은 내게 있는 것을 요구하십니다.

헌신은 내게 있는 것으로 하는 것이 그 기본입니다.

**1) 헌신하는 것은 내게 주신 것대로 해야 합니다.**
내게 없는 것을 할 수는 어렵습니다.
　① 내 손에 있는 것 가지고 일해야 합니다.
　　(출4:2) '네 손에 있는 것이 무엇이냐' 지팡이로 헌신했습니다. 하나님

은 언제나 내 손에 있는 것을 요구하십니다.(고전4:7, 대상29:14)
② 내게 주신 것이 무엇인지 파악해서 드려야 합니다.
어떤 은사이든, 재능이든, 재물이든 모두 주께서 주신 것입니다. 이것으로 헌신하라고 하십니다.(마25:14-21)

### 2) 헌신의 결과는 축복이요 상급입니다.
22, 29절에서 분석해 보시기 바랍니다. 그들이 헌신한 내용입니다.
① 교회는 헌신자들에 의해서 세워져가고 부흥해 나가게 됩니다.
개인은 상급과 축복이 있게 되고 교회는 부흥케 됩니다.
② 이 땅에 사는 동안에도 축복을 약속해 주셨습니다.
영원한 나라에 저축해 놓았고, 이것이 상급이요 이 땅에서도 축복이 나타나게 됩니다. 그러므로 견고해서 흔들리지 말아야 합니다.(고전15:58) 주 앞에 모두 드리고 옆 사람이 수군거리기를 집 한 칸도 없다고 비난하게 될 때에 그는 말하기를 '나는 천국에 이전시켜 놓았다'고 했습니다. 이런 헌신정신을 갖게 되시기를 축원합니다.

**결론 : 우리는 헌신자입니다.**

# 시종일관 감사하라
(시103:1-3)

우리가 신앙생활하는 가운데 신앙의 용어들이 많이 있습니다. 신앙의 전문용어를 보면 자주 사용하는 '아멘, 할렐루야, 순종, 축복, 천국, 은혜, 십자가, 믿음, 소망, 사랑' 등 친숙하고 자주 사용하는 용어들입니다. 그러나 빼놓을 수 없는 용어는 감사(Thank)라는 용어입니다.

신앙생활의 성공과 비성공의 척도는 다름 아닌 감사에 있다고 할 것입니다. 감사라는 용어는 그 사람의 신앙 성숙의 척도요 자와 같습니다. 성경에는 '감사'라는 용어가 178개 정도의 성경구절이 있습니다.

옛날 소크라테스의 제자인 플라톤(Platon)은 몇 가지 감사를 했다고 하는데 헬라인으로 태어난 것, 자유인으로 태어난 것, 남자로 태어난 것, 소크라테스와 같은 스승을 만난 것이라고 하였습니다. 삼중고를 앓았던 헬렌 켈러는 정상인들에게 '보고, 듣고, 말할 수 있음을 감사하라'고 하였습니다. 맥추절을 맞이하여 우리는 본문을 통하여 다시한번 감사를 확인하고 감사를 배우는 시간이 되기 원합니다.

'그 은혜를 잊지 말라' (.... and forget not) 하였습니다. (시116:12)시편기자는 고백하였습니다. '여호와께서 내게 주신 모든 은혜를 무엇으로 보답할꼬' 했습니다.(How can I repay the LORD for all his goodness to me)
본문을 통해서 약해진 우리의 감사 신앙이 회복되기 원합니다.

## 1. 고장 나고 부서진 인생을 고치시는 하나님께 감사해야 합니다.

하나님의 형상대로 지으심을 받은 인간이(창1:26-27) 마귀의 간계로 인해서 고장 나고 부서지게 되었습니다.(창3:1)

이 부서짐(Broken)은 조금 부서진 것이 아니고 완전타락이요 전적무능력 (Total Inability)입니다.(롬2:12, 바울, 어거스틴, 요한칼빈을 잇는 성경적 사상이요 신학입니다)

**1) 그런데 예수그리스도 안에서 믿음으로 인생이 고쳐지고 바뀌게 됩니다.**
(3절) '저가 네 모든 죄악을 사하시며 네 모든 병을 고치시며' 라고 확인되었습니다.
① 죄 값은 사망(롬6:23)이기 때문에 영원히 죽든지, 사함 받고 살든지 둘 중에 하나입니다.
'사한다' 는 말은 히브리어로' 사라흐( חלס )'로써 그 뜻은 '만능분사형'으로써 끊임없이 계속해서 용서하심을 뜻합니다. 용서하시는 하나님을 보시기 바랍니다.(시86:5) 용서와 긍휼의 하나님이신데 그 하나님께 감사해야 합니다.
② 다윗의 경우에서 보게 됩니다.
성군이라는 다윗도 인생사 가운데서 범죄 투성이요, 허물이 많았으나 회개하게 될 때에 용서함을 받게 되었습니다. 베들레헴 촌에서 시작한 다윗의 생애는 하나님의 축복의 현장이 된 생애였습니다.(대상29:26-29)

**2) 문제는 아무나 사함 받거나 용서함을 주시는 것이 아니라는 사실입니다.**
누구를 고쳐주시며 사해주십니까?
① 회개하고 하나님께 돌아오는 사람을 고치시고 회복해 주십니다.
다윗은 범죄하게 될 때마다 선지자가 있어 그 때에 회개를 촉구하였고 회개할 때에 모든 것이 다시 회복되는 일이 있게 되었습니다.(삼하13:1-, 삼하24:16-, 시51편)
그러나 반대로 사울왕을 책망하던 사무엘의 전하는 말을 불순종하게 되었을 때에 망하게 되었습니다.(삼상15:10-11)
② 예수님은 신약에서도 회개를 강조하셨습니다.
예수님 자신이 말씀하셨습니다.(마4:17) 사도요한을 통해서 말씀하셨습니다.(요일1:8-9)
회개할 때 용서하시며 고쳐주시는 하나님께 감사해야 합니다.

### 3) 치유하시는 하나님께 감사해야 합니다.

(3절) '네 병을 고치시며' 했습니다.(…and heals all your diseases)
① 육신의 질병도 고치십니다.
육신의 고난 속에 고장 난 부분을 고치십니다.(출15:26, 말4:2, 막16:17, 약5:15, 행3:1)
고친다는 말은 히브리어로 '라파( רפא )' 라고 하는데 영육이 모두 고쳐지게 됩니다.
② 똑같은 인생 문제이지만 예수 안에서 사는 것과 예수가 없는 인생의 차이는 비교할 수 없이 큰 차이가 나게 됩니다.
미국의 듀크대학의 David Ratson(데빗 랏손)박사는 실험적으로 보았을 때에 교회에 가서 찬송 부르고 기도하는 사람과 그렇지 않은 사람과의 차이는 크다고 했습니다.(시103:14)우리의 체질을 아시는 하나님이십니다.

## 2. 사모하는 영혼을 만족케 하시는 하나님께 감사해야 합니다.

(시107:8-9)사모하는 영혼을 만족케 하시며(시37:4), 마음의 소원을 이루시는 하나님이십니다.

### 1) 내 인생을 만족케 하시는 하나님께 감사해야 합니다.

(5절)좋은 것으로 내 소원을 만족케 하십니다.
① 기도하는 사람을 만족케 채워주십니다.
기도해서 응답 받은 사람들이 세상에는 가득합니다.
② 기도해서 얻지 못한 것은 없습니다.
하나님의 뜻대로 기도하게 될 때에 하나님은 주십니다.(막11:24)

### 2) 부모의 약속보다 하나님의 약속은 더 강합니다.

부모는 마음뿐이지 능력이 부족하지만 하나님은 모두 가능합니다.
① 능력 없으면 하나님께 감사해야 하겠습니다.
감사하는 자에게 채워주시는 하나님이십니다.
② 내 생각과 하나님의 생각은 다를 수 있습니다.(사55:8)
그러나 무조건 감사해야 합니다. 감사 신앙이 최고이기 때문입니다.

## 3. 하나님의 은혜를 어떻게 감사해야 할까요?

맥추절에 생각하는 감사 방법입니다.

**1) 감사하는 방법입니다. 감사 속에서 하나님께 영광 돌려야 합니다.**
 ① 우리 입으로 언어 속에 감사가 풍성해야 합니다.
    '하나님 아버지 감사합니다' 이 말이 풍성해야 합니다. 감사를 기뻐하십니다.(시50:23)
 ② 감사하는 내용 속에 기도 응답이 옵니다.(시50:14-)
    하나님께 감사할 때 곧 위기에서 건지시게 됩니다.

**2) 성도의 감사는 계속 성장시켜야 합니다.**
감사가 멈추면 곤란 합니다. 계속 성장해야 합니다.
 ① 감사가 성장하는 것이 하나님의 뜻입니다.(살전5:16-)
    계속 성장하는 감사가 되시기 바랍니다.
 ② 감사 속에서 축복이 옵니다. 감사 속에서 신앙 성숙과 함께 축복 받게 되시기를 주의 이름으로 축원합니다.

**결론 : 감사는 계속 되어야 합니다.**

# 우리의 몸에도 예수의 흔적을
### (갈6:17)

세상 역사는 '흔적의 역사'(history of marks)라고 할 것입니다. 왜냐하면 모든 지나간 과거는 흔적을 남기기 때문입니다. 옛말에 '호랑이는 죽은 후에 가죽을 남기고 사람은 이름 석자를 남긴다'고 하였거니와, 문제는 평생을 살아가면서 어떤 이름을 남기느냐에 중요성이 있습니다.

에디슨은 발명왕의 이름을, 아브라함링컨은 노예해방의 발자국이 그의 대명사가 되었습니다. 그런데 어떤 것이 인생의 성공인가 하는 점입니다. 미국의 저명한 경영컨설턴트인 스티븐 코비박사는 대표작인 '성공으로 가는 일곱가지 습관'에서 이렇게 말하였습니다.

첫째, 전향적인 태도를 가져라. '난 못해'가 아니라 '할 수 있어'라고 책임과 목적을 분명히 하라는 것입니다.

둘째, 최후를 생각하고 출발하라. 목적이 분명한 사람과 그렇지 않은 사람과는 승부지점에서 다르다는 것입니다.

셋째, 우선순위를 분명히 하라, 그것이 성패의 관건이 된다는 것입니다.

넷째, 서로가 득이 되는 방향을 찾아라. 혼자만의 이익을 챙기려하다가는 결국 둘 다 손해를 본다는 것입니다.

다섯째, 먼저 상대방을 생각하라. 내 얘기를 하기 전에 먼저 남의 얘기를 듣고 이해하려는 노력을 해야 한다는 것입니다.

여섯째, 제3의 대안을 찾아라. 상대방과 맞서서 풀리지 않을 때에는 타협보다 제 3의 방향을 창의적으로 생각하고 찾으라고 하였습니다.

일곱째, 항상 자신을 관리하라. 자신의 건강, 전문성 등 최적의 상태로 유지 관리하는 사람이 유능한 사람이라고 하였습니다.

성경은 우리에게 부지런하라고 가르치고 있습니다.(잠20:4, 22:13, 롬12:11) 본문에서 사도바울은 평생을 오직 예수그리스도만을 위해서 살다가 순교자로써 흔적을 남기게 되었는데 몇 가지 은혜를 나누게 됩니다. '흔적'은 헬라어로 '스티그마(στίγματα)' '찌른다'이며, '가졌노라'는 '바스타조(βαστάζω)'로써 늘 예수그리스도의 흔적의 상태가 몸에 있었음을 말해주는 말씀입니다.

## 1. 사도바울은 예수님처럼 날마다 자기 자신을 십자가에 못 박는 생활이요, 죽음의 흔적(고전15:3)을 남겼습니다.

### 1) 믿는 자는 누구든지 자기 자신을 날마다 십자가에 못 박아야 합니다.
왜냐하면 내가 살아가지고는 믿음, 복음, 교회 이런 생활이 어렵기 때문입니다.
① 성도가 예수의 흔적을 남기기 위해서는 날마다 자기 자신의 모습을 십자가에 못 박아 죽여야 합니다.
이것이 그리스도의 사람들이기 때문입니다.(갈5:24, 고전15:31, 롬6:4-)
그래야 영적으로 살게 됩니다.
② 내가 죽을 때 이기는 자가 됩니다.
그래서 죽는 연습은 이기는 연습이 됩니다. 이것이 성경의 교훈이요, 말씀입니다.(계5:5, 골2:15, 계2:7)

### 2) 바울은 예수님처럼 이기는 사람이 되었습니다.
모든 시대, 모든 성도들은 이 길을 가야합니다.
① 이기기를 위해서 싸운 흔적들을 보시기 바랍니다.
'흔적'(Marks)들의 성경을 보시기 바랍니다.(갈2:20, 롬7:23)
② 신앙생활에는 언제나 흔적을 남겨야 합니다.
이기기를 다투는 자마다 모든 일에 절제해야 합니다.(고전9:24-27) 영적 성숙인 성화에는 중요한 요소가 자기와의 싸움에서 이기는 자가 되어야 합니다.(잠16:32) 청교도들은 이것을 모티피케이션(Mortification) 즉, 죄를 죽이는 생활로 보았습니다.

## 2. 사도 바울은 예수님과 같이 십자가를 지고 간 흔적을 남기게 되었습니다.

기독교는 십자가를 지고 가는 종교입니다.

1) 이는 예수님의 명령입니다.(마16:24)
  ① 십자가를 지고 가야한다고 명령하셨습니다.
    바른 교회, 바른 신앙은 십자가를 지고 가는 신앙입니다. 그런데 현대교회와 사람들은 십자가를 멀리하려 합니다.
  ② 오늘날의 교회 성도에게도 주님은 십자가를 지고 오라고 하셨습니다.
    십자가는 이념이나 옛날이야기가 아닙니다. 현실적으로 지고 가야하는 문제입니다. 현대판 '쿼바디스'는 얼마든지 있습니다.

2) 바울은 십자가를 지고 스스로 흔적을 남기게 되었습니다.
  바울의 고백을 성경을 통해서 읽게 됩니다.
  ① 복음 전하는 현장에는 십자가와 고난의 현장이 있습니다. 십자가와 고난 없이는 승리도 없습니다.(고후11:23-27) 그리고 66-67사이에 로마에서 참수형을 당하였습니다.
  ② 예수의 흔적을 가지시기 바랍니다.
    그런데 예수의 흔적은 그냥 가지는 것이 아닙니다. 날마다 예수님 때문에 죽을 때에 가능한 일입니다.

### 3. 사도바울은 주님이 남기신 교회를 위하여 예수의 흔적을 남겼습니다.
오직 교회, 오직 복음전파 때문입니다.

1) 바울의 선교전략은 복음전파와 교회를 세우는 일입니다.
바울의 최고 최대의 관심이요 생애의 목적이었습니다.
  ① 교회를 위한 염려를 보시기 바랍니다.
    고후11:28에서 자세히 밝혀주었습니다. 복음전파, 영혼구원, 교회설립 여기에는 십자가가 중심이었습니다.
  ② 갈라디아교회 또한 사도바울의 복음의 진수가 담겨져 있습니다.
    오직 복음 밖에는 다른 길이 없기 때문입니다.(갈4:15-19) 그래서 해산의 수고를 결심하였습니다.

2) 교회를 사랑하십니까? 흔적을 남겨야 하겠습니다.
주님을 사랑하기 때문에 오는 현상입니다.

① 교회는 곧 예수님의 몸이요, 교회의 머리는 곧 예수님이십니다.
데살로니가교회는 심한 핍박 중에 세워졌지만(행17:1) 보람된 교회로 성장해 갔습니다.(살전1:3) 사랑의 수고가 있었기 때문입니다.
② 과연 우리 마음에 교회에 대한 염려가 있습니까?
시대적으로 소위 '3D업종'이라고 하는 용어가 생겼듯이 십자가를 지기 싫어하는 시대가 되었습니다. 교회에서 식당 봉사, 운전봉사하지 않겠다는 것입니다. 성도들이여! 복음때문에 흔적을 남기는 성도가 되시기를 축원합니다.

**결론 : 예수의 흔적을 남겨야 합니다.**

# 성도를 향하신 하나님의 선언
(사43:1-7)

세상을 살아가면서 어떤 일이 있을 때에 분명하게 태도를 취해야 할 때가 많습니다. 그래서 아닌 것은 아니라 하고, 옳은 것은 옳다고 해야 합니다. 이 점에 대하여 성경에는 분명히 하라고 하셨습니다.(왕상18:21, 수24:15) 이사야선지자는 하나님께서 이스라엘을 향하여 분명하고 확실하게 말씀하시고 계심을 증거하였습니다.

이사야선지자는 웃시야, 요담, 아하스, 히스기야 시대에 큰 역할을 했던 선지자로써 유다백성들에게 하나님의 분명한 뜻을 전하였습니다. 유다가 고난도 당하지만 이스라엘에 관한 하나님의 구속과 영광스러운 회복이 올 것이라고 예언하였습니다. 바벨론에서 돌아올 것의 예언에서부터 하나님의 절대적인 후원을 확실하게 대답해 주셨습니다. 신약시대에 와서 성도가 때때로 고난도 있지만 하나님께서는 그 고난 속에서도 함께 하시며 끝까지 승리케 하심을 분명하게 말씀해 주셨습니다. 이 말씀은 유다에 관한 말씀만이 아니고 이 세대를 살아가는 모든 성도들을 향하신 하나님의 선언이요, 선포인바 많은 은혜를 받게 됩니다.

## 1. 성도는 하나님의 절대적 주권으로 선택하신 존재임을 선포합니다.

구약교회와 광야교회(행7:38)는 물론이고, 신약교회(마16:18, 행20:28) 역시 하나님의 절대적인 관심 속에 있음을 말씀합니다.

### 1) 창세 전에 조성된 존재입니다.

(1절) "야곱아 너를 창조하신 여호와께서 이제 말씀하시느니라 이스라엘아 너를 조성하신 자가 이제 말씀하시느니라" 하였습니다. 창조하셨고 조성하신 하나님이십니다.

① 창세전에 예정하셨음을 분명히 하십니다.
　구약에도(렘1:4-), 신약에서도(엡1:3-) 창세전에(For he chose us in him before the creation of the world…) 우리의 구원이 개인의 노력이나 능력이 아니라 하나님의 절대적 주권적 예정이요 은혜 속에 있다는 것입니다.
② 그래서 믿음의 세계 역시 아무나 믿는 것이 아닙니다.
　우리에게 믿음이 그렇게 귀하다는 것입니다. 사도바울은 이 믿음이 하나님의 선물이요(엡2:8), 하나님의 예정적 구원의 축복에 있다고 전하였습니다.(롬8:30) 조직신학에서 구원의 차서가 분명합니다. 예정-부르심(외적, 내적)-믿음-회개-중생-칭의-양자-성화-영원한 구원-(궁극적 구원) 세상에서 얻어질 수 없는 최고의 축복을 주셨습니다. 전적인 하나님의 주권이요 은혜로 말미암은 구원입니다.

**2) 따라서 임의로 파하거나 거부하거나 버리거나 하는 일은 없습니다.**
아멘하여 따라가며, 순종하며 하나님께 영광 돌리는 생활이 중요합니다.
① 이스라엘역사를 통하여 이런 사실들을 보여주셨습니다.
　개인이든 국가든 간에 믿고 따라가며 순종하게 되면 복을 받고 잘 되는 것이 약속입니다.
　요셉은 옥에서도 잘되었고(창39:23), 광야에서도 성막이 완성되었을 때에 축복이 큰 것은 크게 암시하는 바가 있음을 생각해야 합니다(출39:42-43). 그리고 성경 역시 크게 약속하였습니다(신28:1-14, 대하18:7).
② 하나님의 절대적인 주권 앞에서 순종자가 되어야 합니다.
　순종과 믿음의 결과는 축복이요, 영혼이 잘됩니다(신30:15, 요한삼서 1-4). 깨달아야 할 줄 믿습니다.

## 2. 성도는 하나님의 절대적 주권으로 선언하신 하나님의 자녀 된 존재라고 말씀하셨습니다.

　"너는 내 것이라"(you are mine)

**1) 성도는 하나님의 백성입니다.**

호적(가족관계)을 떼어보면 부모형제, 모든 가족이 모두 등재되어 있습니다.

① 하나님과 그의 백성의 관계는 뗄려고 해도 뗄 수가 없습니다.
하나님은 나의 하나님이시며 나는 그 하나님의 백성입니다. 내 소유권이 하나님께 있음을 분명히 했습니다.

② 우리는 주님의 피 값으로 사신 존재들입니다.
이스라엘이 애굽에서 나올 때에 유월절(Passover) 어린양이 피를 흘려 죽었듯이 예수그리스도는 십자가 위에서 피 흘려 죽으심으로써 구원에 이르게 되었습니다.
그래서 '하나님이 자기 피로 사신 교회' (행20:28 which he bought with his own blood)라고 하셨습니다.

**2) 따라서 그 어떤 일에도 떼어 놓을 수 없습니다.**
하나님과 그의 자녀는 떼어놓을 수 없습니다(요6:37).
① 하나님은 그의 백성들을 그의 손바닥에 새겨 놓았습니다(사49:15).
그러므로 무슨 일이 있든지 낙심치 말라고 선언하십니다.
② 예수그리스도 안에서는 누구도 끊을 수 없습니다(롬8:33-39).
환난도, 핍박도, 곤고도, 기근이나 그 어떤 것도 예수 안에서 끊을 수 없다고 선언하였고 이기게 됩니다. "너는 내 것이라" 하였습니다.

## 3. 성도는 하나님의 절대주권으로 인하여 궁극적 책임을 지신다고 선언하였습니다.

결혼식장에서 흔히 듣는 말들 '고락간에, 건강할 때나, 병든 때나….' 라고 서약하지만 그렇지 못한 경우들이 많습니다.

**1) 그러나 하나님은 나같이 못나고 허물많고 부족한 사람이라도 끝까지 책임지시겠다고 약속하신 선언입니다(2-7절).**
① 절대적인 보호의 선언입니다.
불 가운데에서도 물 가운데에서도 보호해 주십니다(2-3, 출14:16, 수3:15).
② 약하고 어려운 가운데 있지만 회복시켜 주시겠다는 은혜의 약속입니

다.
　두려워 말라고 하셨습니다(3-6).
③ 약속의 영광을 주시겠다고 하셨습니다(7절).
　"내가 내 영광을 위하여 창조한 자를 오게 하라 그들을 내가 지었고 만들었느니라" 하셨습니다. 빼앗긴 영광(삼상4:22)을 이가봇에서 다시 회생케 하시는 하나님의 약속입니다.

**2) 성도는 하나님의 소유입니다.**
신약이든 구약이든 모두 이 사실을 보여주십니다.
① (벧전2:9)선택받은 족속이요, 왕 같은 제사장이요, 거룩한 나라요, 그의 소유된 백성입니다.
② 그러므로 굳게 서서 긍지와 자부심을 가지고 흔들리지 말아야 하겠습니다.
　이것이 성경의 당부하는 바입니다.(고전15:58) 절대적인 하나님의 선언 앞에 '아멘' 하면서 승리자가 되시기를 축원합니다.


**결론 : 우리는 하나님이 선언한바 된 백성들입니다.**

# 천사의 얼굴 모습
(행6:7-15)

시대마다 사람들의 관심들이 여러 가지로 다양하겠지만 이 세대의 관심의 으뜸은 얼굴을 비롯한 외모에 있다고 할 것입니다. 그래서 화장품 매출액이 증가되고 입는 옷이며 심지어 피부 관리를 지나서 성형외과가 성행하는 때가 되었습니다.

그러나 하나님께서는 사람의 외모를 보시지 아니하시며(삼상16:7-) 외모의 단장보다도 심령의 중심을 중요시하였습니다.(벧전3:3)

본문은 초대교회의 제 1차 핍박 때에 일곱 집사 중에 하나였던 스데반이 돌무더기에 맞아죽는 장면인데 그 핍박과 죽음의 와중에도 얼굴이 천사의 얼굴과 같았다고 했습니다.

'그 얼굴이 천사의 얼굴 같더라' 했습니다.(his face was like the face of an angel)

성도의 얼굴은 비싼 화장품, 피부 관리, 찬란한 옷, 남들이 부러워하는 외모가 아니라 성령 충만한 얼굴이 중요한데 본문에서 은혜를 나누게 됩니다.

## 1. 스데반집사님은 순교할 때에 성령 충만한 얼굴 모습이었습니다.

연기자가 연기하는 것이 아니고 성령 충만한 얼굴이었습니다.

### 1) 성령 충만한 얼굴은 천사의 얼굴과 같이 보이게 된 것입니다.
이것이 또한 초대 안수집사의 자격이었습니다.(행6:3)
① 스데반집사님은 성령 충만한 사람이었습니다.(행6:3)
은혜 받은 마음은 죄를 회개하며 간구하게 될 때에 주시는 바 하나님의 선물이며 축복입니다.(행2:38)
예수님은 성령을 보혜사라고 하시며 이미 약속하셨습니다. 성령 충만

할 때에 비로써 예수님의 증인이 될 수가 있기 때문입니다.(행1:4-8)
② 성령 즉 그리스도의 영이 없이는 진정한 그리스도의 사람이 아니기 때문에 성령 충만은 중요합니다.
어떤 사람은 성령이란 말만 들어도 알레르기 반응을 보이는 경우가 있지만 사실은 성령 받지 아니하면 그리스도의 사람이 아니라고 하였습니다.(롬8:9, 16) 성령께서 내가 하나님의 자녀 임을 증거 하시며 옥중에 있어도 찬송케 하십니다.(빌16:25, 빌4:4)

### 2) 스데반 집사님은 돌무더기에 죽는 현장이었지만 그곳이 성령 충만한 현장이었고 기쁨으로 가득 차 있었습니다.(8절)

① 각 회당에서 전도할 때에 당할 자가 없었습니다.(10절)
성령 충만한 사람은 누구도 당할 자가 없습니다. 그래서 참그리스도인은 성령 충만을 강조하였고 성령을 사모하였습니다.(엡4:30). 성령이 떠나시는 것을 제일 두려워 했습니다(시51:11). 은평교회 성도들이여 우리는 성령으로 충만해야 합니다.
② 성령 충만이 순교의 자리도 무섭지 않게 만듭니다.
환난이 오고 핍박이 와도 담대하게 되는데 사도 베드로의 경우에서 보게 됩니다. 예수님의 경고에도 불구하고(마26:32-35), 방심하다가 예고된 대로 예수님을 부인했던 모습이(마26:69-74), 성령 받은 후에는 달라지게 되었고, 담대하게 전도하게 되었습니다.(행4:19)
여기에서 천사의 얼굴이 나옵니다. 이는 술 취한 듯이 기쁨과 평화가 있게 되기 때문입니다.(행2:13)

## 2. 스데반 집사님은 순교의 자리였지만 오직 말씀만이 그의 입에서 생수처럼 흘러 나왔습니다.

지금 자기를 때려죽이려고 달려드는 무리들을 향해서 욕하거나 나쁜 말보다는 대신 성경 말씀을 전하는 입이 되었습니다.

### 1) 시종일관 말씀만이 그의 입에서 나오게 되었습니다.
그래서 하나님의 말씀이 흥왕케 되었습니다.(7절)

① 그의 입에는 오직 말씀만이 충만하였습니다.
일반적으로 생각해보아도 이해가 되지 않겠지만 죽는 자리에서 자기를 죽이려는 그들에게 기도해 주면서 말씀을 전하는 그의 모습은 보통 모습이 아니라 천사의 얼굴 자체였습니다.

② 사람들을 살리는 일은 오직 말씀뿐입니다.
사울은 스데반집사님을 죽이는 일에 맨 앞에 있다가 후에 예수님을 만나게 되었고 유명한 사도 바울이 되었습니다. 하나님 말씀은 살았고 운동력이 있습니다.(히4:12) 듣는 자가 살아나게 됩니다.(요5:25하, 겔37:1-10)

## 2) 성도의 입에는 언제나 말씀이 있어야 합니다.
성령 충만한 사람의 모습은 말씀에 있습니다.

① 평상시에도 입에서 말씀이 나와야 하겠습니다.
이것이 신앙인의 모습이기 때문입니다. 순교자 주기철 목사님이나 사랑의 원자탄이라 칭하는 손양원 목사님은 늘 입에서 말씀이 충만하였고 감사로 일관했다고 하였습니다. 이 세대에 신앙의 후배들이 본을 삼아야 할 부분입니다.

② 말씀만이 생명을 살리게 됩니다.
말씀의 역사들은 기록된 성경을 통해서 보시기 바랍니다.(시19:7, 시119:11, 시119:105, 겔37:1, 렘23:29, 마4:4) 언제나 말씀이 충만한 그리스도인이 되어야 하겠습니다.

## 3. 순교하는 스데반의 얼굴에서 예수님의 모습을 보게 됩니다.
성령 충만, 말씀 충만한 그 얼굴은 천사의 얼굴과 같이 보였는데 예수님의 얼굴을 생각해 봅니다.

### 1) 예수님도 그러하셨습니다. 예수님과 공통점을 보게 됩니다.
① 저희들의 죄를 위해서 대신 기도하셨습니다.
스데반도 기도하였고(행7:60), 예수님도 기도하셨습니다.(눅23:34, 마5:44)

② 천국의 확증입니다.

예수님도 확증해 주셨고(눅23:46), 스데반도 확증했습니다.(행7:59) 우리의 천국 시민권은 하늘에 있게 됩니다.(빌3:20)

### 2) 성도의 얼굴에서 예수님을 볼 수 있게 된다면 좋겠습니다.

① 주여 내 얼굴에서 예수님을 보게하옵소서

 유명한 레오나드 다빈치(Leonardo Da Vinci)의 최후의 만찬을 그릴 때에 일화가 있는데 예수님의 모델이었던 사람이 3년 후에는 가롯유다의 모델이 되었다고 했습니다.

② 얼굴도 얼굴이지만 먼저 마음이라도 예수님 마음을 닮아가야 하겠습니다.

 "너희는 이 마음을 품으라 곧 그리스도예수의 마음이니" 했습니다.(Your attitude should be the same as that of Christ Jesus)

 겸손한 마음이요 상대방을 위하는 마음입니다.

 이런 일군이 되시기를 주의 이름으로 축원합니다.


### 결 론 : 천사의 얼굴은 귀합니다.

# 시간의 남은 때를
(벧전4:7-11)

금년 2008년이 이제 얼마 남지 않은 시간 속에 다음 해(Next Year)를 기다리는 때가 되었습니다. 모래시계가 밑으로 빠지듯이 시간은 최고 속도로 질주하는 것이 시간 개념입니다.

개인마다 종말이 다르겠지만 전체적인 종말인 예수님의 재림이 또한 급격하게 다가오는 종말적 현상이 눈에 보이는듯 급박한 시대적 상황에 있다고 할 것입니다.

따라서 성도는 개인이든 교회든지 간에 언제나 이러한 종말적 사고에서 신앙을 지켜야 하겠고 하나님 앞에서 최종적으로 결산할 때가 온다는 개념을 잊지 말아야 합니다. 시간의 남은 때에 어떻게 살 것인가를 본문에서 배우게 됩니다.

## 1. 기도하며 기도 중심으로 살아야 하겠습니다.

기도는 신앙생활이기 때문에 어떤 특수한 사람이 하는 것이 아니라는 사실입니다.

예수 안에서 누구나가 해야 할 영적인 일입니다.

### 1) 인생이 세상에 살아가는 기간은 짧기 때문입니다.

마치 복중에서 10개월 있는 시간은 짧지만 세상은 길듯이 세상의 기간은 영원한 세계에 비하면 비교가 될 수 없게 짧은 시간입니다.

① 인생이 길지가 않습니다.

그래서 야보고 선생은 인생이 안개와 같다고 하였습니다.(약4:14) "내일 일을 너희가 알지 못하는도다 너희 생명이 무엇이뇨 너희는 잠간 보이다가 없어지는 안개니라" 하였습니다.(What is your life? You are a

mist that appears for a little while and then vanishes)
② 인생은 짧지만 천국과 지옥은 영원한 세계입니다.
'인생은 짧고 예술은 길다' 라고들 하는데 그보다 인생은 짧고 내세는 영원합니다.
천국은 한마디로 좋은 곳(계21:12-25)이지만 지옥은 영원한 형벌의 곳 불못(막9:47-48)입니다.

### 2) 기도하며 주님과 가는 인생이 되어야 하겠습니다.
기도만이 살 길이기 때문입니다.
① 예수님이 명하셨습니다.(눅21:36)
인자 앞에 서도록 항상 기도하며 깨어 있으라 하셨습니다.(Be always of the watch, and pray that you may be able to escape all that is about to happen, and that you may be able to stand before the Son of Man)
② 예수님도 기도의 본을 보이셨습니다.
새벽에 기도하셨고(막1:35), 위기 때에 겟세마네동산에서 밤새워 기도하셨습니다.(마26:39)
기도 밖에 없기에 모세도(출32:32), 엘리야도(왕상18:36), 사무엘도(삼상12:23) 기도하였습니다. 말세 때에 더욱 기도가 요구됩니다.

## 2. 사랑하며 사랑 중심으로 살아가야 합니다.(8절)
평생을 미워하며 살기보다는 사랑하며 살기도 인생이 짧기 때문입니다.

### 1) 사랑은 주님의 명령입니다.
성경에서 제일 강조하신 것이 사랑입니다.
① (요13:3-4) "새 계명을 너희에게 주노니 서로 사랑하라 내가 너희를 사랑한 것 같이 너희도 서로 사랑하라" 하셨고 하나님이 보여주신 사랑으로 우리가 살게 되었습니다.(요3:16, 롬5:8) 따라서 사랑이 최고요 최고의 가치를 지니게 됩니다.(고전13:13)
② 사랑은 허다한 죄를 덮게 됩니다.
예수님은 용서에 대한 베드로의 질문 앞에서 탕감 받은 종에 대한 비유로써 답해주셨습니다.(마18:23-34) 우리가 사랑으로 용서치 아니하면

천부께서도 용서치 않으신다고 하셨습니다.(마18:34) 무서운 말씀이 아닐 수가 없습니다.

### 2) 하나님이 사랑이시기 때문입니다.
성경에서 사랑은 하나님의 대명사로 사용하셨습니다.
사랑의 중요성이 여기에 있습니다.
① 하나님이 곧 사랑이십니다.(요일4:8-16)
하나님이 사랑이시기 때문에 서로 사랑해야 합니다.
그 사랑이 우리의 죄도 용서해 주셨고 희생하여 죽게 되었습니다.(롬 5:8, 4:24-25)
② 하나님의 이 사랑이 우리를 먼저 사랑해 주셨습니다.
내가 주님을 사랑한 것이 아니라 그 사랑이 먼저 내게 다가오셨습니다.(요일4:19)
그 사랑은 어떤 것으로도 잴 수가 없는 사랑입니다.(엡3:18-19) 그러므로 성도는 말세 때에도 사랑해야 합니다.(마24:12)

## 3. 남은 시간에도 맡은바 직분에 충성하며 살아야 합니다.(10절)
어차피 세상에서 어떤 일을 해야 합니다. 그런데 어디에다 시간을 투자하며 일하겠습니까?

### 1) 세상에서 무엇에다 투자해서 무엇을 남기겠습니까?
이른바 세상이 있는 것을 천국으로는 아무 것도 가져갈 수 없습니다.
① 공수래공수거(空手來空手去)이기 때문입니다.(딤전6:7)
세상 것 가지고 내세까지 생각한다면 어리석은 부자입니다.(눅12:20-21, 눅16:19)
② 주님을 위해서 일한 것만이 영원히 내 것이요 천국에 쌓이게 됩니다.
주님을 위해서 일하고 주님 복음 위해서 드린 것들이 영원히 내 것이 됩니다.
그래서 예수님이 하늘에 쌓으라고 강조해 주셨습니다.(마6:19-20)

### 2) 금년에 못한 것이 후회스럽거든 성령께서 주시는 마음인줄 알고 내년에는 더욱 힘써야 합니다.

① 또 한 번의 기회를 주신 것이기 때문입니다.
　(눅13:6)3년씩이나 와서 보았지만 열매가 없던 무화과나무에게 다시한 번 주신 기회는 전적인 은혜입니다.
　우리는 또 다시 하나님의 전적인 은혜를 입었습니다.
② 나중이 처음보다 열매가 더 좋은 가나혼인 잔치와 같은 축복이 있어야 하겠습니다.(요2:1-11)
　맡은 자들에게 구할 것은 충성입니다.(고전4:1-2) 남은 시간 동안에 더욱 알찬 생애가 되시기를 주님의 이름으로 축원합니다.

**결 론 : 우리는 예수님 앞에 설 때가 다가옵니다.**

# 내 영혼이 잘되면
(요삼 1-4)

모든 사람들의 심리는 어떤 일이든지 매사가 잘되는 일입니다. 잘되지 않고 풀리지 않는 것은 꿈에도 원치 않는 일입니다. 잠시 동안 살다가 가는 나그네 인생길에도 잘되는 것이 소원인데 영원한 세계의 문제가 잘되는 일은 더 더욱 소원입니다.

왜냐하면 세상은 잠간이지만 천국은 영원하기 때문입니다. 그렇다면 세상에서도 잘되고 천국에까지 잘된다면 더 이상 바랄 것이 없는 일일 것이 분명합니다. 성경에는 이 세상 살 동안에도 축복 받는 것에 대해서 많이 말씀하였습니다.

본문에는 사도요한이 사랑하는 가이오에게 축복을 전하는 내용인 바 은평교회 성도들에게 이런 축복이 이어지게 되기를 바랍니다. 예수그리스도 안에서 축복 받는 사람이 되기 위해서는 어떤 신앙인이 되어야 하는지를 본문에서 밝혀주고 있습니다.

## 1. 영혼이 잘되는 사람은 하나님과 관계가 좋은 사람입니다.
세상 모든 일이 관계가 좋아야 하듯이 하나님과의 관계는 더욱 중요합니다.

### 1) 사람은 관계가 중요합니다.
하나님과의 관계는 어떤 것보다 중요시 여겨야 합니다.
　① 가이오는 하나님과의 관계에서 하나님 말씀을 행하는 삶으로서 관계가 좋았습니다.
　이 관계가 좋을 때에 약속된 축복이 있습니다.(신28:1-14) 더욱이 말세 때의 성도는 행하는 것이 있어야 합니다.(계1:3) 왜냐하면 행하게 될 때에 산 신앙이기 때문입니다.(약2:19-26)

② 사람과 사람과의 관계 역시 행함의 여부에 따라서 관계가 달라지게 됩니다.
그래서 예수님도 황금율(Golden Rule)을 말씀하셨습니다.(마7:12)
대접을 받고자 하면 대접해야 하는 원리입니다. "이것이 율법이요 선지자니라" 하셨습니다.
(for this sums up the Law and the prophets)

### 2) 하나님의 교회에서도 관계성입니다.
고대사회나 현대사회에서나 어디든지 사람이 모이는 곳인데 교회 역시 그래서 관계가 중요하다는 것입니다.
① 가이오는 교회 안에서 칭찬 듣는 사람이었습니다.
'저희가 교회 안에서 네 사랑을 증거하였느니라' 입니다.
교회 안에서 서로가 칭찬하며 칭찬들을 만한 신앙인이 되어야 합니다. 이것이 관계성입니다.
② 이것이 교회 안에는 두 가지 종류의 사람이 있습니다.
하나는 문제만 일으키는 디오드레베와 같은 사람입니다. 또 하나는 칭찬듣는 데메드리오가 있습니다. 어떤 사람이 되어야 하겠습니까?
(11절)' 사랑하는 자여 악한 것을 본받지 말라' 했습니다.(Dear friend, do not imitate what is evil but what is good)
섞여 사는 무리(민41:1)와 후메네오와 알렉산더를 조심해야 합니다.(딤전1:20) 영혼이 잘되기 위해서입니다.

## 2. 영혼이 잘되는 사람은 말씀 안에서 행하는 사람입니다. 누가 영혼이 잘되는 사람입니까?

### 1) 진리 안에서 행하는 사람입니다.
진리가 무엇입니까? 곧 말씀이시요(요1:4), 예수님이 진리이십니다.(요14:6)
① 예수 안에서 살아가기를 힘써야 하겠습니다.
이 진리 안에 행하고 살아가는 사람이 영혼이 잘되는 사람입니다. 성도가 말씀과 멀어지면 곤란합니다.

② 이 진리는 곧 도(道)라고 하였습니다.
　아는 것이 문제가 아니고 실천에 옮기는 일이 중요합니다.
　(약1:22)도를 행하는 자가 되고 듣기만 하여 자신을 속이는 자가 되지 말라고 하였습니다.

### 2) 행함의 신앙이 요한에게까지 들려왔습니다.
가이오의 살아 있는 신앙입니다.
① 내 신앙의 소문이 남에게 잘 알려져야 합니다.
　내 기도, 봉사, 사랑 등 신앙적인 모습들이 타인에게 좋게 알려져야 합니다. 가이오의 소문이 요한에게까지 잘 들려지게 되었습니다.
② 하나님께서는 행한 대로 갚으시겠다고 하셨습니다.
　행한 대로 갚으시고(마16:27) 심는 대로 거두게 하시며(갈6:7-9) 심은 땅만큼 비례로 거두게 하십니다.
　(고후9:6-7) 따라서 말씀대로 행하는 신앙이 중요합니다.

## 3. 영혼이 잘되는 사람은 축복이 약속되어 있습니다.

축복은 비단 세상적인 것만이 축복이 아닙니다.

### 1) 천국의 상급이 분명히 약속되었습니다.
천국의 상급은 대단히 화려합니다.(계21:12)
① 천국의 상급을 믿는 성도라면 누구나 바라는 축복입니다.
　교회생활, 신앙생활 잘한 자에게 약속하셨습니다. 그러므로 이 신앙으로 전진해야 합니다.(고전15:58)
② 세상은 잠시이지만 천국은 영원합니다.
　성경에 약속되어 있거니와 기도하다가 천국에 다녀온 분들의 간증에 천국은 대단히 화려합니다. 우리는 이 천국을 목적으로 해야합니다.

### 2) 세상에서의 축복도 약속되었습니다.
'잘되고' 라고 하였습니다.(very well)
① 세계 모든 민족 위에 뛰어난 축복의 말씀의 약속입니다.
　세계화 시대에 이렇게까지 확실히 약속해 주셨는데 장소와 업종이 관계없이 축복이 확실하게 약속되었습니다.

이 약속은 영원히 변질되지 않습니다.
② 영혼이 잘되고 범사가 잘되고 강건의 축복입니다.
　　　이것은 소위 기복적 신앙이 아니라 우리의 신앙이요 성경의 약속입니다.
　　　성도들이 이 축복을 빼앗기지 말기를 바랍니다. 영혼이 잘되시기를 주의 이름으로 축원합니다.

**결론 : 우리는 잘되는 사람들입니다.**

# 게네사렛땅과 그곳 사람들
(마14:34-36)

인류가 살아온 곳마다 지명이 있고 거기에는 사람들이 살아온 발자국들이 있기 마련입니다. 그래서 인류문명의 발상지마다 강이 흐르고 그 강을 중심으로 문명이 꽃피었습니다. 유프라데스, 인도의 겐지스, 나일강, 중국의 황해강도 유명합니다.

우리나라에도 강을 끼고 역사가 발전해 왔습니다. 예수님께서 세상에 계실 때에도 태생 지역, 지나오신 지역, 활동 지역이 분명하고 예수님께서 만나시고 활약하시던 사람들도 분명히 기록 되어있습니다. 여기 14장에는 헤롯왕에 의해서 죽임 당한 세례요한의 사건과 오병이어의 사건, 그리고 물위를 걸어오신 사건이며 다음에 기록된 사건 기사와 게네사렛땅과 그곳 사람들에 대한 말씀입니다.

'게네사렛' 이란 곳은 북쪽에는 가버나움이 있고 남쪽으로는 티베리야라는 마을입니다. 이곳에는 땅이 옥토이기 때문에 일찍부터 사람이 많이 살아왔습니다. 이곳은 구약성경에도 나오게 되는데 여호수아10:3이나 민34:11에 보면 등장합니다. 이곳 사람들은 예수님께 대해서 어떻게 하였다는 기사가 기록된 본문에서 오늘 날에도 목회현장에는 이런 역사를 보게 되는데 본문에서 은혜를 나누게 됩니다.

## 1. 게네사렛 사람들은 예수님을 뵈올 때에 예수님을 예수님으로 알아보았습니다.

(35절) '그곳 사람들이 예수신 줄을 알고' 라고 전합니다.(people brought all their sick to him)

1) 세상에 계실 때에 예수님이 가시는 곳마다 예수님을 알아보는 사람은 많지가 않았습니다.

그가 행하신 모든 일들을 듣고 보았는데도 예수님을 알아보는 사람이 적은 것입니다.

　① 게네사렛사람들은 예수님을 알아보았습니다.

　　이제 우리는 먼 옛날 유대땅의 예수님이 아니라 성경에 말씀하시는 예수님을 분명히 알아보아야 합니다. 더욱이 지금처럼 발달된 과학시대의 사람들에게는 상업과 물질과 과학들이 눈을 멀게 하고 예수님을 알아볼 수 없도록 눈을 멀게 합니다.

　　파스칼(Pascal)은 말하기를 '기독교 신앙은 증명하고 믿는 것이 아니고 믿고 들어갈 때에 증명된다' 고 하였습니다.

　② 지식적으로 믿는 것이 아니라 믿기 때문에 증명됩니다.

　　게네사렛사람들은 지식적 믿음이 아니라 체험적 믿음이요 예수님의 소문을 듣고 믿었습니다.(롬10:17) 현대인들은 배운 지식이 눈을 가리고 예수를 불신하기 쉽습니다. 세상적인 책이나 지식은 백년 지나면 옛것이 되지만 예수그리스도에 대한 지식은 5천년이니 영원한 진리가 되십니다. 여호와를 경외함이 지식의 근본입니다.(잠1:7)

**2) 이 시간 예수님을 알아보고 확신하시기 바랍니다.**

영안이 어둡고 소경이면 예수님을 옆에 두고도 예수님을 예수님으로 보기 어렵고 한낱 동산지기나 길손으로 밖에 보이지 않게 됩니다.(눅24:13,-32, 요20:15)

　① 교회는 많이 들락거렸어도 예수님을 내 구주로 알아보지 못한다면 이 시간에 다시 눈을 떠야 합니다.

　　제자들 역시 부활하신 예수님을 알아보기 어려웠습니다.(요20:19) 도마 역시 믿음이 없었습니다.(요20:29)

　② 수천 권의 학문적 책에 통달하고 학위가 많아도 예수그리스도에 대한 바른 지식이 없다면 헛됩니다. 예수님은 질문하십니다. 사람들이 누구라고 하며 너희는 나를 누구라고 하느냐는 질문에 답해야 합니다.(마16:13-18) 게네사렛 사람들은 예수님을 즉시로 알아보았습니다.

**2. 병들고 나약하고 죽어가는 사람들에게 연락해서 예수님께 데려오는 일을 했습니다.**

자기만 알아본 것이 아니고 예수님께 사람들을 데려오게 된 것입니다. 요즈음처럼 자동차의 빠른 교통수단이나 전화기의 빠른 통신망이 있는 시대도 아닙니다. 그런데 사람들을 데려왔습니다.

### 1) 사람들을 일일이 보내어 데려왔습니다.

'근방에 통지하여' 라고 하였습니다.(they sent word to all the surrounding country)

① 발로 뛴 전도자의 모습입니다.

통지했다는 뜻은 (ἀποστειλος) '아포스톨로스' 로서 보내심을 받았다는 말인데 이것은 사도란 말이 되기도 합니다. 전도는 예수그리스도께서 오셨다고 전달하는 일입니다. 우리는 모두가 보내심을 입은 사람들입니다.

② 세상에서 제일 아름다운 발은 복음 전하는 자의 발입니다.

전도하기 위해서 걷고, 성도에게 심방을 위해서 걷고, 약자를 심방하며, 병든 자 위해서 돌아보는 발입니다.

사도바울은 이사야선지자의 예언을(사52:7-) 인용해서 전했습니다.(롬10:14-15) 우리는 왕정시대의 4명의 문둥이 사건을 주목해야 합니다.(왕상7:9) 이것이 전도입니다.

### 2) 더 중요한 것은 전도한 것으로 끝나지 않고 예수께로 뭇사람들을 데려왔다는 사실입니다.

'모든 병든 자를 예수께 데려와서' 라고 했습니다.

① 우리는 뭇 영혼들을 예수께로 데려와야 합니다.

인생은 누구나가 하나님을 떠난 중병에 걸려있습니다. 문제는 병에 걸려있지만 병자인지도 모르는 사람들이 주변에 많이 있습니다. 저들을 예수께로 데려와야 합니다.

② 지옥불은 영원히 꺼지지 않습니다.

예수를 전해야 하는 시급성이 여기에 있습니다.

전도의 시급성을 빨리 깨달아 불신병에 걸린 사람들을 예수께 데려오는 모범적 제자가 되어야 합니다.

## 3. 누구든지 예수께로 데려오면 해결 받았습니다.

(36절) '다만 옷 가에라도 손을 대기를 간구하니 손을 대는 자는 다 나음을 얻으니라' 하였습니다.

### 1) 게네사렛 사람들은 예수님께 관한 믿음이 있었습니다.
예수님께 대한 말씀을 들었고 들은 그들에게는 믿음이 생겼습니다.
① 믿음은 말씀을 들을 때에 생기기 때문입니다.
　말씀 들을 때에 믿음이 생기게 됩니다. '그러므로 믿음은 들음에서 나며 들음을 그리스도의 말씀으로 말미암았느니라' 하였습니다. 그래서 부지런히 말씀을 들어야 합니다.
② 믿음으로 곧 병이 낫게 되었습니다.
　주님의 옷 가에라도 손을 대면 낫겠다는 믿음입니다. '나음을 얻으니라' 하였는데 완전히 치료됨을 뜻합니다. 예수께로 올 때에 이런 역사가 나타나게 됩니다.

### 2) 게네사렛 사람과 같이 믿어야 합니다.
그래서 믿음을 다시 강조합니다.
① 구원은 오직 믿음이기 때문입니다.
　믿음 없이 되는 것이 하나도 없는 것이 기독교입니다. 구원은 믿음입니다.(요1:12, 3:16, 벧전1:9) 기적도 믿음입니다.(약5:15) 하나님을 기쁘시게 해드림도 믿음입니다.(히11:6) 그런데 이 믿음이 없습니다.(눅18:8)
② 똑같이 갈릴리를 끼고 있는 동네이지만 가버나움과 벳새다는 달랐습니다.(마11:20)
　그 많은 능력과 권능을 보았고, 말씀을 들었고, 사랑과 관심을 보여주었지만 예수를 믿지 않고 배척하게 될 때에 예수님이 탄식하셨습니다. 차라리 그런 역사를 소돔과 고모라와 시돈 땅에서 행하였다면 그들은 벌써 회개하였을 것이라는 말씀입니다.
　깨닫게 되기를 주의 이름으로 축원합니다.

**결론)우리는 어떤 부류의 사람인가요?**

# 새벽을 깨우라
(시108:1-7)

사업에 성공한 사람들의 공통점은 부지런해서 새벽에 일찍 일어난다는 사실입니다. 오늘의 굴지의 기업들이 그냥 이루어진 것이 아니고 새벽잠 깨워서 일구어온 기업들임을 알 수 있습니다.

사도바울은 부지런하여 게으르지 말고 열심을 품고 주를 섬기라고 구원 받은 성도를 향해서 외쳤습니다.(롬12:11) 박아론박사가 지은 '새벽기도의 신학'에서 보면 한국교회의 부흥운동은 비단 교회만 부흥시킨 것이 아니고 이 나라의 부흥운동에 크게 기여했음을 보게 됩니다.

야곱은 새벽에 얍복강 나루에서 하나님을 만났고(창32:24), 이스라엘백성들은 애굽에서 430년 만에 나오게 되었으며(출12:43) 홍해가 갈라지고(출14:27), 새벽이슬같이 아침마다 만나가 내리며(출16:21), 여리고성이 무너진 (수6:15) 사건들이 모두 새벽에 일어난 사건입니다. 예수님이 새벽에 기도하셨으며(막1:35) 부활하신 때도 새벽입니다.(마28:1) 주석가인 베이커(Baker)는 '위대한 사역자들은 누구나 아침 일찍 일어난 사람들이었' 고 했습니다.

다윗은 새벽을 깨우면서 외쳤습니다. '새벽에 하나님이 도우시리로다' (시46:5)(God will help her at break of day) 이스라엘백성들은 역사적으로 새벽마다 일어나서 기도했습니다.(대상23:30)

한국교회는 초기부터 지금까지 매일 새벽에 일어났습니다. 그것이 교회 부흥의 원동력인줄 믿으며 본문에서 은혜를 받습니다.

## 1. 하루의 출발을 찬양과 감사 속에서 시작하는 일입니다.

불신자들 중에는 하루의 시작을 술과 담배로 시작하는 사람들도 있는데 영육이 모두 망하는 일입니다.

### 1) 믿는 성도라면 찬양과 감사 속에서 잠이 깨어야 합니다.

그래서 눈을 뜨면서 감사와 찬양 속에서 시작하게 되는 일입니다.(3절)

① 찬양과 감사기도 속에서 하루가 시작되는 일은 축복입니다. 이것이 구원 받은 성도의 참 모습입니다. 행복한 하루(Happy a day)가 됩니다. 다윗의 소년생활은 목동이었습니다. 오늘날 목동의 모습은 중동지역에 아직도 있는 베드윈족에서 보게 되는데 초라한 생활입니다. 그런 속에서도 다윗은 찬송과 감사로 하루를 기도하는 생활로 시작했음을 보여줍니다.

② 말씀 따라 가는 곳에 진정으로 행복과 기쁨이 있습니다.

이것은 이미 모세를 통해서도 밝혀주셨습니다. (신10:13)"내가 오늘날 네 행복을 위하여 네게 명하는 여호와의 명령과 규례를 지킬 것이 아니냐"했습니다. 담배와 술과 쾌락은 죽는 길이지만 새벽의 기도와 찬송은 축복이요 사는 길입니다.

### 2) 모두가 살 길은 새벽을 박차고 함께 나와 찬송과 기도로 출발하는 일입니다.

① 기독교는 어느 곳에서든지 역사 속에서 어두움을 깨웠고 이 나라의 여명을 밝혔습니다.

왜냐하면 예수님은 생명의 빛이시기 때문입니다.(요1:1-3) 미신과 우상과 게으름과 따라서 가난 속에 있던 이 나라를 살렸습니다. 이것이 새벽기도입니다.

② 이제 한국교회는 다시 일어나야 합니다.

개화기 때에 보이던 그 기독교 신선한 바람이 새벽기도 운동을 통해서 다시 일어나고, 일제 36년을 이긴 운동의 새벽기도가 다시 살아나고, 6.25 잿더미에서 살린 이 나라 교회의 새벽이 다시 기지개를 펴야 할 때입니다. 잠을 자던 요나가 되면 곤란합니다.(욘1:5-6) 은평교회가 다시 일어나야 될 줄 믿습니다.

## 2. 하루를 축복 속에서 시작해야 합니다.

대개 목사님께 축복기도를 받습니다. 옳습니다. 이것이 성경입니다.(민6:22-27) 문제는 자기 스스로의 기도가 중요하다는 것입니다.

### 1) 새벽에 일어나서 기도부터 시작하십시오.
다윗은 새벽에 일어나서 기도했습니다.(6절)
  ① 자기 자신을 위하여 축복기도 하십시오
    타인을 위한 기도도 하거니와 본인을 위해서 기도하십시오. 예수님도 우리를 위해서 기도하고 계십니다.(롬8:26-34, 히7:25)
  ② 문제는 자기 스스로를 위해서 기도해야 한다는 사실입니다.
    예수님도 나를 위해서 기도하시고 타인들도 기도해 주는 사람이 있겠지만 자기 스스로 자기를 위해서 기도해야 합니다. 그리고 축복해야 합니다. 아무개야! 너는 예수님 이름으로 기도하는데 잘될거야.

### 2) 기도에 하나님께서 응답해 주십시오.
하나님은 응답을 준비해 놓으시고 기도하게 하십니다.
  ① 그중에 새벽기도의 위력이 대단합니다.
    기도는 언제 어디서든지 할 수 있겠지만 새벽기도는 역시 힘이 있습니다. 주님이 역사하시기 때문입니다.(약5:15하) 그리고 죄도 용서해 주십니다.(약5:16-17)
  ② 기도의 위력은 환난과 시련의 바람도 물러가게 합니다.
    일기예보 때 고기압 저기압이라는 말을 듣습니다. 약한 쪽이 밀려가게 되는 현상입니다. 기도의 위력 앞에 어떤 기압골도 물러가는 영적인 현상들이 많이 있음을 믿어야 합니다. 기도의 기압골이 형성케 하십시오. 못된 것은 물러갑니다.

## 3. 여호와 하나님 말씀으로 돌아서야 합니다.
매일의 생활 중에서 시작도 끝도 모두 말씀에 서있어야 합니다.

### 1) 새벽기도는 하루 만나와 같은 하늘양식을 얻는 시간입니다.
광야생활에서 만나는 중요했습니다.
  ① 성도의 하루는 말씀을 읽고 듣고 나가야 합니다.
    말씀이 양식이기 때문입니다.(마4:4)(Jesus answered, "it is written: 'Man does not live on bread alone, but on every word that comes from the mouth of God.'"

② 말씀을 읽고 들을 때에 앞이 보이게 됩니다.
(시119:105)' 주의 말씀은 내 발에 등이요' 했습니다. 캄캄한 세상에서 말씀을 붙잡는 시작이 새벽기도 입니다.

### 2) 사람의 생명을 살리는 일이 말씀입니다.
그래서 하루를 시작하면서 새벽기도의 말씀이 중요합니다.
① 사람이 살길은 말씀이기에 언제나 말씀을 가까이 해야 합니다.
우리 몸에는 산소($O_2$)가 필요하듯이 우리 영혼은 늘 하나님 말씀이 채워져야 됩니다. 이것은 이른 새벽기도회가 제일 적당한 시작이요 시간입니다.
② 영혼을 살리는 일은 말씀입니다.(요5:26하)
말씀으로 창조하셨습니다.(요1:1, 창1:1) 말씀이 전해질 때에 죽은 자가 살아납니다.(겔37:1-11) 말씀의 기적들이 나타나게 됩니다.(요2:1-11, 눅5:1-5) 새벽은 말씀이 내 영혼에 깊이 스며드는 시간입니다. 새벽에 일어나는 말씀바람, 성령바람을 체험하는 성도가 되시기를 주의 이름으로 축원합니다.

**결론 : 지금은 새벽을 깨울 때입니다.**

# 영적인 신령한 거울

(고전10:6-12)

우리가 눈으로 볼 수 있는 부분은 한계가 있습니다. 뒷모습이나 볼 수 없는 사각지대가 있는데 그것은 거울이라는 매개체에 의해서 볼 수가 있습니다. 우리 육신의 눈은 한계가 있기 때문에 너무 멀리 있어도 볼 수 없고 작아도 볼 수가 없습니다. 요즈음은 어디에든지 거울이 있어서 좋습니다만, 옛날에 거울이 없던 시대에는 놋을 갈아서 거울 대용으로 사용하였습니다.(출20:18) 그래서 그 거울은 희미한 것으로 표현되었습니다.(고전13:12)

사도바울은 이스라엘백성들의 출애굽과 광야사건을 전하면서 그 때의 일들이 우리의 거울이라고 하였습니다. 이 용어는 예표, 모델, 그림자라는 의미를 담고 있습니다. 역사상 지내오면서 나쁜 의미의 사람들로서 김일성. 스탈린, 무솔린, 히틀러 같은 사람을 들 수 있습니다. 본받아야 할 사람들도 많이 있는데 모두 거울입니다. 마약, 술, 도박에 미친 사람도 있거니와 선하고 의로운 사람들도 우리 주변에는 모두가 거울입니다.

말세 때에 복 있는 사람은 성경을 가까이 해야 합니다.(계1:3)

본문에서 은혜를 나누게 됩니다.

## 1. 성경이 지적하는 거울들을 보겠습니다.

여러 거울들이 있는데 그 거울마다 뜻이 있습니다.

### 1) 본문에서 뜻하는 거울들을 보시기 바랍니다.

(7절) '저희 중에 어떤 이들과 같이 너희는 우상숭배하는 자가 되지 말라' 하였습니다.(Do not be idolaters, as some of them were)

① 첫째 거울은 우상숭배에 관한 거울입니다.

하나님 백성이 우상숭배의 길로 가면 망합니다. 민수기 25장에서 보여주시는 배경입니다. 하루에 23,000명이 죽었습니다. 출애굽기 32:28에서는 3,000명가량이 죽게 되었습니다. 우상은 아무것도 아닌데 그것을 섬기게 되면 망하게 됩니다.(시115:4-)
② 둘째 거울은 주를 시험하는 거울입니다.
(8절) '저희 중에 어떤 이들이 주를 시험하다가 뱀에게 멸망하였나니 우리는 저희와 같이 시험하지 말자' 하였는데 민수기 21장에 배경을 둔 사건입니다. 불 뱀에 물려죽게 되었을 때에 놋 뱀을 쳐다보는 처방을 주셨지만 불신하였고 망한 자가 많습니다. '놋 뱀을 쳐다본즉 낫더라(민 21:9)하였습니다. 십자가복음은 믿고 바라보며 사는 길이지(요3:14) 시험의 대상이 절대로 아닙니다. 십자가 복음을 가지고 비과학, 비이성, 비합리적 운운하면서 불신하는 자체가 하나님을 시험하는 불신앙입니다.
③ 셋째 우상은 원망하는 일입니다.
(10절) '저희 중에 어떤 이들이 원망하다가 멸망시키는 자에게 멸망하였나니 너희는 저희와 같이 원망하지 말라' 고 경고하였습니다.
이 사건은 민수기 14장을 배경으로 하는 사건으로서 정탐군의 사건입니다. 믿지 않고 원망하다가 그들이 모두 죽을 때까지 40일 정탐을 한 1일을 1년으로 환산해서 40년에 걸려서 모두가 광야에서 엎드러지게 되었고 여호수아와 갈렙이 가나안 정복의 주인공이 되었으니 천국도 그러합니다.

### 2) 올바른 영적이고 신령한 눈을 가지게 되기를 바랍니다.
① 믿음의 눈이 반드시 요구됩니다.
이 믿음의 눈이 있게 될 때에 영적인 것을 볼 수 있습니다.
② 하나님 말씀을 믿어야 합니다.
한번 말씀하신 하나님 말씀을 불신하게 될 때에 망하게 되는 거울을 보여주신 것입니다.

## 2. 세 가지 거울에서 보여주시는 것은 하나님께 대한 믿음 부재라는 교훈을 해주시는 것입니다.
사도바울을 통해서 과거의 사건을 보여주시면서 후대에 주시는 교훈이요 경고입니다.

### 1) 믿음이 구원입니다.

믿음이 구약에도 중요하였고 신약에도 중요하며 현재에도 요구하시는 것이 믿음입니다.

① 구약에도 믿음의 산 증인들이 소개됩니다.

(히11:1)모두 믿음의 산 증인들이 있습니다.

② 이스라엘이 광야에서 망하게 된 이유는 불신앙이요 믿지 못한 것 때문입니다.

불신앙이 우상숭배, 원망, 주를 시험함, 간음 등으로 나타나게 되었습니다.

### 2) 신약시대에도 말세 때에 믿음을 요구하십니다.

인자의 때에 세상에서 믿음을 보겠느냐고 하신 것을 귀담아 들어야 합니다.(눅18:8)

① 로켓에 의해서 인공위성이 올라가듯이 믿음으로만 천국에 들어가게 됩니다.

믿음이 없다면 천국에 들어갈 수가 없습니다.

② 세계 교회들이 믿음이 약화된 시대입니다.

우리는 과학시대요 발달된 시대를 운운하면서 불신앙에 빠지는 위험을 조심해야 합니다.

어떤 학문이나 사상도 성경을 앞지를 수는 없습니다. 따라서 우리는 요식행위의 의식적 신앙생활을 조심해야 합니다. 이세대의 위험요소입니다.

예수님은 외치셨습니다. "주 너의 하나님을 시험치 말라"(마4:7 Do not put the Lord your God to the test) 바른 믿음 위에 서야합니다.

## 3. 말세 때의 교회와 성도들이 언제나 자만하지 말아야 한다는 말씀입니다.

(12절) '그런즉 선줄로 생각하는 자는 넘어질까 조심하라' 하였습니다.

### 1) 마귀적으로 오는 것이 자만과 방심입니다.

마귀의 술수이기도 합니다.

① 이스라엘백성들이 자만하다가 죄에 빠지게 된 것입니다.
끝까지 정신을 차리고 하나님께서 본래 주신 믿음을 굳게 붙잡고 나가야 합니다. 천국에 들어갈 때까지입니다.
② 마귀는 언제나 두루 다니며 삼킬 자를 찾고 있음을 잊지 말아야 합니다.
(마26:69)베드로의 방심에서 교훈을 얻어야 합니다. (벧전5:8)베드로는 근신하여 깨어있으라고 전합니다.

### 2) 거울을 자주 들여다보아야 합니다.

여성들은 거울을 자주 봅니다. 성도는 영적 거울인 말씀을 자주 보아야 합니다. 그리고 바르게 서야 합니다.
① 성도들은 언제나 말씀 거울을 보아야 자기 자신을 볼 수 있습니다.
세상 속에서 계모임, 동창 모임, 무슨 스포츠 모임은 바쁜데 말씀이 없으면 넘어지기 쉽습니다.
② 여호수아와 갈렙과 같이 언제나 하나님을 바라보는 믿음의 눈을 뜨고 있어야 합니다.
성도들이여! 모두가 거울을 잘 보시고 흠없이 주님 앞에 서게(벧후3:14) 되시기를 주의 이름으로 축원합니다.

### 결론 : 영적인 거울을 보십시오.

# 가서 너도 이와 같이 하라
(눅10:30-37)

세상에서 변하지 않는 것은 하나도 없습니다. 시대마다 다른 제도, 율례, 법도, 모두가 변화되고 달라지게 됩니다. 또한 지역과 국가마다 다른 법들이 있음을 보게 됩니다. 아무리 강한 '쇠'라도 오랜 세월 앞에서는 녹슬게 되고 부식되어서 쓸모가 없게 됩니다.

그러나 변하지 않는 진리가 있습니다. 그것은 우리의 구원이 예수 믿는 믿음으로 이루어지는 성경 진리입니다. 육체도 변하고(벧전1:24) 모두 변하지만 믿음으로 구원받는 것과(요1:12, 3:16, 벧전1:9) 말씀 안에서 주시는 행복과 축복이요(신10:13, 신28:1-4) 은혜입니다.

또한 이렇게 해서 구원받은 하나님의 자녀라면 또한 행하라 하시는 말씀도 변치 않습니다.(약2:26) 본문에서 예수님은 강도 만난 사람을 구원해준 선한 사마리아사람을 통해서 행동의 신앙을 강조하셨습니다. "가서 너도 이와 같이 하라" 입니다.(Jesus told him," Go and do likewise") 여기에서 몇 가지 은혜를 나누어 봅니다.

## 1. 여러 가지 문제가 있는 세상으로 가보아야 합니다.

문제가 한두 가지가 아닙니다. 처절한 고통의 현장입니다.

### 1) 처절한 고통의 현장으로 갔던 사람들을 보시기 바랍니다.

하나님은 일찍이 고통 받는 현장으로 하나님의 사람들을 보내셨습니다. 사자들을 보내셨고 현장에서 일하게 하셨습니다.

① 소돔성으로 보내셨던 천사들의 경우입니다.

죄악으로 가득해서 당장 심판을 받게 되어 있는 현장 속으로 천사들을 보내셨습니다.(벧후2:7-8) 마지막시대에도 예수님이 천사들의 나팔소리로 오신다고 약속하셨습니다.(마24:31) 의인을 구하시기 위해서 입니다.
② 애굽에서 고생하던 아브라함의 자손들을 구원하시기 위해서 모세를 보내셨습니다.
그리고 가서 내 백성을 구원하라고 하십니다.(출3:7) 고난 속에 있던 이스라엘백성이 모세를 따라서 애굽에서 건짐을 받게 되었습니다.(출12장)
③ 엘리야를 갈멜산으로 보내셨습니다.
우상의 소굴에서 헤매는 이스라엘을 구원하기 위해서입니다. 3년 6개월 간 비가 오지 않을 때에 벌어진 사건입니다.(왕상17:3, 8, 17)그리고 850명의 우상주의자들과 영적 싸움에서 이기고 그 땅에 비가 오는 기도를 하게 됩니다.

### 2) 강도 만난 사람들은 고통하며 신음하고 있습니다.

고통의 현장이요 고통의 소리가 만연한 곳입니다.(33-34) 강도 만난 현장은 형용할 수 없는 고통의 모습입니다.
① 가지고 있는 모든 것을 빼앗겼습니다.
여행자가 소유한 모든 것을 잃어버리게 되었습니다. 강탈당하고 매를 맞은 현장에는 육체적 정신적 고통이 깔려있습니다. 살 소망이 전혀 없는 곳이기도 합니다. 이스라엘 백성의 역사에서도 그러했습니다.(사1:5)
② 이런 곳을 지나가는 어떤 사람도 그 사람에게 구원의 손길은 없었습니다.
제사장도, 레위인도, 그 누구도 없었습니다. 역시 인간에게는 이런 문제가 있습니다. 우리 자신들이 이런 곳에서 구원 받은 본인들 입니다. 이제는 다시 이 사랑을 베풀어 주어야 할 때입니다.(요일4:10)

## 2. 문제가 있는 곳에 가기 위해서는 불쌍히 여기는 마음이 있어야 합니다.

예수님의 마음을 배우게 됩니다.
(33절) '그를 불쌍히 여겨' 라고 했습니다.(and when he saw him, he took

pity on him)

### 1) 인생은 나그네인데 서로 불쌍히 여겨야 합니다.
인생은 나그네이기 때문입니다.
① 불쌍히 여기고 측은히 여기는 것은 하나님 마음입니다.
그래서 탕자가 돌아올 때에 불쌍히 여기는 것이 아버지의 마음이었습니다.(눅15:20)
그러나 이기적인 인간인 형의 마음은 달랐습니다.(눅15:26) 성경은 우리에게 긍휼히 여기라고 강조했습니다.(마5:7, 약2:13) 남을 불쌍히 여기게 될 때에 내가 불쌍히 여김을 받게 됩니다.
② 나그네로 있을 때에 서로 불쌍히 여겨주어야 합니다.
강도 만난 것은 모두 잃어버린 인생을 뜻합니다. 세상에는 강도 만나듯이 모든 것을 잃어버리고 정처없이 지옥 가는 행렬이 길게 늘어져 있는 사람들이 많습니다. 저들에게 소망이 있게 해야 하는데 예수 이름 밖에는 없습니다.

### 2) 예수님은 남을 불쌍히 여기고 긍휼히 여기셨습니다.
그 은혜 때문에 우리도 여기에 앉아있게 된 것입니다.
① 세상은 지금 이기주의로 가득 차있습니다.
개인적 이기주의, 단체적인 이기주의 등이 만연합니다. 그래서 칸트(Immanuel Kant)는 세 가지 이기주의가 있다고 하였습니다. 도덕적 이기주의, 미학적 이기주의, 논리적 이기주의가 그것입니다.
② 예수님은 오히려 목숨까지 주셨습니다.
십자가 위에서 모든 것을 다 주셨고 우리를 살리시게 되었습니다. 그리고 오히려 저들을 향해서 하나님께 기도했습니다. "아버지여 저희를 사하여 주옵소서" 하셨습니다.(눅23:34)(Jesus said, "Father, forgive them, for they do not know what they are doing.") 예수님은 말씀하십니다. "가서 너도 이와 같이 하라"

## 3. 문제가 있는 곳에 가기 위해서는 희생이 요구됩니다.
희생 없이는 이와 같은 일을 이룰 수가 없기 때문입니다. (34절)' 가까이 가서 기름과 포도주를 그 상처에 붓고 싸매고' 하였습니다.

### 1) 하나부터 열까지 모두가 헌신이요 희생입니다.
문제는 우리에게 헌신과 희생이 결여되었다는데 있습니다.
① 그 행동을 보세요. 모두가 희생입니다.
마음과 육체 모두 희생이 따라야 합니다. 여행자가 가진 모든 것을 내놓았고 강도 만난 이에게 주었습니다.
② 예수님의 희생같이 우리도 또한 따라가야 합니다.
앞서간 제사장이나 레위인 같이 하지 말아야 합니다. 이런 사람들을 예수님은 책망하셨습니다.(마23장)

### 2) 이 세대에 필요한 것은 영적인 선한 사마리아인입니다.
시대가 요구하고 있습니다.
① 문제 앞에서 구경꾼이나 방관자가 되지 말아야 합니다.
우리 주변에는 사마리아 사람들이 때때로 많습니다. 그러나 아직도 강도만난 사람들이 더 많습니다.
② 가서 이와 같이 하라. 너도!
이것이 예수님의 명령인바 우리 모두 이 세대에 사마리아사람과 같이 살기를 축원합니다.


**결론 : 우리가 사마리아 사람이 되어야 합니다.**

# 신앙을 따라 이사한 사람들
### (창12;1-4)

    어느 초등학교를 대상으로 설문조사한 결과, 그 학교에 입학해서 그 학교를 졸업한 학생이 20%를 밑도는 통계가 나온 적이 있습니다. 현대인은 사회구조상으로 볼 때에 이사를 많이 다니기 때문에 한 지역에서 조상적부터 살아온 옛날에 비하면 고향이 없어진 시대라고 할 것입니다. 아브라함도 이사를 하였고 함께 따라온 롯도 이사를 하게 되지만(창13:9) 결과는 천양지차로 다른 세계가 펼쳐지게 되었습니다.

    베들레헴(떡집)에 살던 엘리멜렉가족은 흉년을 피하여 모압땅으로 이사하지만 결과는 불행이었습니다.(룻기) 이사를 한번 그릇하게 되면 평생을 두고 후회할 조건이 될 수 있습니다.
    이삭도 이사하였고(창26장), 야곱도 이사하였고(창31장), 요셉도 천사의 현몽을 따라서 이사했는데(마2;13) 여기에서 중요한 것은 모든 이사한 이유가 말씀 따라서, 신앙 따라서 한 결과였고 그렇지 못한 결과를 나타내 주시고 있습니다.
    본문에서 아브라함의 이사를 통해서 은혜를 나누며 교훈을 얻습니다.

## 1. 성경이 교훈하는 이사 법칙은 믿음의 법칙대로 하라는 것입니다.

    성경의 법칙이요 믿음 따라서 이사해야 하는데 현대에 와서는 이기주의요 세속적 욕망에 따라서 이사를 한다는 것입니다.

### 1) 아브라함은 하나님을 믿는 믿음 따라서 이사하였습니다.
    현대에 와서 여러 가지 이유들이 있겠으나 원칙은 믿음 따라서 이사를 해야 한다는 사실입니다. 구체적인 목적지도 없이 행하였던 것은 왜 그랬을까요?
    ① 하나님을 믿었기 때문입니다.
        하나님께서 아브람에게 이사시키실 때에는 어디로 가라고도 아니하시

고 무조건 믿고 떠나가게 된 것인데 이것이 믿음입니다. '떠나라', '네 친척 아비 집을 떠나라'는 것이었습니다. 아브라함은 이유도 묻지 않고 무조건 떠나가게 되었습니다.

② 분명한 것은 하나님 말씀은 단순하다는 것입니다.

복잡하게 명령하시지 않았습니다. 왜(why), 어디로(where), 언제(when), 어떻게(how) 등의 일이 아니라 단순하게 떠나는 것이었습니다. 다만 순종이라는 행동(Action)만 나타나 있습니다. 이것이 믿음이었습니다. 발붙일 만큼의 땅도 주시지 아니했을 때 일입니다.(행7:5)

**2) 분명한 것은 믿음의 원리에 따라서 이사할 때 복의 근원이 된 아브라함의 모습입니다.**

① 복의 근원이 되었습니다.

(2절) '내가 너로 큰 민족을 이루고 네게 복을 주어 네 이름을 창대케 하리니 너는 복의 근원이 될지라' 하였습니다. 축복은 단순한 믿음이 있을 때에 따라오게 되어있습니다.

사람의 뇌신경세포가 적게는 수백에서 많게는 수천억 개가 되는데 이들 신경세포들을 연결하는 신경회로는 일천 조에서 일만 조에 이르는 천문학적 숫자에 이르는 놀라운 일을 봅니다. 하나님께서 창조하신 세계이며 축복 역시 그렇게 축복해 주십니다. 그런데 부정적 사고를 가질 때에는 그 회로의 흐름이 방해받거나 막히게 된다는 것입니다.

② 성경에서 볼 때에 사람이 돈을 따라서 움직인 사람은 모두 망하였습니다.

아담과 하와가 물질 때문에 망하였습니다.(창3:1) 아간이 물질 때문에 망하였습니다.(수7:1) 엘리사의 몸종이 물질 때문에 망하였습니다.(왕하5:27) 가룟유다(행1:8) 역시 그랬습니다.

신앙 따라서 이사했던 청교도들의 후예들이 오늘의 미국이 되었습니다. 신앙 따라서 이사하시기 바랍니다.

## 2. 성경이 교훈하는 이사법칙은 미래의 꿈을 보고 이사해야 한다는 것입니다.

현대사회에서 이사하는 것은 필수 삶의 형태이지만 신앙 따라서 이주하는 것은 중요합니다.

**1) 아브라함은 이 소망 가운데 이주했습니다.**
그래서 아브라함은 복된 사람입니다.
① 이사 한번 하기도 쉽지 않은데 영적인 소망과 원리를 따라서 이주하는 것이 중요합니다.
이때의 기사가 히브리서 11장에서 다시 강조하였습니다.
② 성도들은 희망찬 영적인 미래를 보고 이사하는 풍토를 가져야 하겠습니다.
잠시 동안 육신의 생각으로 이주하지 말라는 뜻입니다. 롯의 경우와 나오미 가정에서 좋은 교훈을 받게 됩니다.

**2) 영적이고 신앙적인 면에서 소망이 있는 이사는 현재는 어렵고 힘이 들지만 미래에는 축복이 있습니다.**
① 성도는 무슨 일을 하든지 이런 원리에서 해야 합니다.
이것이 십자가의 정신을 띤 이사 원칙입니다.
② 믿음의 눈이 열리기 위해서는 기도해야 합니다.
소망의 눈이 열리지 않으면 근시안적이 됩니다. 1970년대에 경부고속도로가 건설될 때에 많은 비판이 있었던 과거와 같습니다.

## 3. 영적이고 신앙의 사람은 미래적이고 앞을 바라보는 사람입니다.

미래를 보라고 하는 교훈입니다.

**1) 롯의 처는 뒤를 돌아본 고로 소금기둥이 되었습니다.**
그래서 롯의 처를 생각하라(눅17:32) 했습니다.(Remember Lot's wife)
① 성도가 이사하는 것은 철저한 신앙적 원리로 해야 합니다.
인간적인 생각으로 하게 되면 영적으로 큰 손해가 옵니다. 육적인 잠간의 유익이 문제가 아닙니다.
② 천사의 경고를 들었어도 소홀하게 생각했습니다.
영적인 유익을 위해서는 귀담아 들었어야 했습니다. 귀 있는 자는 들으라고 하십니다.(계2:7)

2) 같은 혈육이지만 아브라함과 롯의 차이는 컸습니다.
롯은 망하게 되는 길이고 아브라함은 흥하는 길이었습니다.
① 아브라함이 간 헤브론(Hebron)은 성지가 되었습니다.
　롯이 가게 된 지역은 소돔지역인데 망하는 도시가 되었습니다. 교훈을 얻으시기 바랍니다.
② 아브라함의 길을 택하시기 바랍니다.
　믿음이 있는 사람이 받는 복의 길입니다.(갈3:9)(So those who have faith are blessed along with Abraham, the man faith)이사하고 축복받게 되시기를 축원합니다.

결론 : 이사하기 전에 기도하시기 바랍니다.

# 복 받을 일 부모공경
(엡6:1-3)

창조주 하나님께서 성경을 통하여 인간이 복 받는 길 몇 가지를 제시해 놓으셨습니다. 세상에서 복을 원치 않는 사람은 없을 것입니다. 그 길은 바로 하나님 말씀을 듣고 행하는 일입니다.(신28:1-14) '행하면' 입니다.(carefully follow all his commands) 오늘은 어버이주일인데 십계명에서 다섯째계명은 인간을 향한 계명 중에 첫째 계명으로 주시면서 부모공경 할 때에 복을 주시겠다고 율법에도 약속하셨고 신약에 와서도 사도바울을 통해서 다시한번 확인해 주셨습니다.(출20:12, 엡6:1)

유교라는 전통문화에서 볼 때 기독교가 마치 불의한 일을 저지르고 부모공경을 하지 않는 것으로 보이기 쉬우나 기독교는 효의 종교이지 절대로 불의한 불효를 저지르는 종교가 아니라는 사실입니다. "자녀들아 너희 부모를 주안에서 순종하라 이것이 옳으니라" 하셨는데 여기에서 다시한번 부모공경을 확인하는 시간이 되시기를 바랍니다.

## 1. 부모공경은 인간사에 첫 계명입니다.

십계명을 둘로 나누어보면 1에서 4계명은 하나님께 관한 계명이요, 5계명에서 10계명까지는 인간에 대한 계명인 바 그 첫째가 부모에 대한 계명입니다.

**1) 기독교 신앙에서 제일 중요한 일이 하나님께 대한 문제요, 세상에서 중요한 일이 부모에 대한 문제로 주셨습니다.**

① 여기에서 우리는 진리의 말씀을 바르게 배우고 이해를 하는게 옳습니다.
그래서 사도바울은 제자인 디모데에게 배우고 확신한 일에 거하라고 전파하였습니다.(딤후3;14)(But as for you, continue in what you have learned)

부모는 하나님의 대리자(代理者)로 자녀에게 주셨습니다. 까마귀새끼도 부모를 공경한다는데 인간이 부모를 모른다면 까마귀에게 쪼이고 독수리에게 먹힌다고 하셨습니다.(잠30:17)
② 창세기 9:22의 말씀을 배워야 합니다.
홍수 후에 노아가 포도즙을 많이 먹고 벌거벗고 잠들었을 때 자녀들의 행동에 따라서 화와 복이 갈림길이 되었습니다. 함에 대해서는 대대로 종의 종이 되게 하셨으며 셈과 야벳에게는 대대로 축복 받는 근원이 되게 했습니다. 부모에게 잘해서 절대로 손해 보는 일이 없습니다. 이 세대에 성도들이 깨달아야 할 말씀입니다.

### 2) 이 계명은 매우 중대(重大)한 계명입니다.

공경하고 순종하게 될 때에 그 뜻이 중대(重大)합니다. '공경한다'의 헬라어는 티마오(τίμαω)인데 그 뜻은 값, 가치, 존경, 사례금 등의 뜻으로서 중대성(重大性)을 뜻하고 히브리어로는 '카페드'인데 인체의 장기 중에 '간'에 해당하는 뜻으로서 간이 손상을 입으면 회복할 길이 없습니다.
① 그래서 성경은 부모를 경시하는 자는 엄벌에 처하도록 말씀했습니다.
(신21:21) '돌로 쳐 죽일찌니' 라고 했습니다.(Then all the men of his town shall stone him to death) 그리고 출애굽기에서는 반드시 죽이라고 하였습니다.(출21:17)
② 성경에서 돌에 때려죽이는 죄는 중벌에 해당했습니다.
간음하다가 현장에서 잡힌 경우라든지(레20:10, 신22:22, 요8:1-11, 출22:28, 레24:16) 하나님을 저주했다는 증인이 있을 때에 증인에 의해서 돌로 때려 죽였습니다.(왕상21:10-, 출22:28, 레24:16) 그런데 여기에 부모에게 그릇할 때에도 그랬습니다. 반대로 부모에게 잘 할 때에 계속적인 축복이 약속됩니다.

## 2. 부모 효는 자녀로써 반드시 해야 하는 도리입니다.

세상에서 해도 되고 하지 않아도 되는 일이 있지만 부모공경은 반드시 해야 하는 도리입니다.

### 1) 자녀로써 옳은 일이기 때문입니다.

(1절) "자녀들아 네 부모를 주 안에서 공경하라 이것이 옳으니라" 하였습니다.(Children, obey your parents in the Lord, for this is right)
  ① 부모는 자녀를 낳아서 키웠습니다.
    시대 시대마다 문제 속에서도 부모는 자녀를 낳아서 키웠습니다. 따라서 자녀는 부모를 업신여기지 말아야 합니다. 마땅히 최선을 다해서 공경해야 옳습니다.
  ② 내가 이 세상에 존재하게 된 원인이 부모가 존재하기 때문입니다.
    물론 창조시부터 예정하시고 계획(Plan)하시고 섭리하신(providence) 하나님의 뜻(will)이 계셨지만 그 섭리에 의해서 부모님이 나를 낳아서 키우셨습니다.

2) 따라서 성경의 권유를 보시기 바랍니다.
  ① 성경의 권고를 잘 듣고 순종하게 될 때에 복이 됩니다.
    부귀영화가 가득했던 솔로몬은 전했습니다. (잠23:25)' 네 부모를 즐겁게하며 네 낳은 어미를 기쁘게 하라' 했습니다.
  ② 지금 시대는 부모를 이해할 수 없는 이기적 시대에 살고 있습니다.
    그러나 우리는 성경을 따라야 합니다. 말세 때에 고통의 원인들 가운데 하나가 '부모를 거역하며' (딤후3;2) 했는데 그것이 고통의 원인이 됩니다. 지나고 나면 효를 하고 싶어도 할 수 없을 때가 옵니다.

### 3. 부모공경은 약속된 축복의 지름길입니다.

성경에서 축복 받는 길을 제시하였습니다.

### 1) 축복 받는 4가지 기둥을 보시기 바랍니다.
  ① 첫째 기둥은 십일조 기둥입니다.(창14:20, 신14:22, 말3:6-12, 마23:23) 십일조는 복입니다.
  ② 둘째 기둥은 주일성수입니다.(창2:2, 출20:8-11, 사58:13-14, 겔20:12,20) 부활하신 날인 주일을 잘 지켜야 합니다.(마28:1)
  ③ 셋째 기둥은 선지자와의 협력이었습니다.
    (삼상8:7, 마10:40-42) 주의 종과 불화하면 곤란합니다.
  ④ 넷째 기둥은 부모공경입니다.

**2) 축복의 내용을 보시기 바랍니다.**
(2절) "이는 네가 땅에서 잘 되고 장수하리라" 했습니다.
  ① 잘 된다는 뜻은 형통하다는 뜻입니다.
    형통하게 되니 복이 됩니다.
  ② 장수의 복인 바 건강하며 장수합니다.
    부모공경 할 때에 이 축복이 약속되었습니다. 이 축복 받게 되시기를 축원합니다.

**결론 : 부모공경은 반드시 복이 있습니다.**

# 감사 할 수밖에 없는 하나님의 은혜
(고전15:9-11)

신앙 성숙의 측정은 다른 것으로는 재기가 어렵지만 쉽게 잴 수 있는 것이 있으니 그것은 '감사' 라는 용어에서 찾게 됩니다. 인간은 하나님께서 주시는 축복 속에 살아가지만, 가지면 가질수록 욕심에 치우쳐서 감사가 부재함을 보게 됩니다. 소를 2마리 가진 사람은 4마리가 욕심이 나서 감사가 없는 형편입니다. 그래서 '욕심이 잉태한즉 죄를 낳고 죄가 장성한즉 사망을 낳느니라' 고 하였습니다(약1;15).

어떤 글에서 읽었는데 물고기는 지능이 0.3밖에 되지 않기 때문에 옆에 있는 고기가 낚시 바늘에 잡혀가는 것을 보고도 같이 답습한다고 합니다. 그런데 빗대어서 말하기를 정치인들은 법을 어기는 줄 알면서도 뇌물 때문에 망한다고 했습니다. 우리는 하나님의 은혜 속에 살아가는 사람들인데 그 속에 감사는 없고 오히려 원망과 불평만 있고 감사가 없는 생활들입니다.

모세를 통해서 이스라엘에 베푸신 은혜도 모르고 감사가 없을 때에 1년에 2차례씩 감사절을 선포했습니다. 하나는 추수감사요, 또 하나는 맥추감사절입니다(출23:16). 신앙 성숙의 척도는 감사생활에 있습니다. 다시한번 이번 맥추감사절을 맞이하여 우리의 신앙성숙의 척도를 재보는 시간이 되기 원합니다. 바울 사도의 감사생활에서 몇 가지 은혜를 나누어 봅니다.

## 1. 바울은 본문에서 자기 자신의 과거를 회상하며 감사했습니다.

9절에서 밝혀주는데 '나는 사도 중에 지극히 작은 자라 내가 하나님의 교회를 핍박하였으므로 사도라 칭함을 받기에 감당치 못할 자로다' 하였습니다. 우리는 본문에서와 같이 우리 자신의 과거를 회상해 보아야 합니다.

1) 바울은 자기 자신의 과거 허물을 잊지 않고 있습니다.

과거에 어떤 사람이었습니까? 은혜 속에 있는 현재에서 회고해 보는 것입니다.
① 율법주의자였습니다(律法主義者).
율법을 지킴으로 구원을 받을 사람은 한사람도 없습니다. 과거에 관해서 율법적으로 화려했습니다(빌3:5). 그러나 그 율법으로는 구원받을 수가 없습니다. 그런 자신의 모습을 간증합니다.
② 지식주의자였습니다(知識主義者).
지적인 욕구가 가득한 것은 좋은 것입니다. 그러나 세상의 지식을 모두 가지고 있다 해도 그것 가지고는 구원을 얻을 수가 없습니다.
바울은 최고학부였던 가말리엘의 문하에서 배웠고(행5:34, 22:3) 최고의 지식을 습득했습니다. 철학자들과의 대화에서도 이긴 사람이었습니다(행17장). 그러나 그것 때문에 구원 받을 수는 없기에 모두 분토같이 버리고 지식에 까지 새롭게 되었습니다(골3:10, 롬12:2).
③ 유대인이라는 우월주의자였습니다.
아브라함의 자손이요 성민이라는 특별의식이었습니다. 그러나 그것 때문에 구원을 받을 수는 없습니다. 베냐민지파의 명문가였으나 그것이 구원이 아니었습니다. 구원은 오직 예수를 영접하고 믿을 때에만 이루어집니다(요1:12).
④ 열심으로는 교회를 핍박하던 자였습니다.
전자에 말한 모든 것을 동원해서 교회를 핍박하는 일에 힘을 썼고, 전도자 스데반집사님을 순교케 만들었습니다. 후에 그는 고백했습니다.' 내가 죄인 중에 괴수니라' (딤전1:15 ...of whom I am the worst) 그리고 또 고백합니다. '나는 날마다 죽노라' (고전15:31 I die everyday) 핍박자요 훼방자였기에 만삭되지 못해서 난자와 같고(고전15:8), 죽은 죄인이었다고 고백합니다. 이것이 과거의 모습입니다.

### 2) 왜 바울뿐이겠습니까?

과거의 자신과 현재의 변화된 모습 속에서 감사해야 합니다.
① 나 역시 죄인 중에 괴수였습니다.
죄와 허물로 죽었던 나였습니다(엡2:1). 그 때에는 그리스도 밖에 있었습니다(엡2:12). 천국에 소망도 없었고 하나님과의 사이에 담이 있었습

니다. 이제는 달라진 자신의 모습 속에서 감사해야 합니다.
② 영원히 새 생명을 얻게 되었습니다.
죄 아래서 죽었다가 예수 안에서 살게 되었습니다. 찬송가 405장의 '나 같은 죄인 살리신' (Amazing Grace)의 작사자 J. Newton(재이 뉴톤)은 그배경에 참 은혜가 넘치게 되는데 왜 그뿐이겠습니까. 우리는 영원히 죄의 노예상이었지만 하나님의 은혜로 구원 받았습니다.
감사해야 합니다.

## 2. 바울은 현재의 자신의 모습을 보며 감사하고 있습니다.

언제나 현재의 자기 입장이 중요합니다.

### 1) 과거의 사울이 아니라 바울이 되었습니다.
① 모든 것은 하나님의 전적인 은혜입니다.
전적인 하나님의 은혜요, 나의 나 된 것은 하나님의 은혜라고 고백합니다(10절).
현재 어떤 직분의 자리에 있든지 무조건 감사해야 할 이유가 됩니다.
② 가장 큰 은혜를 받고도 겸손해 하면서 감사합니다(고후12:1-5).
이것이 은혜 받은 사람의 감사 조건이며 신앙입니다.

### 2) 본문에서 바울은 현재 변화된 자기 모습을 발견합니다.
① 우리는 변화된 자기 모습을 보아야 합니다.
여기에서 감사가 나오게 됩니다.
② 바울은 또한 간증들을 많이 하였습니다.
그래서 무익한 사람이 유익한 사람으로 바뀌게 됩니다(골4:9, 몬7절).
이것이 우리의 감사 조건이 되어야 합니다.

## 3. 본문에서 바울은 이 은혜 속에서 미래에도 계속 살게 될 것이라고 고백하고 있습니다.

### 1) 변함없는 신앙입니다.
① 미래까지 계속 되어야 할 감사 신앙입니다(사26:3).

그리고 그렇게 잘 달려갔습니다(딤후4:6-7).
② 변질되는 신앙은 감사도 없습니다. 불변해야 합니다(엡6:24).

**2) 매사에 하나님의 은혜와 축복에 감사해야 합니다.**
① 시편 기자도 고백했습니다(시116:12).
  이것이 은혜 받은 사람이요 감사가 넘치는 삶입니다.
② 바울의 신앙을 본받아서 미래에도 성공자가 되시기 바랍니다.
  가는 길이 험해도(고후11:23-28) 성공자였습니다. 이런 감사하는 신앙 가운데서 승리케 되시기를 축원합니다.

**결 론 : 감사가 그 사람의 신앙의 모습입니다.**

# 몇 번이나 용서하여 주리이까?
(마18:15-35)

미국에 가면 특징적인 것 중에 하나가 집집마다 거의 담장이 없고 마당에 잔디가 깔려있고 스프링클러(spring-cooler)를 통해서 물이 주어지기 때문에 잔디들이 파랗게 유지되는 모습입니다. 그런데 동양에 오면 집집마다 담이 높게 가려있고 울타리가 높습니다.

현대에 와서는 CCTV를 비롯해서 경비업체까지 동원되어 아파트를 지키기 때문에 더 높은 울타리가 가리게 되고, 옛날보다 사람과 사람 사이에도 높은 간격이 있습니다. 지위와 학벌과 경제력과 인맥들로 크게 나뉘어 있습니다.

예수그리스도를 믿는 성도들은 이 모든 담이 쓸데없습니다. 혹 있다면 예수 안에서 그 모든 담이 무너져야 합니다. 예수그리스도는 하나님과 인간과의 막힌 담까지 모두 십자가 위에서 없이 하셨습니다(엡2:14-). 예수그리스도 안에서 이제는 동일한 하늘의 시민권자가 되었습니다(빌3:20).

본문에서 베드로는 예수님께 질문하기를 내 형제가 내게 죄를 범하면 몇 번이나 용서할지를 묻는데 거기에 대한 답이 본문의 내용입니다. 비유로써 일만 달란트 빚진 자가 탕감 받고는 자기에게 일백 데나리온 빚진 자를 옥에 가두는 사건입니다. 일만 달란트는 지금 화폐로 하면 일조 원 가까이 되는 돈이요, 일백 데나리온은 작은 돈에 불과한 일입니다. 노력하면 갚을 수 있는 작은 돈입니다.

예수님은 말씀해 주셨습니다. "너희가 각각 중심으로 형제를 용서치 아니하면 내 천부께서도 너희에게 이와 같이 하시리라"(35절).

본문에서 우리의 모습을 조명해 가며 은혜를 나누어 봅니다.

## 1. 예수님 안에서는 용서가 최고의 가치입니다.

예수님 안에서의 생활이란 용서가 최고의 가치요 사랑입니다. 100데나리온과 일만 달란트의 가치의 비교는 될 수가 없음과 같습니다.

**1) 믿는 성도들은 계산할 수 없는 빚을 탕감 받았습니다. 돈의 가치를 환산해 보면 깨닫게 됩니다.**

① 일만 달란트는 1조원 가까이 되는 천문학적인 돈이요 '가치'입니다. 무슨 뜻이겠습니까? 내 힘으로는 갚을 수 없는 돈임을 뜻합니다(32절). "네가 빌기에" 라고 하였습니다. 회개할 때에 죄도 용서해 주시고 탕감해 주셨습니다. 이것이 하나님의 은혜요 사랑입니다. 용서함 받은 것입니다.

② 일백 데나리온에 대해서 생각해 봅시다.
당시에 1일 품삯이 1데나리온이기 때문에 100일의 값입니다.(마20:10) 그래서 오늘날의 화폐로 보면 하루 품삯 5만원 잡고 500만원쯤 되는 돈입니다. 조금만 노력하면 갚을 수 있는 돈입니다. 우리는 갚을 수 없는 가치를 용서받게 되었는데 평상시에 일어나는 작은 일들 때문에 형제를 용서치 못하는 일들이 있음을 회개해야 합니다. 용서와 사랑을 다시 한번 생각해야 하겠습니다.

**2) 용서와 용서하지 않을 때의 차이를 보겠습니다.**

용서를 하든지 하지 않든지 본인이 하는 일이지만 그 차이는 분명합니다.
(8절) "진실로 너희에게 이르노니 무엇이든지 땅에서 매면 하늘에서도 매일 것이요 무엇이든지 땅에서 풀면 하늘에서도 풀리리라" 하였습니다.

① 용서치 않는 것은 자기 자신에 대해서 용서치 못하고 속박하는 결과를 가져온다는 뜻입니다.
속박(bind)을 빨리 풀어야 합니다. 정상적이고 건강한 생살을 꽁꽁 묶어놓으면 후에는 피가 통하지 않기 때문에 큰일 납니다.

② 용서와 화해는 나부터 해야 합니다.
상대방이 하기를 기다리지 말고 나부터 용서의 신앙을 가지고 사용해야 하겠습니다. 그래서 예배도 중요하지만 형제에게 원망들을 만한 일이 없는가를 생각해야 합니다(마5:23-).

## 2. 예수님 안에서 용서하게 될 때에 기도가 응답됩니다.

중요한 것은 용서가 없고 막힌 일이 있을 때에는 기도가 응답이 없다는 것입니다. 그래서 두 세 사람의 합심기도가 중요한 관건이 됩니다(20절).

**1) 합심기도는 마음이 하나 되는 일입니다.**

한가지의 기도를 놓고 공통적으로 기도하게 될 때에 마음이 하나 되는 일이 중요합니다.

① 2-3명의 숫자가 중요한 것이 아니라 마음이 하나 되는 일입니다. 마음이 하나 되는 일은 서로가 용서하고 하나 되는 일입니다.

② 반대로 2-3명이 서로 물고 뜯게 되면 세상이 시끄럽게 되고 아무런 역사는 일어날 수가 없을 것입니다.

또한 형식이 아니라 진실 된 화해가 중요합니다.

**2) 두 사람이 기도할 때에 응답하셨습니다. 지금도 이 약속은 유효합니다.**

① 몇 명의 여인들의 기도가 크게 작용하였던 기사가 있습니다.

(행12:1-17)베드로가 옥에서 나오는 기적이 일어났습니다. 같은 마음을 가진 기도였습니다.

② 기도 응답받고 싶다면 용서하고 하나 되는 일에 힘써야 합니다. 주님이 요구하시는 일이 용서하고 화해하는 일이기 때문입니다.

은평교회에 이런 역사들이 일어나게 되시기를 원합니다.

## 3. 예수그리스도 안에서 서로가 마음 문을 열어 놓아야 합니다.

현대인들은 대부분이 '상대적 상황'으로 인해서 마음이 닫혀 있습니다. 그래서 권투하는 링 위에서 1라운드를 싸우고 2라운드로 들어가기 위한 사람들처럼 살벌하기 까지 합니다.

**1) 그리스도인들이 먼저 용서하고 마음을 열어야 합니다.**

① 내 마음부터 열고 마음이 열려 있어야 합니다.

고린도교회는 한때 문제로 인해서 마음이 닫혀 있었지만 다시 열리는 교회가 되었습니다. 그리고 그곳에서 겨울 3개월을 지나면서 기록한 것을 겐그레아교회의 뵈뵈집사를 통해서 로마로 보낸 것이 대로마서가 되었습니다.
② 바울은 고린도교회에 화목할 것을 간절히 권했습니다.
(고후5:17-)그리스도 안에 있으면 피조물이기 때문입니다.

**2) 이제는 서로가 마음을 열고 용서하는 성도가 되어야 합니다.**
그래서 마음을 열고 넓혀야 합니다.(고후6:11-13)
① 교회 안에서는 성도가 마음을 넓히고 용서해야 합니다. 여기에서 은혜의 문이 열리게 됩니다.
② 교회 안에서 목회자와 성도, 성도와 성도가 서로 용서하고 마음이 열리게 될 때에 축복이 있습니다.
이런 교회가 되시기를 축원합니다.


**결론 : 은평교회는 은혜와 평강이 넘치는 교회입니다.**

# 에스겔이 본 성소에서 시작한 물(성민의 축복)//(겔47:1-12)

인간뿐 아니라 세상에 존재하는 모든 생명체들에게는 물이 절대적으로 필요합니다. 물이 없이는 생명체가 살아갈 수 없기 때문입니다. 그래서 현대에 와서는 지구 외에 다른 별들의 세계에 물의 유무를 놓고 계속 연구하는 가운데 있게 됩니다.

지구의 지면표면이 70%가 물로 되어있으며 인체의 70%가 물로 채워진 상태에 있기 때문에 물의 존재는 절대적입니다. 일찍이 헬라의 철학자 탈레스(Thales)는 생명의 근원이며 우주의 근원이 물로 되었다고 강조하기도 하였습니다. 세계는 지금 모든 나라가 공히 물의 부족현상이 다가오는데 특히 아프리카(Africa)에는 그 정도가 심각해서 물 때문에 죽어가는 사람들이 있습니다.

성경에는 물에 대한 기사가 많습니다. "궁창 아래의 물과 궁창 위의 물로 나뉘게 하시니 그대로 되니라"(창1:5-7)를 비롯해서 많은 물에 대한 기사들이 있습니다.(요4:4)

본문에서 보면 성소에서 보잘것없이 스미어 나와서 흘러가던 물이 점점 거대해지기 시작하고 결국은 큰 강물이 되어 땅을 적시고, 그 강물에 많은 생명체가 살아가며 강가에는 수많은 과실이 열리는 모습에서 우리가 받은 영육간의 축복에 대해서 말씀하고 있습니다.

이 물은 곧 예수그리스도요 예수그리스도의 복음으로써 이 물이 가는 곳마다 공산권이든 이교도지역이든지 간에 영적으로 죽어가는 인생을 살리고 풍성케 하는 능력이 있는 바 교회와 이 세상에 이 강이 풍성하게 흘러나게 되기를 원합니다. 우리가 살아가는 이 땅을 위시해서 세계는 영적이고 생명에 관한 물이 부족한 상태에서 다시한번 풍성한 이 축복이 성민들에게 임하시게 되기를 원합니다.

## 1. 이 물이 흘러가는 곳마다 생명이 살아나는 역사가 일어납니다.

본문에서 주시는 의미가 중요한 것은 생명의 약동입니다.

(7절) "강 좌우편에 나무가 많더라" 하였고(7절) "강 좌우에 각종 실과나무가 자라서 그 잎이 시들지 아니하며 실과가 끊치지 아니하고 달마다 새 실과를 맺으리니" 하였습니다.

### 1) 생명은 물과 직결됩니다.

물이 없이는 존재가 불가능하며 지옥에는 물이 없는 곳으로 말씀되었습니다.(눅16:24)

① 예수님은 영원한 생명의 물이 되십니다.

육적인 생물학적인 물도 중요하지만 영적인 영원한 생명이 살아가는 길은 영적 생수이신 예수그리스도 안에 있을 때에 가능한 일입니다.

그래서 유명한 프랭크린 홀은 '사람의 생명이 유지되기 위해서는 4가지 요소가 절대적인데 공기(Air), 음식(Food), 잠(Sleep), 그리고 물(Water)라고 하였습니다. 예수그리스도는 생명수가 되십니다.(요4:13-12, 7:38-)

따라서 생명수가 되시는 예수를 모시면 인생이 바뀌어집니다.

② 문제는 예수 안에 있느냐가 중요합니다.

예수님을 모시고 예수 안에 있는 자는 그 자신이 성전이 되기 때문에 (고전3:16) 생수가 흘러나오게 됩니다. 그래서 옥에서도 찬송이 있게 되고 기쁨이 있습니다.(행16:25, 빌4:4)

### 2) 이 세상에는 물이 썩고 오염되어서 가치가 상실한 것도 많습니다.

물이 없는데 그 물이 더욱 썩었거나 오염된 물이라면 더 곤란합니다. 그래서 수인성질병들이 난무하는 세상입니다.

① 오염된 물을 조심해야 합니다.

물이 오염되어서 농수로도 사용할 수 없는 심각한 시대입니다. 시화호가 변질되듯이 세상에는 그런 곳이 많이 있습니다. 그러하듯이 하나님을 떠나서 변질된 세상적인 신앙들이나 공산주의나 폭력, 퇴폐적이고 영혼을 더욱 망하게 하는 물들이 많습니다. 이런 사람들이 정치, 경제, 사회, 교육 등에 뿌리내리는 세상은 악취가 날 수 밖에 없습니다. 이것이 세상입니다.
② 썩은 물은 먹을 수 없습니다.
그래서 생명을 살리는 물은 십자가 복음 밖에 없습니다. (출15:23-25)쓴 물이 단물로 바뀌게 하는 나뭇가지처럼 십자가복음 밖에는 죽은 물을 살리는 길은 세상에 없습니다. (계8:10)쓴물 때문에 많은 사람이 죽게 된다고 하였습니다. 특히 청소년들이 쓴물 때문에 죽어가는 모습을 보아야 합니다.

## 2. 생명수가 흘러가는 곳마다 죽은 자가 살아납니다.

(9절) "이 강물이 이르는 곳마다 번성하는 모든 생물이 살고 또 고기가 심히 많으리니 이 물이 흘러 들어가므로 바닷물이 살 것이며 고기가 각기 종류를 따라 큰 바다의 고기같이 심히 많으려니와" 하였습니다.

### 1) 세상 바다는 아담 안에서 이미 죽었습니다.
아담 안에서 죽은 것이 되었습니다.(창2:17)
① 아담 안에서 이미 죽은 세상 바다입니다.
아담 안에서는 절망입니다.(롬5:14, 고전15:22) 그래서 죄악이 번성해 가는 세상이 되었습니다.
② 세상에는 유명한 학자나 세상적인 것으로 가득하지만 사실상은 죽었고 생명이 없는 존재입니다.
생명이신 예수가 그 속에 없기 때문입니다.(요일5:11-12) 시성(詩聖)이라고 하는 괴테 같은 사람은 하나님은 죽었다고 하고 미치광이가 되었는데 그런 사상이 세상을 가득 채워서 지배합니다.

### 2) 생명수가 흘러가도 소성되지 못하는 부분들도 있습니다.
① 믿음은 아무나의 것이 아니기 때문입니다.(살후3:2 for not everyone has faith)
(창19:26, 눅17:32) 믿으면 살게 되고 소생됩니다. 그러나 불신지옥입니다.
② 진펄과 개펄은 소생되지 못하고 소금 땅이 됩니다.(11절)
교회 나오시는 모든 분들은 생수가 넘치는 축복이 있기를 원합니다.

## 3. 성소에서 시작한 물이 소망이 있습니다.

이 세상의 소망은 교회밖에 없고 주님밖에 없습니다. 진리의 터이기 때문입니다.(행20:28, 딤전3:15하) 이스라엘은 생수의 근원을 버렸다고 책망 받았습니다.(렘2:13)

### 1) 성소는 물이 흘러가는 곳입니다.(2절)
① 작은 물이지만 생명력이 있고 생수의 근원입니다.
    작지만 생명력이 있기에 소망이 있습니다.(마17:20)
② 세상 것은 망하는 소리이지만 교회는 흥하는 소기가 들립니다.
    (요5:26, 겔37:1, 롬10:17) 교회엔 생수가 흐르는 곳입니다.

### 2) 지금도 교회에 생수가 흘러갑니다.
특히 교회에 흘러갑니다.
① 뭇 심령이 교회에 오면 다시 소생하게 됩니다.
② 축복의 열매가 열리는 풍성한 교회입니다.(요15:5) 예수 안에서 생명의 샘이 풍성하게 되시기를 축원합니다.


**결론 : 예수 안에서는 생명수가 풍성합니다.**

# 행복한 삶의 조건들
(살전5:16-24)

사람이 세상을 살아가면서 행복을 원하지 않는 사람은 없을 것이지만 무엇이 진정한 행복이고 그런 행복을 얻는 방법에 대해서는 제각기 다릅니다. 마치 무지개를 잡는 식이요 뜬구름을 잡듯이 어렵기 때문에 진정한 행복은 찾기가 힘들다는 것입니다. 또한 세상에서의 행복의 조건들은 때때로 헛된 것이 되기 쉽기 때문에(전1:3, 6:1-2) 하나님이 계명을 주시고 지키라고 하신 것은 진정한 행복을 위해서라고 하셨습니다.(신10:12-13)

미국의 심리학자이자 통계 여론조사의 창시자인 조지 갤럽(George Gallup)은 '어떤 사람이 행복한 자인가' 라는 프로에서 텔레비전과의 인터뷰를 갖게 되었는데, 그는 말하기를 '가장 행복한 사람은 신앙적인 체험을 한 사람이고, 가장 불행한 사람은 밤낮없이 술집에서 술을 마시며 시간을 보내는 사람이 제일 불쌍하며 불행하다' 고 하였습니다.

본문은 사도 바울의 소위 옥중서신인데 옥에 갇혀있지만 행복의 비결을 분명히 전하여주었습니다. 행복의 조건이 환경이나 경제적 위치나 보이는 것에 있지 않음을 분명히 하였습니다. 돈이나 명예가 행복의 조건이라면 H회사의 J회장 같은 사람이 왜 자살했겠습니까?

495장 찬송의 버틀러(C.F.Butller 1898)는 찬송했습니다. '초막이나 궁궐이나 내 주 예수 모신 곳이 그 어디나 하늘나라'

본문에서 행복의 조건들을 배우게 됩니다.

## 1. 사도 바울은 옥중에 있지만 행복의 조건을 제시하였습니다.

본문에서 몇 가지를 보면 다음과 같습니다.

### 1) 항상 기뻐하는 가운데 주어지는 것이 행복입니다.

'항상 기뻐하라(Be joyful always)' 고 하였습니다.
① 질문하기를 물질, 권력 등 세상적인 조건이 없는데 어떻게 기뻐하느냐? 그런데 여기에 기쁨은 카이로(χαίρετε)인데 '유쾌하다, 은근히 행복하다' 는 뜻으로서 내적이고 영적인 기쁨인바 예수님을 모신 사람의 기쁨을 나타내는 말씀입니다.
② 같은 옥중서신인 빌립보서신에서도 강조하였습니다.
(빌4:4) '주안에서 기뻐하라 내가 다시 말하노니 기뻐하라' 이 기쁨은 세상에서 말하는 외형적인 경제적인 것이나 다른 어떤 것에 의한 성공 때문에 오는 기쁨이 아닙니다.
9세기 때에 세계를 지배하였던 스페인제국의 압둘 라만 3세(Abdul Rahman III)는 1년에 수입이 3억 3천 6만 달러요, 거느리는 시녀만 해도 3321명 이었으나 그가 나중에 한 말은 평생동안 기쁨이 있는 날은 14일 뿐이었다고 말했습니다. 예수 안에서는 옥중에서도 기쁨이 있습니다.(행16:25)

## 2) 쉬지 않고 기도하며 감사 생활을 할 때 행복해지게 됩니다.
기도는 능력이요, 힘이 됩니다.
① 쉬지 않고 기도하게 될 때에 여기에 따른 기쁨과 행복이 크게 됩니다.
'쉬지 말고 기도하라(Pray continually)' 고 하였습니다. 초대 교부시대에 교부였던 크리소스톰(Chrysostom)은 초대교회성도들이 기뻐할 수 있었던 것은 토굴 속에서나 어디서나 기도할 수 있었기 때문이라고 하였습니다.
로마의 카타콤베나 터어키의 갑바도기아(Cappadocia)(벧전1:1), 그리고 스데반집사님의 순교현장에서도 봅니다.(행7장)
지금도 갑바도기아에는 수 천 개의 동굴이 그 당시의 성도들의 현황을 말없이 대변해주는 장소가 되고 있습니다.
② 기도하되 범사에 감사하면서 기도해야 합니다.(골4:2)
'기도를 항상 힘쓰고 기도에 감사함으로 깨어있으라' 하였습니다. (Devote yourselves to prayer, being watchful and thankful) 발명왕 에디슨은 화약 실험에서 고막이 고장이 나서 듣지를 못했습니다. 그런데 감사하면서 더욱 연구에 몰두한다고 하였습니다. 기도에 감사가 따를

때에 행복이 배로 넘치게 됩니다.

**3) 범사에 영적이고 좋은 은사들을 귀하게 여기며 내 것으로 사용할 때에 행복이 있게 됩니다.**
① 귀한 것을 귀한 것으로 여겨야 합니다. 성령을 소멸치 말며, 예언을 멸시치 말라, 하였습니다.
예수님은 거룩한 것을 개에게 주지 말며 진주를 돼지에게 던지지 말라고 하셨습니다.(마7:6) 에서는 장자의 명분을 경홀히 여겼습니다.(창 25:34, 히12:16-17)
② 귀하게 여기면서 하나님께 영광을 돌릴 때에 행복해집니다.
예수 믿는 사람에게는 하나님께서 각각의 은사를 주셨는데 그 은사를 잘 개발하고 사용할 때에 행복이 따라오게 됩니다. 하나님께 영광이 되기 때문입니다.

**4) 하나님의 은혜와 평강 가운데서 함께 하시고 흠과 티가 없도록 보존해 주실 때만 행복이 옵니다.**
① 우선 은혜와 평강 가운데 함께 해주셔야 합니다.
(23절) '평강의 하나님이 친히 너희로 온전히 거룩하게 하시고' 했습니다.
인생은 그 옆에 누가 함께 하느냐에 따라서 달라지게 됩니다. 하나님께서 함께 계실 때에 행복이 옵니다.
② 흠과 티가 없도록 보존해 주셔야 합니다.
세상에는 악으로 가득하고 마귀가 역사하기 때문입니다. 마귀가 역사하는 세상이기 때문입니다.(벧전5:8, 눅22:31) 내 힘은 연약하지만 하나님이 함께 계시기 때문에 이기게 되고 행복이 옵니다.(마28:20, 신 33:29)

## 2. 이렇게 행복해지기 위해서는 해야 할 일이 있습니다.
그냥 행복이 오는 것이 아니라 내가 해야 할 일이 있습니다.

**1) 영적인 일에 힘을 써야 합니다.**
23절에 보면 영, 혼, 육이란 말이 있는데 영적인 일에 힘써야 합니다.

① 영적인 일에 중심은 사랑입니다.
　사랑해야 합니다. 사도요한 역시 가이오에게 이것을 전했습니다. 요한3
　서 1-4절을 보시기 바랍니다.
② 먼저 그의 나라와 그의 의를 구해야 합니다.
　예수님이 친히 주신 말씀입니다.(마6:23)

### 2) 인간은 영적인 존재이기 때문입니다.
하나님께서 하나님의 형상대로 지으셨기 때문입니다.(창1:26-)
① 하나님의 형상을 닮은 모습대로 행할 때에(will, 의지) 행복이 찾아오도
　록 지으셨습니다.(Augustine)
② 더욱이 우리는 성령으로 거듭난 존재이기 때문입니다.
　옛것을 버리고 새사람 된 천국 시민권자들입니다.(빌3:20) 세상 것으로
　는 진정한 행복을 맛볼 수 없습니다.(요4:13-)

## 3. '그가 또한 이루시리라' 고 믿으시기 바랍니다.
'그가 또한 이루시리라(and he will do it)' 하였습니다.

### 1) 확신 속에 행복이 옵니다.
① 행복은 이루어진다고 확신해야 합니다.
　바울도 고백하였습니다.(빌1:6) 하나님은 이루어 주십니다.
② 믿어야 합니다. 나는 행복하다고 믿으면 행복해지게 됩니다.
　나는 불행한 자라고 낙심하게 되면 불행해지게 됩니다.

### 2) 내게 행복을 주시는 분은 하나님이십니다. 내 인생의 주권자이십니다.
① 바울의 생애를 인도하신 하나님은 내 생애도 인도하십니다.
　그리고 행복을 주십니다.
② 외부적 조건이 행복의 여부의 결정이 아니라 내면에 있습니다.
　성령 안에서 주어지는 축복이 행복이요, 기쁨입니다. 이 축복이 충만케
　되시기를 주의 이름으로 축원합니다.

**결론 : 예수 안에서 행복이 약속되어 있습니다.**

# 여호와의 복주신 향취
(창27:26-30)

서양인들이 한국 사람을 만나면 마늘냄새가 난다고 합니다.
 마늘이 좋은 식물이라서 태고적 조상 때부터 일상적으로 먹었기 때문에 땀만 흘려도 마늘냄새가 나게 됩니다. 이제는 서양사람들도 마늘의 효능을 알아서 먹기 시작했습니다. 반대로 서양인들은 일상적으로 고기를 많이 먹어서 몸에서 노린내가 나는데 이를 감추려고 향수를 개발해서 뿌리는데 그 냄새가 더 지독함을 느끼게 됩니다.

 바닷가에 가면 갯내음이 나게 되는데 하나님이 지으신 모든 피조세계가 냄새를 내게 됩니다. 개체마다 냄새가 있습니다. 사도바울은 고린도교회에 전한 복음에서 생명에 이르는 냄새를 나타내야 한다고 역설하였습니다.(고후2:14-16)

 본문은 야곱이 언제나 형으로 태어나지 못한 것을 안타까워 하다가 두 번의 기회를 놓치지 않고 획득하게 되었으니 장자의 명분을 산 사건이요(창25:34), 본문에서 에서 대신에 리브가의 말을 듣고 별미를 만들어 가지고 이삭에게 들어가 축복을 받은 사건입니다. 이삭은 별미를 먹고 아브라함에게서 받은 모든 축복을 야곱에게 넘겨주는데 '내 아들의 향취' 라고 축복해 줍니다.

 예수그리스도 안에서 교회 성도들에게 복의 향취가 가득하게 되기를 바라면서 본문에서 몇 가지 은혜를 받게 됩니다.

## 1. 이삭이 야곱에게 '내 아들의 향취' 라고 하였습니다.

세상의 냄새 중에는 좋은 냄새도 있지만 나쁜 냄새도 있습니다.
 그런데 때때로 악한 냄새가 좋은 냄새보다 더 강합니다.

**1) 세상 냄새가 더 강한 것이 세상의 일들입니다.**

야곱이 에서의 옷을 입고 이삭에게 나아갔기 때문입니다.
에서의 옷이 아니라 야곱 자신의 옷을 입고 갔으면 통과하기 어려웠을 것이라고 생각됩니다.
① 야곱은 하나님의 사랑을 받는 사람으로, 에서는 미움 받는 사람으로 나타냈기 때문입니다.
에서는 미워하심을 입은 자요, 야곱은 사랑받는 자이니(말1:2-3), 사도 바울도 이 말씀을 인용하여 복음전파에 설명하였습니다.(롬9:13 Just as it is written: "Jacob I loved, but Esau I hated." 야곱은 에서의 옷으로 위장하고 이삭에게 나아갔습니다.
② 겉으로는 위장을 하게 됩니다.
야곱은 겉으로 몇 가지를 위장하게 되는데 음성은 에서의 음성으로, 외부 옷은 에서의 옷으로, 피부는 염소 털을 발라서 털이 많은 에서처럼 위장하였습니다. 이삭은 이와 같은 야곱에게 아브라함으로부터 물려받은 축복을 모두 내려주게 되었습니다.
후에 에서가 부지런히 별미를 만들어 이삭에게 다가가지만 축복이 아니라 그것은 저주였습니다.(창27:38)

### 2) 이때부터 에서와 야곱의 인생길이 확연하게 다르게 됩니다.
이 두 사람의 인생길에서 분수령이 된 사건이 되었습니다.
① 야곱은 계속해서 축복의 길을 걷게 되었습니다.
그래서 야곱은 차자로 태어났지만 실제로는 장자로써 누리는 모든 복을 누리게 되었고 그의 자손 역시 이어가게 되었습니다. 생사의 기로에서는 하나님과 겨루어 이기는 자가 되었고 야곱이 아니라 이스라엘이라는 칭호가 내려지게 되었습니다.(창32:32)
이것은 영적으로 신약시대의 모든 성도들에게 주시는 교훈이 큽니다.
② 에서는 붉은 사람으로서 오늘날 교회의 반대요 세상개념의 이름이 되었고 저주의 사람이 되었습니다.
제일 큰 이유는 장자의 이름을 경홀히 여겼으며 세속적인 대표적 사람이라 할 것입니다.(히12:16-17)
후에 얻고자 하였으나 회복할 길이 없었습니다.

## 2. 하나님은 성도들에게 에서의 옷이 아니라 세마포 옷을 지어 입히셨습니다.

이 옷을 입고 있을 때에' 내 아들의 향취' 라고 하십니다.(계19:8, 계3:18) 이것은 약속입니다.

### 1) 본래의 내 모습은 감추어지고 예수로 옷 입는 것이 중요합니다.
내 지금 옷으로는 축복의 자리에 나갈 수가 없습니다.
① 성도에게는 내 냄새가 아니라 예수의 냄새로 가득해야 합니다.
사도바울은 여러 곳에서 이를 강조하였습니다.
(롬13:12-14) '예수로 옷 입어야 한다' 고 강조하였습니다.(clothe yourslves the LORd Jesus christ)
(고후2:14-16) '그리스도를 나타내는 향기' 라고 하였습니다. 신약에 그리스도인들이 예수로 옷입고 나타내야 할 것입니다.
② 예수로 옷 입고 영원한 생명축제에 참여할 사람들입니다.
사도 요한을 통하여 전해주신 복음이요 축복입니다.
(계7:14) "어린 양의 피에 그 옷을 희게 하였느니라 하였고, (계19:8)빛나고 깨끗한 세마포 옷을 입게 하셨습니다.
더러운 자기 자신의 옷이 아니라 성도가 입어야 할 옷입니다.

### 2) 이 향취의 냄새는 하나님의 법칙대로 만들어진 것입니다.
사람이 임의로 제조한 냄새나 향이 아닙니다.
① 하나님께서 지시하신 법대로 제조된 것이어야 합니다.
이를 성경이 분명히 제시하셨습니다.(출30:25-30, 대상9:30) 또한 신약에 와서는 이것이 향기로운 제물이라고 하였습니다.(엡5:2) 순수한 제물이요, 향입니다.
② 그리스도인은 그리스도인다운 인품이나 인격(personality)이 있는데 여기에서 냄새가 나게 됩니다.
이것은 세상의 유명제품의 향수냄새로 대체할 수 없는 일입니다.
스컹크는 위기 때에 냄새를 발산해서 반경 2m 안에는 적이 올 수 없게 하는데 그런 냄새도 아닙니다. 이 냄새는 복 주신 밭의 향취이어야 합니다.(창27:27)

## 3. 예수 향기를 나타내는 사람에게는 복도 따라옵니다.

야곱이 받는 축복의 현장이기도 했습니다.

### 1) 야곱에게 전해진 복이 어떤 복들이었습니까?

야곱은 복을 물려받게 되었습니다.
① 세상에 살아가면서 꼭 필요한 물질적 복도 따라왔습니다.
성도들에게 이 복이 따르기를 바랍니다.(창27:27)(a field that the LORD has blessed)
② 하나님은 그의 자녀들에게 이미 복을 명하셨습니다.
복의 현장을 보시기 바랍니다.(창1:28, 고후8:9, 사58:14 야곱의 업)
주일 지키며 부활의 주 안에 있을 때에 야곱의 업으로 키워 주리라 했습니다.

### 2) 주일 성수자에게 영원한 복이 있습니다.

예수 안에 있는 복입니다.
① 영원한 생명의 복이 있습니다.
모든 축복권이 여기에 있습니다. 축복 받으시기 바랍니다.
② 예수 안에 있으면 생명이요, 예수가 없으면 멸망입니다.
사도요한은 분명히 전했습니다.(요일5:11-13)
예수 안에서 구원 받고 아름다운 자녀의 냄새만 가득하게 되시기를 주의 이름으로 축원합니다.

**결론 : 우리는 예수 안에서 그의 자녀의 향취를 가지고 있습니다.**

# 베풀고도 남는 축복의 법칙
(눅6:27-38)

세상에서 직장을 다니고 장사를 하는 목적은 이윤을 남기기 위해서입니다. 인류가 역사를 이어오면서 이런 행위는 계속해서 발전해 왔습니다. 그래서 어떻게 하든 이윤추구를 해야 하기 때문에 세상은 더욱 살벌하기까지 하리라 만큼 극단적인 이기주의에 취해 있습니다.

성경은 신약에도 구약에도 주고, 베풀라고 강조하였습니다. 믿음의 조상이요, 이스라엘의 조상 아브라함은 나그네를 대접하다가 소돔성의 롯의 가족을 구원하는 계기가 되었고(창19:29) 이것을 신약에 와서도 다시 언급하였습니다.(히13:1) 사르밧여인은 마지막 남은 가루와 기름으로 엘리야를 대접하여 환난을 벗어나게 되었으며(왕상17:8-16), 예수님은 자신을 세상에 주시게 되므로 모든 무릎으로 꿇어 주라 시인케 되었습니다.(빌2:11)

전11:1에 "너는 네 식물을 물 위에 던지라 여러 날 후에 도로 찾으리라 일곱에게나 여덟에게 나눠줄지어다" 하였습니다.
본문에서 예수님은 베풀라고 하시면서 그리하면 후하게 눌러서 채우심을 받게 된다고 하셨습니다. 자기 밖에 모르는 극단적인 이기주의 시대에 본문에서 다시한번 은혜와 축복의 원리(principle)를 배우게 됩니다.

## 1. 주라는 것은 주님의 명령입니다.

왜냐하면 주님은 이 땅에 주시는데 몸까지 십자가에 못박혀죽으심으로 주셨습니다.

### 1) 주님은 우리에게 주셨습니다.
예수님께서 우리에게 무엇까지 주시었습니까?
① 생명까지 새롭게 주셨습니다.

아담 안에서 모두가 죽었었던 우리에게 예수님은 새생명을 주시기 위해서 십자가에서 죽으셨습니다. 엡2:1에 "너희의 허물과 죄로 죽었던"이라고 강조하였습니다.(As for you, you were dead in your transgressions and sins) 이제는 예수님 안에서 새 생명을 얻게 되었습니다(요일5:11-13, 요1:4, 요6:51-53). 성찬식 때에 언제나 떠오르는 말씀이기도 합니다.

② 사랑을 주셨습니다.

바로 예수님이 이 땅에 오신 것도 사랑을 주시기 위해서입니다. 하나님은 곧 사랑이십니다(요일4:8,16 God is love). 세상에는 여러 가지 종류의 사랑이 있는데 스톨게(부모자식 간의 사랑), 필리아(형제간의 사랑), 에로스(남녀 간의 사랑), 그러나 하나님의 사랑은 아가페 사랑입니다. 하나님은 이 사랑을 주셨습니다.(요3:16, 롬5:8) 바울은 이 사랑을 잴 수가 없다고 하였습니다(엡3:18-19).

③ 하나님은 우리에게 영원한 평화를 주셨습니다.

아담 안에서는 깨어진 평화(broken peace)라서 하나님과 담이 크지만 예수 안에서 담이 헐어버리게 되었고 하나님과 화평이 주어지게 되었습니다(엡2:14-). 예수님이 주시는 평안은 세상이 주는 것과 다릅니다 (요14:27).

④ 영원한 천국을 주셨습니다.

예수님 안에서 이제는 천국 백성이 확실합니다.

(요1:12)하나님의 자녀요, (빌3:20)시민권이 하늘에 있고, (계21:1-22장) 천국의 화려함에 소망을 주셨습니다.

## 2) 예수님은 말씀하십니다.

우리가 사람들에게 무엇을 줄 수 있겠습니까? 예수님이 말씀하실 때에 우리는 행하여야 합니다.

① 내가 받은 복음을 타인에게 주어야 합니다.

바울도 이렇게 전하였습니다. 고전15:3 '내가 받은 것을 먼저 너희에게 전하였노니'라고 하였습니다(For what I received I passed on to you as of first importance). 복음은 나누어 주어야 합니다.

② 전하는 중에 모든 것이 다 포함되었습니다.

사랑도, 복음도, 구제도 이곳에 포함되었습니다.

무조건 주는 자가 되어야 하는데 이는 '주라'는 주님의 명령(the commendment)입니다. 주고 베풀며 살기를 축원합니다.

### 2. 주고 베풀 때에 복이 있습니다.

받는 자가 수입이기 때문에 유익할 것 같지만 오히려 주는 자, 지출자가 복이 있다고 하였습니다. 이는 씨 뿌리는 자와 같아서 알곡을 거둘 때에 그 수를 계산할 수 없는 것과 비교됩니다.

#### 1) 이것은 축복받는 법칙입니다.

왜냐하면 축복의 주인이 하나님이시기 때문입니다.

① 주실 때에 넘치도록 주시겠다고 하셨습니다.

(창22:14)아브라함은 이삭을 드리고 복을 받았습니다. (왕상17:12)사르밧여인은 드리고 흉년에 축복 받았습니다.

② 누르고 넘치도록 주시겠다고 하셨습니다.

이것이 성경이요 약속입니다. 성경이요 약속을 보시기 바랍니다(잠11:24-25, 마14:20).

#### 2) 우리의 행위가 하나님께 상달돼야 합니다.

주님을 위해서 헌신하는 것 역시 하나님은 기억하십니다.

① 예컨대 백부장 고넬료와 같은 사례를 보시기 바랍니다.

(행10:4) "네 기도와 구제가 하나님 앞에 상달하여 기억하신 바가 되었으니" 했습니다. 그리고 그 결과를 보시기 바랍니다.

② 기도하더라도 내가 먼저 남을 위해서 베풀고 기도해야 합니다.

우리는 주는 연습을 많이 해야 합니다. 국제 사회가 한국 정부와 한국 사회에 요구하는 것이, 당신 나라가 어려울 때에 도움을 받았듯이 이제는 당신이 도우라고 합니다.

### 3. 예수님 이름으로 주고 베풀면 영원한 상급이 있습니다.

예수님의 약속이기도 합니다(마16:27).

**1) 예수님 복음 때문에 주는 자는 분명한 약속이 있습니다.**
우리는 이 약속을 믿습니다.
① 예수님 때문에 자의든 타의든 간에 바쳐질 때에 복이 있습니다.
성경을 보시기 바랍니다. 핍박이 겸해지게 되면 더 큰 복이 있습니다 (막10:29).
② 천국에 상급이 분명해지게 됩니다.
세상에는 헛된 것에 투자해서 망하는 자들이 많지만 예수님께 투자하면 영원히 흥하게 됩니다.

**2) 이제부터라도 주고 베푸는 자가 되어야 하겠습니다.**
사업장에는 설명회가 있는데, 보고, 투자하라는 설명회입니다.
① 성도들이여 예수님께 투자하시기 바랍니다.
적은 자도 큰 수확이 있습니다. 그리고 확실합니다(마10:42).
② 세상에는 없어지는 투자이지만 주님께 드리는 것은 영원히 남는 투자가 됩니다.
천국에 대박 터뜨리는 투자가 되기를 주의 이름으로 축원합니다.

**결론 : 예수님의 이름으로 주는 자가 복이 있습니다.**

# 보아스의 옷자락에 담긴 뜻
(룻3:6-9)

옛 부터 옷자락을 중요하게 생각하였습니다. 그래서 옛날에 시집갈 때에는 열두 폭되는 치마를 입혀 보내기도 하였습니다. 타락 이후에 하나님께서는 아담과 하와에게 가죽옷을 입혀주셨습니다(창3:21). 유대인들은 그 차는 경문을 넓게 하여 옷 술을 크게 하고 다니게 되었는데 예수님이 책망하신 부분이기도 하였습니다(마23:5). 예수님은 저들을 향해서 '화있을진저(Woe to you)라고 책망하셨습니다.

본문에서 이방여인 룻은 홀시어머니 나오미를 따라서 베들레헴까지 오게 되었고 당시에 엘리멜렉가문의 한 사람으로써 홀로 된 룻에게 기업을 무를 사람 중에 유력한 보아스의 밭에 나아가 그의 옷자락 밑에 있게 되므로써 이제는 이방여인이 아닌 이스라엘 보아스가문의 위대한 출발점이 되는데 여기에서 영적인 깊은 뜻을 발견하게 됩니다.

## 1. 밤이 새도록 룻을 덮어준 보아스의 옷자락에서 신령하고 영적인 뜻을 보게 됩니다.

보아스는 룻을 옷자락으로 덮었는데 여기에 큰 뜻이 있습니다.
(9절) "당신의 옷자락으로 시녀를 덮으소서" 했습니다.

### 1) 룻을 덮은 이 보아스의 옷자락은 예수그리스도의 옷자락이요, 예표요, 그림자입니다.

이방여인이 선민의 땅에 와서 의지할 곳이 없을 때에 덮어준 이 옷자락은 메시야 되시는 예수님의 옷자락입니다. 전도해서 교회에까지 데려왔으면 예수님의 옷자락을 체험해야 올바른 그리스도인이 됩니다.

① 이 옷자락은 내 일생에 기업을 무를 자의 옷자락입니다.
이스라엘의 전통으로 보았을 때에 룻에게는 보아스의 옷자락이 제일

가까운 관계였습니다.
'기업 무를 자' 는 '구속할 자' 란 뜻인데 히브리어로 '카알' 로써 20번 이상씩이나 나타나는 낱말입니다. 예수님은 우리의 구속자이십니다(요 14:6, 행4:12).
② 이 룻을 덮은 옷자락은 예수그리스도의 피 묻은 옷자락입니다.
예수님의 피 묻은 옷자락이 우리를 덮으시기에 우리는 천국시민권자 요, 천국에 입성하게 됩니다(계7:14, 롬4:25).
③ 이 룻을 덮은 옷자락은 성전에 가득한 영광의 옷자락입니다.
예수그리스도는 우리의 옷자락인데 이 영광의 옷자락이 성전에 가득하 게 되었습니다.
이사야는 성전에서 보았습니다.(사6:1-8) 예수님이 변화산에서 그 옷을 보여주셨습니다(마17:2).
④ 룻을 덮은 이 옷자락은 능력이 한이 없으신 옷자락입니다.
12년을 혈류증으로 앓던 여인이 가까이 가서 멀찍이 손을 내밀어 접근 만 했어도 그 혈루병이 완치되었습니다. (막5:30)"누가 내 옷에 손을 대 었느냐"(who touched my clothes?) 예수님의 능력의 옷자락에 덮일 때 에 문제는 해결됩니다.
⑤ 룻을 덮은 이 옷자락은 절대적으로 보호하시는 보호의 옷자락입니다.
주님은 그의 백성을 보호하십니다.
암닭이 날개로 병아리를 품듯이 품으시고 덮으시는 옷자락인데 유대인 들은 이를 거절했습니다(마23:37). 구약 광야에서도 하나님은 이 독수 리의 날개로 보호해 주셨습니다(신32:11).

**2) 옛 옷을 벗어버리고 새롭게 주님의 옷자락에 안겨야 합니다.**
새 것이 왔으니 옛 것을 벗어버려야 합니다.
① (슥3:3-4)새로운 옷으로 갈아입어야 합니다.
그러기 위해서는 옛 것을 벗어야 합니다.
② (슥5:1-)날아가는 두루마리를 입어야 합니다.
두루마리는 기록된 하나님의 말씀의 상징입니다.
③ (창35:1-3)숙곳에서 벧엘로 올라가기 위해서는 의복을 바꾸어 입어야 합니다.

룻은 보아스의 옷자락 밑에서 인생이 바뀌어졌듯이 예수그리스도 안에서 인생 역사가 바뀌게 되시기를 축복합니다.

## 2. 보아스의 옷자락은 신약시대의 성도들이 안겨야 할 옷자락입니다.

### 1) 성도는 예수로 옷 입어야 합니다.
새롭게 될 옷자락입니다.
① 사도 바울은 이렇게 전했습니다.
(롬13:12-14) '어두움의 일을 벗고 빛의 갑옷, 오직 예수그리스도로 옷 입고' 라고 하셨습니다. 룻에게는 오직 보아스 뿐이었듯이 성도의 구원자는 예수뿐입니다(룻4:4, 행4:12, 요14:6).
② 사도요한을 통해서 예수님은 말씀하십니다(계3:17).
벌거벗었으니 흰 옷을 사서 벌거벗은 수치를 보이지 않게 하라고 하셨습니다. 세마포 옷입니다(계19:8).

### 2) 보아스의 옷자락에 파묻히듯이 예수그리스도 안에 있을 때 성도요, 예수님의 신부입니다.
① 베드로의 증언을 보시기 바랍니다(벧전3:3).
② 그리고 주님의 영광만 나타내야 합니다(빌1:20).

## 3. 룻은 보아스 앞에 자신을 '여종'이라고 하였습니다.

### 1) 우리는 주님의 종입니다.
① 사도바울은 고백했습니다(롬1:1, 빌1:1).
둘로스(δοῦλος)로써 하인인데 더불어 사도(ἀποστόλους), '보내심 받은 자' 라는 뜻입니다.
② 성도는 예수그리스도의 종입니다.
(삼상3:9)사무엘도 고백했습니다. '여호와여 말씀하옵소서 주의 종이 듣겠나이다' (Speak, LORD, for your servant is listening) 평생 주님의 종이 되어야 합니다.

2) 룻은 보아스 앞에서 이런 종이 되었습니다.
  ① 경건하고 예의바른 종입니다(3절).
     목욕을 하고, 기름을 바르고, 의복을 새롭게 입은 예의입니다.
  ② 겸손하고 최대한 낮은 몸으로 나오게 되었습니다(7절).
     겸손은 신앙의 최고 미덕입니다(벧전5:5-6).
     예수님도 겸손의 상징으로 나귀를 타셨습니다(마21:5). 보아스를 통해 룻은 예수님의 족보에 끼이게 되었습니다(마1:5). 이런 성도가 되시기를 축원합니다.


**결론 : 예수님의 옷자락에 덮이시기 바랍니다.**

## 치료받은 사마리아인의 감사
(눅17:11-19)

세상에서 제일 서러운 일은 몸에 병이 났을 때입니다. 세상에는 많은 유의 질병들이 있는데 시간이 되면 치료되는 병도 있지만 불치의 병들도 많이 있습니다.

예수님은 세상에 계실 때에 수많은 병자들을 치유하셨습니다. 그리고 가시는 곳마다 수많은 병자들을 접하게 됩니다.(요5:2-)

현대에 와서는 추억 속에만 간직한 한센병, 일명 문둥병자들에 관한 기사가 성경에는 많이 등장합니다.(왕하5장)

본문은 10명의 문둥병자가 예수님께 와서 치료를 받게 되었는데 9명은 소식도 없이 사라지고 오직 사마리아사람 한 사람만이 예수님께 와서 감사하는 얘기 속에서 감사의 중요성을 다시한번 발견하고 깨닫게 하시는 부분이 되겠습니다. "열 명이 다 낫지 아니하였느냐 그 아홉은 어디 있느냐 일어나 가라 네 믿음이 너를 구원하였느니라" 하였습니다. 육신의 질병 뿐 아니라 영혼까지 구원을 받게 된 이 사실에서 추수감사절에 우리가 깨달아야 할 믿음을 배우게 되는데 본문에서 몇 가지 은혜를 받게 됩니다.

### 1. 큰소리로 하나님께 영광을 돌린 이것은 뜨거운 가슴에서 나오는 감사였습니다.

감사를 하게 될 때에 마음에 없는 겉치레로 하기 쉽습니다. 그러나 이 감사는 겉치레의 감사가 아닌, 마음에서 나온 것입니다. '큰 소리 나는 제금으로 찬양하라' (시150:5)고 하였습니다.

1) 속에서 뜨거운 것이 겉으로 표출되어지는 감사행위 입니다.

감사는 속에서만 가지고 있을 것이 아니라 나타내야 합니다.

① 가슴이 벅찬 사건이기 때문입니다.
　　생각해 보세요. 죽을병에서 건짐을 받게 되었는데 이런 표현이 자연스럽지 않습니까? 나환자라는 질병은 생각만 해도 끔찍한 병이요, 저주의 상징입니다.(레13:1-14:1)
　　그래서 성경에는 특별 관리되는 병이었는데 이 병에서 낫게 되었습니다.
② 이 병은 죄 값으로 오는 경우가 많았습니다, 그래서 저주의 병이라고 보았습니다.
　　모세의 누이 미리암의 경우나(민12:10) 웃시야왕의 경우에서(대하 25:21) 보게 됩니다. 다행히 현대에 와서는 치료되는 병이지만 성경시대에는 심각한 불치의 병이었습니다.

### 2) 이 질병에서 치료되었습니다.
나환자들끼리 10명이 뭉쳐 다니게 되었습니다.
① 예수님을 만나게 되면 그와 같은 질병도 고침 받았습니다.
　　예수님은 레위기의 말씀대로 제사장에게 가서 네 몸을 보이라 하셨고 가는 길에서 치료받았습니다.(레13:1-2)
　　'가서 보이라' (14절, Go, show yourselves to the priests)
　　주석학자들은 '가장 불쌍한 병자에 대한 그리스도의 사랑을 보인 것이다' 라고 하였습니다.
　　예수님은 수고한 인생을 지금도 부르십니다.(마11:28)
② 이들은 예수님의 말씀을 믿었습니다.
　　예수님 말씀 한 마디에 움직이게 되었던 사건입니다. '가다가' 라고 했습니다. 예수님을 만나게 되었고, 말씀을 들었고, 믿었고, 행동으로 옮겨서 가다가 나았습니다. 이것이 기독교 믿음입니다.(롬10:17)(John Calvin) 이럴 때 나온 것이 뜨거운 감사인 바 이 감사가 언제나 우리 가운데 있게 되시기를 축복합니다.

## 2. 큰 소리로 하나님께 영광을 돌린 이것은 뜨거운 가슴에서 나오는 기쁨의 감사였습니다.

성경의 9가지 열매(갈5:22) 가운데 두 번째가 기쁨(cara)입니다.

### 1) 잠시 동안에 있다가 없어지는 순간적인 기쁨이 아닙니다.

세상에는 이런 썩을 면류관이 많습니다.(고전9:25)

① 우리의 기쁨은 잠시 동안에 없어지는 식의 기쁨이 아닙니다.

성령 충만한 생활의 가장 큰 현저한 특징의 하나는 감사이다.(R. A. Torrey)

뜨거운 감사가 그래서 중요합니다.

② 이 사마리아 사람은 '감사 했습니다'

큰 소리로(15), 엎드려서(16) 사례했습니다.

사례는 기쁨으로 하게 되었습니다. 이것이 감사입니다. 감사와 사랑, 헌신, 충성 모두가 여기에서 나와야 합니다.

### 2) 오늘날 교회에 이런 감사가 풍성해야 합니다.

하나님의 은혜는 현재도 변함이 없는데 우리의 감사가 약화되었습니다.

문둥병에서 나았는데 오히려 불평하면서 왜 나를 낫게 했느냐고 불평이 나오는 현실입니다.

감사로 바뀌어야 합니다. 우리는 문둥병보다 더한 영원히 멸망 받을 죄의 병에서 치료받았기 때문입니다.

### 3) 하나님의 은혜는 지금도 계속됩니다.

495장(F. Butler 버틀러)는 찬송했습니다. '내 영혼이 은총 입어 중한 죄 짐 벗고 보니 슬픔 많은 이 세상도 천국으로 화하도다' 이것이 신앙입니다.

## 3. 큰 소리로 하나님께 영광 돌린 이 신앙이 하나님과 나 사이를 연결해야 합니다.

이것이 은혜입니다.

### 1) 받은 은혜와 축복을 감격하며 감사해야 합니다.

시편기자의 감격스러운 표현과 같습니다.(시116:12)

① 감사하게 될 때에 하나님께 더 가까이 가게 됩니다.

그래서 바울은 옥중에서도 감사하였고 기뻐했습니다.(살전5:16-18, 빌4:4, 행16:25)

② 이 감사가 있는 사람이 진짜 신앙인입니다.

이 감격이 식어진다면 그만큼 믿음이 약화됩니다. 언제나 이 믿음으로 영적생활이 증진되기를 바랍니다.

**2) 감사하게 될 때에 더 큰 축복이 왔습니다.**
감사해 보세요. 더 큰 은혜와 축복이 내리게 됩니다.
① 구원입니다. 우리는 육신의 질병보다 더 큰 영혼의 구원이 절실합니다. (요6:27, 합3:17)
② 예수님이 칭찬하셨습니다. 그리고 구원까지 선포해 주셨습니다.
예수님이 칭찬한 사람들의 특징이 여기에 있습니다.
이번 감사절에 예수님이 칭찬하시는 모습들로 가득 차게 되시기를 축원합니다.

**결론 : 어떤 감사입니까?**

# 하나님께서 주신 선물들
(엡2:7-10)

세상 살면서 한두 번씩 선물을 주기도 하고 받기도 했을 것입니다. 선물은 내용이나 크기에 관계없이 작은 것이라도 주는 자도 받는 자도 공통분모는 기쁨과 보람일 것입니다.

그런데 문제는 선물은 주는 이의 마음이라는 것입니다. 누구에게 어떤 선물을 줄 것인가 하는 결정은 주는 이의 마음에 달려있습니다.

하나님께서는 우리에게 독생자까지 주셔서(요3:16) 믿음으로 하나님의 자녀가 되게 하셨고(요1:12), 하나님을 아버지라 부르는 특권을 주셨고(롬8:9), 천국의 시민권자가 되게 하시며(빌3:20), 따라서 우리는 소유격으로 볼 때에 하나님의 것인 바(사43:1) 이 모든 것이 하나님의 선물입니다.

그리고 기타 여러 형태로 축복을 선물로 주시는데 사랑하는 자에게 새 것과 묵은 것으로 준비해 놓고 주십니다.(아7:13) 그 어떤 것으로도 잴 수 없는 선물을 주시는데 본문에서 보게 됩니다.

## 1. 믿음이 귀한 선물입니다.

(엡2:8) "너희가 그 은혜를 인하여 믿음으로 말미암아 구원을 얻었나니 이것이 너희에게서 난 것이 아니요 하나님의 선물이라 행위에서 난 것이 아니니 이는 누구든지 자랑치 못하게 하려 함이니라" 고 하셨습니다.

### 1) 하나님께서 주신 선물 중에 믿음이 영적으로 으뜸입니다.
죄 아래 영원히 죽었던 자를 살리시는 능력입니다.(엡2:1)
① 왜 믿음이 귀한 보배요 선물인가요?
불신지옥 믿음천국이기 때문입니다. 믿음이 아니면 구원 역시 없기 때

문입니다.(요1:12, 3:16, 롬1:17, 벧전1:9, 히10:38)
오직 의인은 믿음으로 말미암아 살리라(히10:38) 하였습니다.(my righteous will live by faith)

② 따라서 선물로 주신 믿음을 지키는 것 또한 중요합니다.

마귀가 그냥 있지 않고 찬탈해 가려하고(벧전5:8), 그래서 하나님의 전신갑주를 입어야 하며(엡6:10-17) 인내로써 지키며(약5:7-11, 계13:10, 14:12) 에서와 같이 경홀히 여기면 곤란합니다.(창25:34, 히12:16-17)

이들은 망령된 자(bevbhlo")라고 하였는데 짓밟는다는 뜻으로서 하나님의 뜻을 짓밟는다는 의미인 바 목회서신에만 4번 기록했습니다.(딤전1:9, 4:7, 6:20, 딤후2:16)

믿음은 잘 간직해야 합니다. 가롯유다 역시 이 부류에 속합니다.(마10:1, 마26:48, 행1:17-19)

2) 믿음은 하나님께서 주신 귀한 선물입니다.

① 선물은 주시는 분의 사랑과 의지이지 내 능력이 아닙니다.

왜냐하면 '자랑치 못하게 하려고'라고 하였는데 이는 내 공로가 아니라는 뜻입니다. 사법고시, 고등고시 합격자 같은 내 공로가 아니라는 뜻입니다.

② 따라서 교만하거나 우쭐해서도 안됩니다.

오직 감사와 겸손한 것이 믿는 자의 자세입니다.

그래서 어거스틴(Augustine)은 신앙의 미덕이 첫째, 둘째, 셋째도 모두 겸손이라고 갈파했습니다.

## 2. 자녀가 하나님의 귀한 선물입니다.

하나님께서 주시지 않은 것이 없지만 자녀 역시 하나님께서 주신 선물입니다.

(시127:3) "자식은 여호와의 주신 기업이요 태의 열매는 그의 상급이로다 젊은 자의 자식은 장사의 수중의 화살 같으니 이것이 그 전통에 가득한 자는 복되도다" 하였습니다.

1) 자녀는 하나님의 선물이며 귀한 존재입니다.

일종의 상금이며 은혜입니다.
① 선물이기 때문에 귀하게 여겨야 합니다.
귀하게 여기고 아름답게 키워야 합니다.(엡6:4)
사무엘은 여호와 앞에 자랐고(삼상2:26), 어릴 때부터 성전에서 하나님의 음성을 들었습니다.(삼상3:1-9)
② 주신 분이신 하나님 뜻대로 키워 나가야 합니다.
내 기준, 내 뜻이 아니라 하나님의 기준, 하나님의 뜻대로 양육되어야 합니다.

2) 선물로 주신 자녀를 잘못 키우게 될 때에 모두에게 해가 됩니다.
모두에게 화근이 되었던 사례를 보시기 바랍니다.
① (삼상2:16-29)엘리제사장의 자녀들의 예에서 봅니다.
② (삼상8:1-7)사무엘의 아들의 경우 때문에 신정정치에서 왕정정치로 오게 되었습니다.
③ (렘15:4)유대백성이 바벨론에 포로되는 결정적인 이유가 히스기야왕의 아들 므낫세왕 때문이었습니다.
따라서 선물로 주신 자녀를 바르게 키워야 함이 여기 있습니다.

### 3. 세상에서 재물과 부요함이 하나님의 선물입니다.

(전5:19) '어떤 사람에게든지 하나님이 재물과 부요를 주사 능히 누리게 하시며 분복을 받아 수고함으로 즐거워하게하신 것은 하나님의 선물이로다' 하였습니다.

**1) 재물을 얻게 하시는 능력도 하나님의 선물입니다.**
아무나 재물을 얻는 것이 아닙니다.
① 재물을 얻는 능력을 하나님께서 주셨습니다.
사랑하는 자에게 재물을 얻게 하십니다.(잠8:17, 21, 전2:26)
② 그래서 인생의 주권이 하나님께 있다는 것입니다.
내게 능력이 있는 것이 아닙니다.(시127:1, 잠16:9) 그 주권이 전적으로 하나님께 있습니다.

**2) 따라서 선물로 주신 바 물질까지도 하나님의 뜻대로 사용해야 합니다.**

① 어리석은 부자같이 되면 곤란합니다.
성경을 보시기 바랍니다.(눅12:21-, 눅16:19-)
② 선물을 잘 사용하되 하나님의 영광만을 위해서 살아야 합니다.(출25:1-3, 요12:1-, 고후9:6-7)
주신 물질이 내 것이 아니고 하나님께서 맡기신 것이기 때문인바 물질에도 선한 청지기 정신으로 살게 되시기를 축원합니다.
주신 선물을 잘 관리해야 하기 때문입니다.

**결론 : 하나님께서 주신 선물을 어떻게 하고 있습니까?**

# 단비가 절대로 필요한 인생들
(슥10:1-6)

하나님께서 지으신 피조세계에는 반드시 물이 필요합니다. 그래서 물이 없이는 살아갈 수가 없기 때문에 금식 중에도 물은 섭취하게 됩니다. 강대국에서는 다른 행성에도 물이 있는지 여부를 찾기 위해서 연구 중에 있습니다. 화성까지 거금을 들여서 탐사선을 띄우게 되고 물의 여부를 보려고 합니다.

인류역사의 발상지라고 하는 강들이 있습니다. 유프라데스문명, 인더스문명, 황하문명, 나일강문명들이 그것인바 인간들이 강을 끼고 살아왔다는 증거입니다. 금수강산이라고 자랑하던 한국도 물이 부족한 국가로 분류된 상태가 되었고 생수시장이 1년에 수 조원에 이르는 상태가 됩니다. 이사야는 예언했습니다. 물이나 양식보다 말씀을 찾지 못할 때가 온다고 하였습니다.(암8:11)

본문에서 (1절) '봄비 때 여호와 곧 번개를 내는 여호와께 비를 구하라' 하였습니다.(Ask the LORD for rain in the springtime; it is the LORD who makes the storm clouds)

성경에 나오는 이스라엘백성과 비는 큰 영적인 뜻이 있고 의미가 깊습니다. 지구촌에는 사막이 많은데 북아메리카의 소노라사막, 모하비사막, 소말리아의 찰비사막, 중앙아시아의 타클라마칸 사막과 고비사막, 아프리카의 늪인 사하라사막들이 있는데 이들 사막의 특징은 1년 내내 비가 안 온다는 것입니다. 봄비 때에 비를 구하라 하였는데 여기에 대한 영적인 뜻을 살피며 은혜를 나누어 봅니다.

## 1. '비'의 의미를 생각해 봅니다.

비(Rain)는 육적 생활에도 중요하지만 영적인 뜻에서도 중요한 뜻을 주게 됩니다.

### 1) 비에 대한 생물학적 의미를 보겠습니다.
비가 없으면 모든 생물들이 살 수가 없게 됩니다.
① 비는 곧 육체적으로 생명을 주게 됩니다.
그래서 일찍이 자연의 기원을 말할 때에 헬라의 철인 Tales(탈레스)는 생명의 기원이 물이라고 하였습니다. 사막의 한 가운데에도 오아시스(Oasis)만 있으면 그 주변에는 생명체들이 살아가게 됨을 보게 됩니다. 이스라엘의 광야를 지나면서 엘림이라는 오아시스도 만나게 되었습니다(출15:27).
지옥에는 물이 없어 사람이 살 수 없는 곳으로 표현되었습니다(눅16:24). 사막과 지옥은 비슷한 점이 있습니다.
② 그래서 성경에도 하나님을 떠난 인생이요 저주의 상징을 주실 때에 비가 그쳐졌고 고난이 오게 되었습니다.
이스라엘의 분열왕국시대에 북쪽이스라엘의 아합왕과 이세벨의 범죄로 인하여 3년 6개월간 비가 오지 않던 시절에도 그 예를 볼 수가 있습니다(왕상18:46, 약5:17).

### 2) 비에 대한 영적이고 신령한 의미를 살펴봅니다.
비가 일반적으로 생명을 풍요롭게 하듯이 영적이고 신령한 면에서도 깊은 뜻이 있습니다.
① 비는 약속된 성령을 뜻하기도 했습니다.
그래서 신약시대에 성령이 오실 것을 구약시대의 예언으로 '단비 또는 '비' '봄비' 라고 약속하셨습니다. 이를 요엘서 저자는 분명히 예언했습니다.(욜2:23-24) 따라서 성령받지 아니하면 신약시대에서는 참그리스도인이 아니라고 사도바울은 분명하게 전했습니다.(롬8:9)
② 세상에 계실 때에 예수님은 성령을 약속하시면서 믿는 자가 받을 '생수' 로 비유하기도 하셨습니다.
수가성여인과의 대화에서도 (요4:13-14) 말씀하셨고 성찬식에서도 말씀하셨습니다.
(요6:47-58) 성령은 지상에 내리는 생수나 단비와 같이 생명을 주시는 역사입니다.

## 2. 성경시대에서 은혜를 주심에 있어서 소낙비로 비유하기도 하였습니다.

(1절) '소낙비를 내려서 밭의 채소를 각 사람에게 주리라' 하셨는데 봄비와 같은 은혜의 축복을 말합니다.

### 1) 비는 비인데 '소낙비' 라고 하였습니다.

소낙비가 무엇이겠습니까? 비의 종류도 많습니다. 이슬비, 가랑비, 장마비, 가을비, 소낙비입니다.

① 응답의 비입니다.

(왕상18:45-)엘리야의 기도에 대한 응답입니다. 기도응답에 대한 비가 큰 비요 소낙비로 봅니다. (6절) "내가 그들을 들으리라"(and I will answer them) 하였습니다. 기도하게 될 때에 응답하시고 역사하시는 하나님이십니다.

② 기도했던 사람들이 응답받았습니다.

믿는 사람들에게는 하나님의 응답이 준비되어 있습니다. 기도하라 하시고 그 기도에 대한 응답도 준비하십니다. 예레미야의 예에서 현저하게 봅니다.(렘33:1-3)

### 2) 소낙비같이 응답하시고 역사하시는 일들을 봅니다.

소낙비는 약한 비가 아니라 강한 비입니다.

① 성경에서 소낙비처럼 강한 응답들을 봅니다.

(창18:24-19:29)아브라함의 기도에 대해서 응답하셨습니다.
(출32:32)모세의 이스라엘백성을 위한 기도에서 봅니다.
(삼상1:12)한나의 기도에 대해서 응답하셨습니다.
(왕상18:38)엘리야의 기도에서 봅니다.
(왕하19:15)히스기야의 기도에서 봅니다.
(왕하20:3)죽을 병에서도 응답 받았습니다. 모두가 강한 응답이요 소나기와 같은 성격입니다.

② 지금도 하나님은 성령이 소낙비 같이 내리시며 생수같이 시원케 응답해 주십니다. 그래서 언제나 성령께서 역사하시는 곳에는 시원한 역사들이 일어나게 됩니다.

## 3. 봄비 같은 생수의 역사와 은혜는 기쁨과 평안이 가득합니다.

광야와 같이 메마른 곳에 단비가 내릴 때에 얼마나 좋겠습니까?

### 1) 여기에 즐거움과 기쁨이 있습니다.

(7절) '여호와로 인하여 마음에 즐거워하리라' 했습니다.(their hearts will rejoice in the LORD)

① 성령 받은 사람의 재미, 예수 믿는 사람의 즐거움은 세상 사람의 그것과는 다릅니다.
세상 사람들은 육적이요 정욕적이요 세상적이라면 성도는 영적이고 신령한 것에 있습니다.
② 예수님 때문에 오는 기쁨이요 즐거움인데 곧 생수와 같고 봄비와 같은 성격입니다.
그래서 죠셉 스웨인(Joseph Swain)은 나의 기쁨 나의 소망이 되신다고 찬송을 불렀습니다.
성도에게는 이 기쁨이 중요합니다.

### 2) 여기에는 풍성한 축복이 약속되어 있습니다.

봄비로 인해서 만물이 소성되기 때문입니다. 번성의 축복입니다(8절).
① 휘파람불며 양떼를 모으듯이 하나님의 자녀들에게 축복이 약속되었습니다.
성공이요 축복입니다(요3서 1절-4절).
② 하나님과 관계에서의 축복입니다.
세상적이요 하나님을 떠난 풍요는 축복이 아닙니다. 철저하게 예수님 안에서의 축복입니다.(요15:5) 봄비의 은혜가 성도들에게 임하시게 되기를 축원합니다.

**결론 : 봄비의 은혜 속에 승리하시기 바랍니다.**

# 닫힌 문을 열어라
(대하29:1-11)

사도 요한을 통하여 계시된 요한계시록 2-3장에는 소아시아 일곱 교회에 대한 말씀이 기록되었는데 여섯 번째로 등장하는 빌라델비아 교회에는 다윗의 열쇠를 가지신 주님으로 말씀했습니다. 한 번 열면 닫을 사람이 없고 한 번 닫으면 열 사람이 없는 그 분이 말씀하셨는데 빌라델비아 교회에는 열린 문을 주셨습니다. 세상 모든 일들은 그 문이 열리어야 합니다. 큰 문제든 작은 문제든 간에 그 문이 열려야 합니다.

오늘 읽은 본문 기사는 열왕기하 18-20까지의 남쪽 유다왕 히스기야에 대한 내용으로서, 히스기야는 B.C 713-687까지 29년간 유다의 왕입니다. 그의 아버지는 아하스왕으로서 B.C 735-716까지 19년 간 통치하면서 나라를 온갖 우상주의로 망쳐 놓았습니다. 아하스는 19년 간 아합의 길로 행하여 나라가 망할 지경이었고, 히스기야는 29년 간 다윗의 길로 행하여 나라가 다시 흥하게 한 왕이 되었습니다. 아하스 때에는 우상을 인하여 성전 문이 닫히게 되었고 그렇게 살다가 죽어서 열왕의 묘실에도 못 들어간 왕이 되었습니다. 그러나 히스기야는 왕위에 즉위하여 성전을 수리하고 닫힌 성전 문을 열고 예배가 진행되었고 축복 받은 왕의 대명사가 되었습니다. 그 업적은 왕하 18-20까지 기록되었는데 화려한 축복의 왕입니다.

히스기야왕에 대한 본문을 통해서 다시 한번 은혜의 시간이 되기 바랍니다.

## 1. 히스기야는 닫혀 있던 성전 문을 열었습니다.

위에서 언급하였듯이 우상으로 인해서 성전 문이 닫혀있었습니다. 그러나 히스기야왕은 성전을 깨끗이 청소하였고 열게 되었습니다.

### 1) 닫힌 성전을 열어 놓아야 합니다.

(3절) "원년 정월에 여호와의 전 문을 열고 수리하고" 하였습니다. 아하스

왕이 16년간 폐쇄해 버린 문을 다시 열게 된 것입니다.
　① 성전 문은 계속 열어놓아야 합니다.
　　어떤 이유든 간에 성전 문은 계속 열어 놓아야 합니다. 성전이 닫히게 되면 기도의 문은 닫히게 됩니다. 성전은 예배와 기도와 찬양이 있는 곳입니다. 히스기야는 문을 열고 들어가 앗수르왕 문제로 기도하게 되었습니다.(왕하19:14-16) 예수님도 성전에 올라 가셨습니다.(눅2:42) 솔로몬도 성전에서 예배하였습니다.(왕상8장) 성전은 만인이 기도하는 곳인데(마21:13) 오늘날 교회들이 보안상의 문제로 예배당 문이 닫힌 것이 안타까운 일입니다.
　② 닫힌 문도 문제이지만 열어 놓고도 성전에서 다른 것으로 채워진다면 문제가 아닐 수 없습니다.
　　므낫세왕은 성전에다 우상을 설치해 놓았고(왕하3:46) 그로 인하여 바벨론에 70년 간 포로 되어 가는 채찍의 원인이 되었습니다.(렘15:4)
　　예배당 문이 열리는 것이 문제가 아니라 무엇으로 채워지느냐가 중요한 문제입니다.
　　오늘날 예배당에서 문화(culture)라는 미명하에서 다른 일들을 한다면 과연 하나님께서 기뻐하실까 하는 의문입니다.

**2) 무너지고 닫힌 교회의 문이 열려야 합니다.**
　지금 세계 곳곳에는 교회들이 세상적으로 나가다가 그만 닫혀버린 교회들이 많습니다. 그 예로 구라파 교회와 북한 교회를 봅니다.
　① 일본 시대에도 한국 교회는 승리했습니다. 제암리와 같은 순교지가 승리의 대명사입니다.
　② 옛 동구라파나 구소련이나 북한 교회를 보아야 합니다.
　　다행히 다시 선교의 장이 열리기는 하였으나 북한만은 아직도 열리지 않고 있습니다. 남한에서 천문학적인 숫자의 재정이 가는데도 열리지 않습니다. 성전 문은 돈으로 열리지 않고 하나님의 능력으로 열립니다. 북한 교회가 열리기 위해서 기도해야 합니다. 6.25 전까지만 해도 제 2의 예루살렘이라 불렸고 경제가 남한보다 월등하게 좋았지만 교회가 닫힌 후로 지상에서 제일 못사는 피폐한 나라가 되었습니다. 세계를 다녀 봐도 성전 문이 열린 나라가 선진국이요 부자나라임을 보게 됩니다.

## 2. 히스기야는 성전 문을 열고 예배를 회복하였습니다.

29장 7절에 보면 아하스 때에 성전 문이 닫히고 예배가 폐쇄되면서 재앙이 오게 되었습니다. 그러나 다시 성전 문이 열리게 되었을 대에 축복이 왔습니다.

### 1) 성전 문을 열고 예배를 회복하였습니다.
① 성전 문이 열리고 예배가 회복되어야 합니다.
  동구권을 비롯한 베트남이며 옛 공산권 국가들이 예배가 진행되고 선교가 이루어지면서 경제가 달라지고 있습니다. 그런데도 북한만은 아직도 굳게 닫혀져 있습니다.
② 이 세대에 한국교회도 정신을 차려야 할 때입니다.
  예배가 형식적이 아니라 올바른 산 예배를 드려야 합니다. 산 예배 속에서 하나님은 역사하십니다.(창4:4, 요4:24, 롬12:1, 삼하24장)

### 2) 성도는 예배의 성공자가 되어야 합니다.
① 성전 문이 열려 있을 때에 바르게 서야 합니다. 아브라함은 예배 때문에 큰 실수를 했습니다.(창15:10-)
② 히스기야는 예배의 성공자가 된 것입니다.
  예배가 성공하기 위해서는 예배가 성경적이어야 합니다. 오늘 날 예배가 비성경적으로 가기 쉬운 때입니다.

## 3. 성전이 열리고 예배가 회복된 결과는 축복의 회복입니다.

아하스 때에 상실된 축복이 회복되었습니다.

### 1) 국방을 비롯해서 나라가 굳세게 세워지게 되었습니다.
아하스 때에는 앗수르에 조공을 바치게 되었습니다.
① 이제는 앗수르를 섬기지 아니해도 되는 나라가 되었습니다. 185,000명의 군사도 하나님께서 물리쳐 주셨습니다.(왕하19:24-35)
② 나라가 견고히 세워지게 되었습니다.

6.25 이후에 이 나라가 여기까지 온 것은 성전이 열리고 기도가 살아있었기 때문입니다. 북한은 경제가 죽었지만 한국은 세계 경제 11위권까지 올라가게 되었습니다. 선교가 목적이요 이는 대단한 축복입니다.

**2) 히스기야 개인에게도 큰 기쁨과 응답이 있게 되었습니다.**
 ① 병에서 치료 받았습니다.(왕하20장) 큰 기쁨의 시간이 되었습니다.
 ② 기쁨은 하나님께서 주시는 영적 축복입니다.
  개인 뿐 아니라 온 예루살렘에 기쁨이 충만하게 되었습니다.(29:36, 30:20, 26-27, 31:21) 그리고 형통하였습니다.
 ③ 어느 길로 가겠습니까?
  성전 문이 닫히면 멸망이지만 성전 문이 열리게 될 때에 형통입니다. 하나님과의 관계에서 코드가 맞게 되시기를 주의 이름으로 축원합니다.

**결론 : 성전 문이 닫히지 않게 해야 합니다.**

# 베드로의 사역에서 주신 교훈
(행9:31-35)

예수님이 모든 구원의 역사를 마치시고 죽은 자 가운데서 부활하시고 40일 만에 하늘로 승천하신 다음의 초대교회에서의 위치라고 하는 것은 매우 중요하지 않을 수가 없었습니다.

그래서 행전3:1-에서 나면서부터 앉은뱅이 된 자를 일으키는 일이나 행전 10;11에서 로마군대의 백부장인 고넬료 집안에 복음을 전하는 사건은 이방선교의 장이 열리게 되는 계기가 되기도 하였습니다.

베드로는 물론 초창기의 공교회까지도 구원은 유대인만 있고 이방인은 없기 때문에 그들과 식사자리에 함께 앉는다는 것은 금물이며 그래서 이를 행한 사도베드로는 마치 심문받듯이 둘러싸여서 추궁 받는 모습을 보게 됩니다. 그러나 이를 계기로 해서 이것을 행한 것이 성령께서 행하심인 줄 안 다음부터 이방선교는 후에 사울이 변해서 바울이 된 사도바울과 함께 급물살을 타서 명실공이 이방선교시대가 활짝 열리는 계기가 되었습니다. 그래서 베드로는 초대교회의 부흥에 또 하나의 초석을 놓게 되는데 이는 예수님께서 일찍 말씀하신 바이기도 합니다.(막16:15) 기적들과 함께(행3:1, 14:8, 19:11-13) 초대교회의 부흥운동의 원동력이 되는데 본문에서 은혜를 나누게 됩니다.

## 1. 베드로의 사역 중에는 초대교회의 부흥의 비결이 있습니다.

개인이든 가정이든 어느 단체나 국가든지 간에 부흥하고 잘되는 것은 거기에 대한 비결과 번영의 계기가 있기 마련입니다.

(31절) "온 유대와 갈릴리와 사마리아교회가 평안하여 든든히 서가고 주를 경외함과 성령의 위로로 진행하여 수가 더 많아지더라" 하였습니다. (수가 더 많아지더라, it grew in numbers)

① 핍박과 환난의 때였지만 환난과 핍박에 굴복하지 않고 교회가 그럴수록 더욱 부흥성장하게 되었음을 보게 됩니다.
역사적 기독교회(Historical Church)는 조용하고 평안한 시대뿐 아니라 어렵고 힘든 때에 교회가 더욱 부흥하고 성장했습니다.
당시에 기독교 신앙을 가진다는 것은 예수님을 십자가형틀에 죽인 시대이기 때문에 옥에 가둔지, 매 맞든지 심지어 죽어야 되고, 그래서 로마의 카타콤이나 터키의 갑바도기야 같은 지하동굴교회가 생긴 시대이기 때문에 위험한 때였지만 주님의 교회는 더욱 부흥하였습니다. 이런 현상은 현대에 와서 한국의 어려운 때나 중국의 현대사에서 공산주의 지배하에서도 굴하지 않고 지하교회가 발달한 현상에서도 볼 수 있게 됩니다. 주님의 교회는 반석에 세웠기 때문에 무너지지 않습니다.(마 16:18)
② 초대교회는 무너지지 아니하였고 오히려 로마가 기독교 앞에 굴복 당하게 되었습니다.
313년 콘스탄틴황제(St. Constantinus)에 의해서 기독교는 공식화 되었고 선교의 장이 급물살을 타게 되었으므로 이를 통해서 전세계로 퍼져 나가게 되었습니다. 교회의 역사는 핍박과 환난의 터 위에 세워지게 되었지만 주님의 교회는 만세반석 위에 세워졌기 때문에 무너지지 않는데 한국교회의 과거 역사를 통해서도 이를 발견할 수 있습니다.

**2) 기독교회가 어떻게 핍박과 환난 중에도 이렇게 버티며 세워질 수 있었겠습니까?**

이는 본질적으로 사람의 뜻에 의해서 된 것이 아니라 하나님께서 하신 일입니다. 몇 가지 분석해 보면 이유가 있습니다.
① 영성에 있습니다.
핍박 중에도 웃으면서 당하고 순교할 수 있는 것은 요즈음 어떤 이들의 번영신학에 있지 않고 성령에 의한 능력에 있습니다.
라오디게아교회나 사데교회는(계3장) 핍박도 없었고 번영한 지역이었으나 책망을 받았고 서머나교회는 핍박과 함께 순교자가 나왔지만 칭찬과 격려를 받게 되었습니다. 한국교회가 이 점을 다시한번 자각해야 할 부분입니다.

② 영성이 메말라 있기 때문에 진정한 평안이 없습니다.
초대교회는 그리고 핍박받던 곳마다 비록 죽을 고생하여도 성령 안에서 기쁨이 있었기에 가능했습니다. 요즈음처럼 자유와 번영의 시대에 왜 평안이 메마르게 됩니까? 영적으로 메마른 것이 원인입니다. 교회는 영적으로 싸우는 전투적인 교회이어야 합니다. 십자가로 평안이 오기 때문입니다.(요14:27, 엡2:15-17) 그리고 하나님 나라는 말에 있지 않고 능력에 있기 때문입니다.(고전4:20)

## 2. 베드로는 학문으로 목회하지 않고 능력으로 목회하였습니다.

베드로는 내세울만한 학문적 기초도 없었거니와, 행전17장에서 아덴 사건 이후에 바울의 고백이기도 했습니다. 한국교회가 회복되어야 할 일은 끊어 엎드려 기도해서 영성을 회복하는 일입니다.

### 1) 베드로는 능력 받은 사도였습니다.

학문적 목회자가 아니라 능력의 목회자였습니다. 현대에 와서 시대적 배경은 달라도 원리는 동일할진대 작금에 한국교회가 생각해야 할 부분입니다.
① 능력이 나타나게 되었습니다.
마음이 변화되어 회심이 일어나고(행2:37-38) 기적이 일어나게 되었습니다.(행3:1)
② 성령은 회개운동을 일으키시는 분이십니다.
회개할 때에 변화되고 새로운 능력이 나타나게 됩니다. 한국교회는 이제 1907년의 부흥운동을 다시 할 때입니다.

### 2) 성령의 능력 안에 각종 질병이 떠나고 치유의 역사가 일어나게 됩니다.

본문의 주지는 베드로의 사역입니다. 8년간 누운 환자가 낫게 되었습니다.
① 치료는 예수님이 하십니다.(약5:15)
주께서 저를 일으키시리라 하였습니다. 내가 고치는 것이 아닙니다.
② 네 자리를 정돈하라고 하십니다.
(34절) '일어나 네 자리를 정돈하라'(Get up and take care of your mat) 이런 역사 앞에 주님의 교회는 부흥하게 됩니다.

## 3. 애니야는 베드로의 사역을 통한 예수님 때문에 치유를 받게 되었습니다.

사도베드로의 사역이 여기에 있습니다.

### 1) 베드로를 통해서 예수님의 이름이 증거되었습니다.
중풍병자는 스스로 움직일 수 없고 누군가가 필요합니다.(막2:1-)
① 우리는 고백해야 합니다. '주여 오늘날 내가 교회에서 베드로와 같은 역할을 하게 하소서' 라고 말입니다. 그래서 우리는 예수님을 전하는 대표자가 되어야 합니다.
② 룻다에 사는 사람들이 다 그를 보고 주께 돌아왔습니다.(35절)
나 때문에 다른 사람이 돌아와야 합니다. 반대로 나 때문에 떠나면 곤란하겠지요.

### 2) 애니야는 8년간 지고 있었던 그 자리에서 일어났습니다.
다른 사람이 문제가 아니라 우리 자신부터 보아야 합니다.
① 영적 중풍병자로 몇 년씩이나 누워있지는 않습니까?
예수님 이름으로 일어나서 복음을 전하는 계기가 되게 해야 합니다. 이것이 애니야입니다.
② 예수님은 지금도 현대판 애니야를 일으키십니다.
개인 신앙이 회복되고 교회적으로 영성을 회복하여 역사하는 교회가 되시기를 주의 이름으로 축원합니다.


**결 론 : 지금은 베드로의 사역이 필요한 때입니다.**

## 교회

# 일어나 전신갑주를 입어야 할 사람들

(엡6:10-13)

세상에는 앉아서해도 되는 일이 있지만 반드시 일어서야 그 일이 되는 성격의 것들이 많이 있습니다. 개념상으로 볼 때에 앉아서 하는 일은 쉽고 편한 반면에, 서서하는 일은 어렵고 힘든 일에 속합니다. 신앙생활은 편히 앉아서 쉽게 하는 것이 아니라 일어서야 되는 것이 신앙생활에 속합니다.

사도바울은 신앙생활을 세 가지 직종으로 비유하였는데(딤후2:1-6) 군인, 농부, 운동선수가 그것입니다. 이 직종들은 모두 서야 되고 땀을 흘려야 되는 일입니다. 땀을 흘려서 훈련을 받아야 하고, 땀을 흘려서 농사를 지어야 하며, 땀을 흘려서 경기를 해야 하는 것이 신앙생활입니다. 그런데 작금에 와서 추세가 신앙생활을 쉽고 간편하게 하려고 하는 생각 때문에 신앙생활이 병드는 일이 많이 있음을 안타깝게 생각합니다.

우리의 신앙생활은 영적인 싸움입니다. '악한 날에 너희가 대적하고 모든 일을 행한 후에 능히 서기 위함이라' 하였습니다.(and after you have done everything, to stand)

본문에서 몇 가지 은혜를 생각해 봅니다.

### 1. 영적으로 전신갑주를 입고 일어서야 할 사람들을 보겠습니다.

영적인 싸움인데 일어서지 못한다면 큰 문제가 되기 때문입니다.

#### 1) 모든 영적인 질병에서부터 일어나야 합니다.

'일어나라' (stand up, please)고 하신 명령입니다.

① 중풍병자도 일어나야 합니다.

중풍병자는 오늘날 의학용어로 말하면 소위 '뇌졸중' 인데 팔이나 다리 등의 신체가 머리의 지시대로 움직이지 않고 제각기 다르게 움직이는 질병입니다. 요즈음은 젊은이들에게까지 이 병이 있습니다.
영적으로 볼 때에 성경의 말씀대로 따르지 않고 교회의 머리되시는 주님의 뜻에 따라 살지 않고 자기 멋대로 살아간다면 영적인 중풍병자에 속할 수 있습니다.
마9:1-8에서 예수님은 이런 병자를 치유하시어 "일어나 네 침상을 가지고 집으로 가라"고 하셨습니다. (stand up, and go to home) 영적인 질병에서 일어나시기 바랍니다.
② 앉은뱅이도 일어나야 합니다.
예수님께서 고치신 병중에는 앉은뱅이도 많이 고치셨습니다. 제자들도 예수님 승천하시고 성령이 강림하신 후에는 앉은뱅이를 고치게 되었습니다.(행3:1)
앉은뱅이는 어떤 일도 할 수 없는 병자이듯이 영적으로 볼 때에 앉은뱅이와 같은 환자들이 많이 있는데 이들도 일어나야 합니다. 요5:8에 보면 38년 된 누워있는 환자도 일으키시게 되었는데 교회 안에는 오래된 환자들도 있습니다. 습관적으로 그냥 앉아만 있는 환자라면 빨리 예수 이름으로 일어나야 하겠고 뛰면서 찬송해야 합니다.

**2) 예수께서 이 땅에 오신 목적이 여기에 있습니다.**
영적으로 죽은 자를 살리시고 귀신 들린 자를 온전케 하시며 새로운 사람으로 변화시키려고 오셨습니다.
① 건강한 자에게는 의원이 쓸데없지만 병든 자는 반드시 의원이 쓸데 있게 되는데 예수님은 의원으로써 오셨습니다.(막2:17)
교회는 앉은뱅이가 일어나며 중풍병자가 활동하게 되며 인생이 치유받는 곳이 교회입니다. (엡1:18, 눅4:17-18, 마11:1-5)
② 오늘날 교회가 일어나야 할 대상입니다.
앉아있거나, 누워있거나, 눈이 먼 소경이거나 모두 영적으로 일어나야 할 대상입니다.
390장 찬송의 가사와 같이 십자가 군병들아 주 위해 일어나야 합니다.

## 2. 영적으로 죽은 자가 일어나서 전신갑주를 입어야 합니다.

육신만 죽는 것이 아니라 영적으로 죽은 자들이 일어나야 합니다.

1) 성경에서 죽은 자에 대한 교훈이 많이 있습니다.
여러 형태로써 교훈해 주셨습니다.
① 뼈들과 같은 존재들입니다.(겔37:1-11)
이스라엘이 소망도 없고 완전히 뼈와 같은 존재들인데 에스겔이 가서 전하게 될 때에 그들이 일어나서 극히 큰 군대가 되었습니다. 교회는 영적으로 사람을 살리는 곳이요, 치료하는 곳입니다.
② 교회는 '달리다굼'이 있는 곳입니다.
(막5:41)에서 회당장 야이로의 딸을 일으키실 때에 하신 용어입니다. 영적으로 죽은 자가 다시 일어나는 장면은 지금도 있어야 합니다.
죽은 나사로가 일어나고(요11:43-44) 나인성 과부의 아들이 일어나듯이 (눅7:11-16) 영적으로 죽은 자가 일어나야 합니다. 성령과 말씀으로 가능합니다.(He said, "Young man, I say to you, get up!") 살아나야 합니다.

2) 육적 죽음이 문제가 아니라 영적 죽음이 문제입니다.
전신갑주를 입고 다시 살아나야 합니다.
① 사람은 아담 안에서 모두 죽은 존재입니다.
첫 사람 아담에게 이미 약속한 일입니다.(창2:17)
② 이제는 두 번째 아담이신 예수 안에서 살아야 합니다.
이것 역시 성경이 약속하였습니다.(고전15:22)(For as in Adam all die, so in Christ all will be made alive)

## 3. 살기 위해서 또, 승리를 위해서는 전신갑주를 입어야 합니다.

(13절) "그러므로 하나님의 전신갑주를 취하라 이는 악한 날에 너희가 능히 대적하고 모든 일을 행한 후에 서기 위함이라" 했습니다.
존 맥아더는 '진리전쟁(The Truth war)라고 하였습니다.

1) 우리의 싸움은 영적 싸움입니다.
사탄이 쳐놓은 문제들이 마치 지뢰밭과 같이 많이 있기 때문입니다.
① 마귀는 무조건 대적해야 합니다.
하나님 말씀 밖에 없습니다.(벧전5:8)

② 사탄과의 싸움에서 영적 승리를 위해서는 전신갑주입니다.
세상적 방법이 아니라 영적 방법입니다.

2) 영적인 하나님의 전신갑주를 보시기 바랍니다.
① 허리띠를 띠어야 합니다.
② 의의 흉배입니다.
③ 평안의 복음의 예비한 신발입니다.
④ 믿음의 방패입니다.
⑤ 구원의 투구입니다.
⑥ 성령의 검 곧 하나님 말씀입니다.
무엇보다도 일어서기 위해서는 기도 밖에 없습니다. 일어서게 되기를 주의 이름으로 축원합니다.

**결론 : 지금은 온 교회가 일어설 때입니다.**

# 연합하여 하나가 되어야 할 일
(겔37:15-17)

세상을 살아가면서 나누어지면서 좋은 일들이 있습니다. 논에 심은 벼 포기가 나누어지면서 쌀농사가 풍년이 들게 합니다. 사랑은 나누어질수록 커지게 되고 큰 효과를 가져다주게 됩니다. 복음 역시 혼자만 간직하지 아니하고 서로 나누어야 합니다.

반대로 성경에는 나누지 말고 하나가 될 것을 강조한 부분이 많이 있습니다. 두 사람, 세 사람이 하나가 되어야 하고(전4:11-12), 제자들이 하나 될 것을 강조하셨으며(요17:11), 우리와 같이 저희도 하나가 되게 하옵소서(... so that they may be one as we are one)하였습니다.(요17:21, 갈3:28, 엡4:3-6)

성경에는 성도들에게 하나 될 것을 강조하신 말씀이 많이 있습니다. 은평교회가 앞으로 더욱 확장되고 성장해도 하나 되는 교회가 되기 위해서 본문을 통해서 몇 가지 측면에서 하나 되어야 할 일에 대해서 은혜를 나누어 봅니다.

## 1. 가정에서 하나님께서 짝지어 주신 부부는 하나가 되어야 합니다.

서로 나뉘는 관계가 아니라 창조 시 부터 한 몸이요 하나입니다.

### 1) 창조 시에 하나님께서 명령하셨기 때문입니다.
하나님의 창조의 원리가 부부가 하나 되는 일입니다.
 ① 이것은 가정 명령입니다.(Home's Commandment)
  창조 시에 하나님께서 아담과 하와에게 주례를 서시면서 명령하신 최초의 주례사요 창조주의 명령입니다.
  (창2:24) "이러므로 남자가 부모를 떠나 그 아내와 연합하여 둘이 한 몸을 이룰찌로다" 하였습니다. 왜냐하면 뼈 중에 뼈요 살 중에 살이기 때문입니다.(창2:23, The man said, "This is now bone of my bones and

flesh of my flesh)
시대가 아무리 변해도 이 법칙은 변치 말아야 하겠고 지켜져야 할 명령입니다.
② 예수님이 강조하셨습니다.
예수님이 세상에 계실 때에 가정 문제, 부부 문제에 크게 강조하셨습니다. 이혼에 관한 논쟁에서 크게 강조하신 것입니다. 마태와 마가의 전한 말씀을 보시기 바랍니다(마19:5, 막10:7).
③ 사도 바울 역시 강조하였습니다.
이것은 교회론과도 연결시켜 주셨습니다.(고전6:16, 엡5:24-31) 가정은 작은 교회요, 작은 천국이 되어야 합니다.

**2) 시대적으로 그릇된 결혼관과 죄악 된 세상 유행에 조심해야 합니다.**
마귀는 언제나 하나님 창조의 세계를 깨지게 하려 합니다.(창3:1)
① 결혼관이나 이성적으로 그릇된 문화를 조심해야 합니다.
시대적으로 이성적 타락은 종말의 징조들 중에 하나입니다. 노아시대나 소돔과 고모라의 멸망이 역시 말세의 징조입니다.(마24:37, 창19:5, 막17:28, 눅17:26-32)
주후 89년 8월 24일 로마의 한 도시였던 베수비오 화산재로 덮인 폼페이의 타락상은 유명합니다.
② 성경은 '내 백성아 거기서 나오라'고 하셨습니다.
죄악상을 말씀한 로마서1:25에서 지적하였고 그 죄악으로 멸망한 고대 바벨론은 말세 때의 상징적 세상인 바 그 세상에 동참하지 말고 나오라고 경고했습니다.(계18:4) 그리스도인은 참 부부만이 하나 되는 생활을 해야 합니다.

## 2. 교회 안에서 성도가 예수님 중심으로 하나 되어야 합니다.

교회의 주인이 하나님이시며 교회의 머리가 주님이십니다.
따라서 교회 안에서 성도는 하나가 되어야 합니다.

**1) 예수님 안에서 하나입니다.**
예수님 안에서 하나 됨을 강조하셨습니다.(요15:4, 17:21)

① 교회의 머리이신 예수님이 지체인 우리에게 하나 되라고 말씀하셨습니다. 몸의 모든 부분은 지체이기 때문에 머리(Head)의 지시에 따라서 움직이게 됩니다. 머리에 지시를 따르지 않으면 장애자(Handicap)가 됩니다. 교회 안에서는 모두가 예수님 안에서 하나입니다.
② 사도 바울은 하나 됨을 강조하였습니다.
이것이 교회이기 때문입니다.(엡4:3-) 몸도 마음도 성격도 믿음도 소망도 하나이기 때문에 교회는 하나입니다.

2) 세상에 그 어떤 것도 그리스도 안에서 하나 됨을 막을 수 없습니다.
세상 누가 그리스도 안에서 하나 됨을 막을 수 있겠습니까?
① 환난이나 핍박자나 그 어떤 것도 막을 수 없습니다.
오히려 교회사에서 볼 때에 교회에 핍박이나 문제가 생기면 더욱 크게 하나 되었고 교회가 부흥하였습니다.
② 환난 때나 평온할 때나 하나 됨의 비결은 사랑입니다.
사랑 안에서 주의 교회가 하나가 되어야 합니다. 골3:13에서 이를 강조해 주셨습니다.
이는 온전하게 매는 띠(Belt)라고 하였습니다. 벨트는 허리에 힘을 주듯이 하나 됨이 교회의 힘입니다.

## 3. 대한민국의 교회의 입장에서 볼 때에는 분단된 이 국가가 하나가 되어야 합니다.

물론 어려운 문제이지만 하나님이 성령 안에서 하나 되는 날이 오리라 믿어야 하겠습니다.

### 1) 본문에서 그 유래를 찾아본다면 다음과 같습니다.
에스겔이 본 환상 가운데(37장) 두 부분으로 나누어지게 됩니다. 1-14에는 뼈들이 가득한 골짜기요, 15-28까지는 두 막대기가 하나 되는 환상입니다.
① 이스라엘은 남북 모두가 하나가 되었습니다.
모두 망한 이후에 뼈로써 하나가 되었습니다. 북은 722년에 앗수르에 망하였고 남은 528년 바벨론에 망했습니다. 그 후에 그들은 하나가 되어 통일됩니다.(17, 19절)

② 북쪽 이스라엘이나 남쪽 유다는 모두 한 민족입니다.
　솔로몬 이후에 수세기 동안 나뉘었으나 하나가 되리라는 예언처럼 한반도 역시 하나가 되어야 합니다.

2) **이스라엘 역사나 대한민국의 역사나 비슷합니다.**
① 지정학 부분이 유사합니다.
　애굽, 앗수르, 바벨론 등 강대국에 둘러싸여 있습니다. 대한민국 역시 일본, 중국, 러시아, 미국 등 강대국에 싸여 있습니다.
② 분리 되었어도 하나 되지못할 이유가 없습니다.
　하나님의 뜻 안에서 복음으로 회개하면서 다시 하나 되어 북에도 교회가 세워지는 때가 와야 합니다.
　이 나라의 통일이 복음으로 앞당겨지게 되기를 축원합니다.

**결론 : 우리는 어디에서나 하나가 되어야 합니다.**

# 교회여 일어나라 성도여 빛을 발하라
(사60:1-3)

묵은 해가 지나면 언제나 새해가 시작됩니다.

돌아보면 지나간 해는 다사다난한 해였습니다. 다민족국가 미국에는 오바마가 최초의 흑인대통령이 되었고 미국발 국제 금융위기는 전 세계를 경제 난국으로 흔들었습니다.

국내적으로는 역시 경제가 큰 타격 속에 있으며 우리 자신들이 굳게 지켜야 할 신앙의 기조(基調)가 약화된듯한 안타까운 때를 즈음했습니다. 이런 때일수록 주님의 교회들이 일어서야하겠고 주님의 백성들이 세상에 대해서 외쳐야할 때라고 봅니다. 그리고 빛을 발해야 하는 시대입니다.

이사야선지자는 약화일로에 있던 유다백성들에게 하나님 말씀을 전했습니다. 일어나 빛을 발하는데 하나님께서 함께 하시기 때문이라고 하였습니다.

본문을 통해서 미래를 바라보며 다시 은혜 속에서 출발하는 말씀이 되시기 바랍니다.

## 1. 교회는 일어나고 성도는 빛을 발해야 하겠습니다.

'교회여 일어나라 성도여 빛을 발하라!'
그렇다고 해서 극히 세상적인 방법처럼 '촛불 시위' 하라는 것이 아닙니다. 어디까지나 영적이고 신령한 측면에서의 일입니다.

### 1) 모든 교회가 대오각성 하는 것이 일어나는 일입니다.

왜냐하면 지금까지도 교회는 나름대로 힘을 썼지만 더욱 힘써서 세상에 대해서 빛을 발해야 하는 일이기 때문입니다.

① 더욱 전도하는 일에 힘써야 합니다.

전도는 주님의 지상명령인 동시에 개인을 구원하는 일이며 결국 국가에도 큰 이바지를 하는 일입니다. 전도에 대해서 이견들이 있겠지만 교회의 사명은 전도하는 일이고 선교하는 일입니다.

② 세상을 대적하는 것이 아니라 끌어안고 가야합니다.
세상에서 교회에 주신 모든 전도의 대상자는 구별이 없기 때문입니다. 원수에 대해서도 전도해야 합니다.
주님은 십자가에 죽으시면서도 기도하셨고(눅23:46), 스데반집사님은 돌무더기에서 순교하면서도 저들을 위하여 기도하였습니다.(행7:60)
사랑의 원자탄 손양원목사님은 아들 둘을 죽인 사람도 양자 삼았습니다.

### 2) 그리고 성도는 세상의 빛이 되어야 합니다.

그런데 성도가 빛을 발하기 위해서는 초가 몸체를 태우듯이 희생이 요구됩니다.

① 예수님 말씀과 같이 소금이 되어야 합니다.
소금이 자기 몸체를 녹으면서 맛을 내게 됩니다.
소금이 녹지 아니하면 맛을 낼 수가 없습니다. 그리고 인내(忍耐)하면서 맛을 내야 합니다.

② 예수님 말씀과 같이 빛이 되어야 합니다.
역시 빛이 되기 위해서는 희생해야 합니다.
자기 자신을 희생하지 않고는 빛을 발할 수가 없기 때문입니다. 기름이 타고 초가 녹아야 하듯이 성도는 희생이 요구됩니다.
교회에 대해서 세상이 요구하는 부분입니다. 심지어 교회 내부의 문제를 가지고 세상 법정에 서는 일은 성경이 금하였거니와(고전6:1-9) 세상 사람들이 비웃고 있습니다.

## 2. 세상은 계속해서 죄악으로 어두워질 것이기 때문입니다.

(2절) '보라 어두움이 땅을 덮을 것이며 캄캄함이 만민을 가리우려니와' 했습니다.(See, darkness covers the earth and thick darkness is over the peoples)

### 1) 세상은 더욱 죄악으로 어두워진 세상입니다.
그래서 예수님의 재림을 재촉해 가게됩니다.
① 과학 지식이 높아질수록 더욱 죄악이 관영해 집니다.
이것은 예수님께서 징조로 나타내 보이신 일들입니다.
② 경제가 부흥할수록 더욱 죄악이 짙어지고 하나님과의 관계가 멀어지게 됩니다.
재물을 가지고 악으로 사용되기 때문입니다.
애굽에서 가져온 황금이 한 부류는 금송아지 사건으로 하나님의 진노의 대상(출32:32)이 되었고 한 부류는 성막을 짓게 되었던 일(출25:1-3)은 중요한 거울이 됩니다.

### 2) 어두움이 세상을 덮고 캄캄함이 만민을 가리울 때가 옵니다.
그래서 도덕과 윤리가 땅에 떨어지게 됩니다.
① 어두움이 세상을 덮습니다. 구름이 태양을 잠시 가리고 또는 달의 그림자가 태양을 가리는 일식현상의 일들처럼 세상이 어둡습니다.
② 그래서 캄캄함이 만민을 가리게 됩니다.
모든 백성들이 어두움에 묻혀서 살아가게 될 때가 됩니다.

## 3. 그러나 교회와 성도는 하나님이 함께 하십니다.
(2절) '오직 여호와께서 네 위에 임하실 것이며 그 영광이 네 위에 나타나리니' 했습니다.

### 1) 여호와는 구원의 하나님이십니다.
① 권능의 하나님이 교회 위에 함께 하시고 하나님 백성에게 역사하실 것이기 때문입니다. 하나님을 바라보아야 합니다.
② 하나님은 구원하시는데 교회를 통해서 하나님 백성을 구원해 주십니다.
그래서 전도의 미련한 방법이 중요합니다.(고전1장)

### 2) 결국 열방이 주께 나오게 될 것입니다.(3절)
메시야의 약속이 확실히 예언되었습니다.
① 열방이 주께 나오게 되는 구원의 역사입니다.

이것이 교회요 성도의 사명 중에 사명입니다.
② 한국교회는 반드시 일어나야 합니다.
   교회 밖에는 구원이 없기 때문입니다.
   뭇 영혼들이 우리의 손길을 기다리고 있음을 아시고 저들에게 구원의 빛이 되시기를 축원합니다.

**결 론 전도와 선교 측면에서 일어납시다.**

# 안심하라 두려워 말라 믿으라
(마14:22~33)

바다와 같이 넓은 곳에도 언제든지 바람을 따라서 물결이 출렁거리게 되는데 작은 바람에서부터 대형적인 바람과 파도가 있기 마련입니다. 이런 바람 앞에서는 작은 배든지 큰 배든지 간에 힘을 쓸 수가 없게 됩니다. 성경에는 바람과 파도와 어려운 항해에 관한 기사가 많습니다.

요나서의 사건이며, 시편 107:23~30의 기사와 마태복음 8:23~27 사건에서 흔히 볼 수 있는 사실입니다. 이때마다 예수님께서는 "어찌하여 무서워하느냐 믿음이 적은 자들아"라고 하십니다.(He replied, you of little, faith why are you so afraid)

그리고 바람과 파도를 잔잔케 하시는 능력으로 역사하심을 보게 됩니다. 바울이 로마로 가던 길에도 유라굴로 풍랑은 있었지만 결국 하나님의 역사를 체험하는 길목이 되었습니다.(행27장)

인생들에게는 누구든지 간에 크고 작은 파도와 바람이 있게 됩니다. 본문은 예수님께서 벳세다 광야에서 오병이어의 역사를 체험한 이후에 제자들은 배를 타고 오게 되었고 늦게까지 기도하신 예수님이 배를 타지 아니 하시고 물위로 걸어오시는 사건에서 비롯된 말씀입니다. 두려워하는 제자들에게 오셔서 "내니 두려워 말라" 하셨는데 여기에서 우리는 많은 은혜를 받게 됩니다.

## 1. 인생사에서 누구에게나 문제는 있습니다.

사람이 살아가면서 한 평생 문제가 없는 사람은 없습니다. 보름달 속에도 계곡과 산이 있고 평지가 있는가 하면 절벽도 있습니다.

### 1) 누구에게든지 문제는 있습니다.

70~80을 살아도 "그 년 수의 자랑은 수고와 슬픔뿐이니"(But trouble, and

sorrow) (시90:9) 하였습니다.
　① 유명인에게도 문제가 있습니다.
　　소위 재벌과 고위층에 살아가는 사람들도 문제는 있습니다. 그래서 예수님은 인생들에게 "수고하고 무거운 짐 진 자들아 다 내게로 오라 내가 너희를 쉬게 하리라"(마11:28) 하셨고 예수님은 그 짐을 지시고 십자가 고통을 모두 당하셨습니다.(사63:3)
　② 예수 그리스도 안에는 능치 못하심이 없습니다.
　　예수 믿는 믿음이 능력이 있게 됩니다. 그래서 예수님은 문제가 있을 때마다 믿음을 강조하시며 해결해 주셨습니다. 믿음이 중요한 관건입니다. (마17:20, 빌4:20, 엡3:16, 14:14) (요14:14)"내 이름으로 무엇이든지 내게 구하면 내가 시행하리라" 하셨습니다.(You may ask me for anything in my name, and I will do it.) 예수 안에 거 하면서 기도하게 될 때에 문제는 해결됩니다.(요15:17)

**2) 문제를 안고 하나님께 왔던 사람들은 모두가 문제를 해결 받게 되었습니다. 하나님께 왔다가 그냥 돌아간 사람은 없습니다.**
　① 구약에서 보시기 바랍니다.
　　(창21:14~) 하갈과 이스마엘은 물 때문에 부르짖을 때에 해결되었습니다.
　　(왕하4:1~7) 선지자 생도 부인의 문제는 채무였는데 엘리사에게 왔을 때에 그 채무가 해결되었습니다.
　② 신약에서 보시기 바랍니다.
　　신약에도 많은 기적과 이적들이 있습니다. (마15:22~28) 가나안 여인은 귀신들린 딸의 문제로 왔는데 결국은 그 문제가 해결되었고 믿음을 칭찬받는 계기가 되었습니다. "네 믿음이 크도다. 네 믿음대로 되리라" 하십니다. (Then Jesus answered, "Woman, you have great faith! Your request is granted.")

## 2. 하나님께서는 지금도 우리 곁에서 역사하십니다.
　하나님의 일들은 끝이 난 것이 아니라 지금도 계속 유효합니다.

### 1) 역사하시는 현장을 보시기 바랍니다.
인생문제 앞에서 지금도 역사하시며 좋은 길로 인도하십니다.
① 이것이 하나님께서 우리를 구원으로 인도하시고 섭리하심의 증거입니다.
개인이나 가정이나, 단체든 국가든 간에 모든 일들이 하나님의 섭리에 의해서 역사하십니다. 하나님의 섭리하심을 벗어난 일은 세상에 아무것도 없습니다.
② 그러므로 인생일대기에서 제일 중요한 일은 언제나 예수님을 모시고 살아가는 일입니다.
본문에서 제자들만 따로 배를 타고 가다가 풍랑이 오게 되었고 예수님께서 오셔서 해결해 주셨습니다.
베드로 또한 시야가 예수님께로부터 벗어나서 물결을 바라보는 순간에 빠져가게 되었지만 예수님께서 오셔서 구원해 주셨습니다.(14:23)

### 2) 예수님의 기적은 지금도 유효하게 역사하십니다.
먼 옛날 성경시대의 이야기로 끝나는 것이 아닙니다.
① 우연한 일이 아니고 분명한 사건입니다.
병이 치료되고 귀신이 나가게 되고 쓸모없는 인생이 하나님께 돌아와서 고귀한 인생으로 바뀌는 일들은 지금도 많이 있습니다. 무익한 사람이 유익한 사람으로 (몬1:11, 골4:9) 바뀌는 사건들이 수 없이 예수 안에서 이루어지고 있습니다.
② 언제나 예수님이 계신 곳에 나타나는 능력의 사건입니다.
그렇게 인생의 풍파가 심하게 밀려 와도 바람과 파도가 잔잔케 되고 축복의 항구로 인도 해 주시는 사건입니다.(시107:25~30)

## 3. 내가 살아가는 주변 환경 가운데서 바람과 파도가 있습니까?
"안심하라, 두려워 말라, 믿으라." 고 하셨습니다.

### 1) 칠흑 같이 어두운 밤입니다.
달빛도 별빛도 없는 어두운 세상에서의 사건입니다.
① 바람만이 불어오는 밤이었습니다.

예수님은 그 밤에 물위로 걸어서 제자들이 있는 곳에 오시게 되었습니다.

예수님은 언제나 내 곁에 계심을 믿어야 합니다.
② 예수님은 오셔서 또 한 번의 기적을 나타내 보이셨습니다.
물 위로 걸어 오셨고 베드로를 물 위로 걷게 하셨고 믿음이 적어 물속으로 빠지는 베드로의 손을 잡아 일으키시기도 하셨습니다. "믿음이 적은 자여 왜 의심하였느냐"고 하십니다. ("You of little faith," he said, "why did you doubt?") 예수님을 믿으라고 하셨습니다.(요14:11) 예수님을 보아야 합니다.(히12:2)

**2) 예수님은 우리 모두를 변화시키시는 분이십니다.**
예수님께로 오시면 인생이 최고로 좋게 변화됩니다.
① 맹물이 변해서 제일 좋은 포도주로 변화 되듯이 변화됩니다.(요2:11)
존 맥스웰(John Maxwell)은 '자기 경쟁의 법칙'에서 예수님을 모신 곳에는 최고의 아름다움으로 변화된다고 역설하였습니다. 여기에는 불가능이란 없습니다.
② 바람과 파도가 잔잔케 되는 기적은 지금도 일어나게 됩니다.
신앙생활 하면서, 개척교회 하시는 현장에서, 문제와 싸워 나가는 인생길에서 주님은 말씀하십니다. '두려워 말라, 안심하라, 믿으라.' 하십니다. 이런 은혜 속에 승리케 되시기를 축원합니다.

**결론 : 우리 곁에는 주님이 함께 하십니다.**

# 예수를 만나고 변화 받은 사람들
(마9:1-8)

사람은 평생토록 만남 속에서 살아갑니다. 태어나면서 부모님과 만나고 형제나 친척들과 만나게 됩니다. 성장하면서 친구와 만나게 되고 이웃을 만나게 되며 선생님을 만나고 배우자를 만나게 됩니다. 일생일대기가 모두 만남 속에서 이루어지게 됩니다. 그래서 만남이 중요한데 문제는 누구와 만나게 되고 어떤 만남인가가 중요합니다. 인생사에서 제일 중요한 것은 예수님을 만나지 못했다면 불쌍합니다. 성도 여러분! 우리는 일생일대기에 예수님을 만난 것이 복중에 복입니다.

본문에서도 예수님은 세상에 계실 때에 사람들을 만나셨고 만나는 사람마다 인생이 변화되었습니다. 마태복음 8-9장에서 예수님을 만나고 변화 받은 사람들이 얼마나 많이 있습니까? 중풍병자가 나았고 혈류병자가 치료 받았으며 귀신이 나가게 되고 죽은 자가 살아났습니다.

(35절)예수님은 두루 다니시사 사람을 만나셨고 예수님을 만나는 사람마다 변화되었습니다. 인생사에서 예수님을 만나는 것이 중요한바 본문에서 은혜를 나누게 됩니다.

## 1. 예수님은 천국 복음을 위하여 동분서주 하셨습니다.

예수님은 짧은 3년간의 공생애를 천국복음을 위하여 새벽부터 밤늦게까지 동분서주하셨음을 보게 됩니다.

### 1) 예수님은 천국 복음을 위하여 분주하셨습니다.
예수님의 공생애 3년간의 기록으로 전한 마태에 의하면 분주하게 역사하셨음을 보게 됩니다.

① 천국복음 때문입니다.
왜 분주하셨습니까? 사람은 누구나가 나름대로 분주하게 사는데 왜 분

주하며 무엇 때문에 분주한가는 각양각색입니다. 예수님은 오직 천국 복음 때문에 분주하셨고 바쁘셨습니다.

공생애 시작부터 40일 금식을 하셨고 마귀의 시험을 통과하신 후에 제자들을 부르시는 일이며 각양각색의 일들을 하시고 천국복음을 위하여 병든 자, 약한 자들을 만나시고 치유하셨는데(4:23) 마9:35에서도 '두루 다니사' 라고 전(傳)하셨습니다. 그래서 누구든지 예수를 만나는 사람마다 문제가 해결되었습니다. 예수님 앞에는 바람과 파도도 잔잔케 될 수밖에 없습니다.(마8:24)

② 사탄은 때때로 여기 저기 분주하게 다니게 됩니다.

사탄이 분주한 것은 사람들에게 악한 일을 행하기 위해서입니다. 예수님이 바쁘시게 일하실 때 사탄도 역시 흉내를 내면서 다니는데 생명을 죽이고 이간질하게 되고 죄를 짓게 해서 결국 지옥으로 끌어가기 위해서입니다.(욥1:7)

그래서 대적해야 합니다.(벧전5:8) 예수님께서 이 땅에 오신 것은 사탄의 일을 멸하시기 위해서입니다.(요일3:8, 히2:14)

## 2) 예수님을 만나면 인생이 바뀌게 됩니다.

인생이 바뀌게 되는데 어떻게 바뀌게 됩니까?

① 누가는 이렇게 전하였습니다.(눅4:18)

이사야 선지자의 예언(사61:1-2)을 인용한 말씀으로써 예수님을 만난 사람은 인생이 바뀌게 되는데 "가난한 자에게 복음이 전파되고 포로 된 자에게 자유를, 눈 먼 자에게 다시 보게 함을 눌린 자에게 자유를 주의 은혜의 해를 전파하게 하심이라" 하였습니다. 예수그리스도는 우리를 자유케 하시는 분이십니다.(요8:32, 갈5:1)

② 눈 먼 자에게 다시 보게 하거니와 은혜의 해를 주시는 분이십니다.

여리고의 바디매오가 눈을 뜨게 되었고(막10:52) 나면서부터 소경된 자가 눈을 뜨게 되었고(요9:1) 라오디게아교회를 향해서 권면하시며(계3:17) 에베소교회에는 마음눈을 밝히신다고 하셨습니다.(엡1:18) 이 모든 것은 예수님을 만날 때에 가능한 일이며 예수님을 만나서 변화 받게 되었습니다. (몬11, 골4:9) 예수님을 인생 가운데서 만나게 될 때에 최고로 가치있게 변합니다.

## 2. 예수님은 천국 복음을 위해서 가르치셨습니다.

예수님의 공생애 가운데 두드러지게 하신 일 중에 하나가 영적인 일을 세상에 가르치시는 교육적 일이셨습니다.

### 1) 교육에는 2가지가 있다고 생각됩니다.
교육을 받는다고 해서 모두 좋은 일은 아닙니다.
① 나쁜 것을 배우면 나쁘게 됩니다.
속담에도 '배운 것이 도적질이라' 라는 말이 있듯이 사람은 무엇을 배웠느냐에 따라서 인생이 달라지며 누구에게서 배웠느냐에 따라서 또한 바뀌어 지게 됩니다. 마귀는 이 세상 사람들의 마음 밭에 온갖 잘못된 가라지를 뿌려 놓고 있음을 보게 됩니다. 그래서 가리지도 곡식과 함께 나서 자라나기 때문에 교육은 중요합니다.(마13:24-30)
② 좋고 아름다운 것을 배우게 되면 좋고 아름다운 것이 싹이 나서 좋은 열매가 열리게 됩니다.
그래서 성경은 심은 대로 거두게 된다고 하셨습니다.(갈6:7) 인생사에서 누구에게 무엇을 배웠느냐가 중요합니다. 예수님께 배우면 영생이요, 축복입니다. 성경에는 '안다' (知)라는 용어가 많이 나옵니다. 헬라어에서는 기노스코( γὶγωσκω )라고 하는데 배워서 안다는 뜻이요 접촉해서 안다는 뜻입니다. 우리는 예수를 배워서 알아야 합니다.

### 2) 예수님은 세상에 계실 때에 가르치셨습니다.
세상에는 잘못된 가르침이 많이 있습니다.
① 예수님은 천국 복음을 가르치신 것입니다.
"예수께서 무리를 보시고 산에 올라가 앉으시니 제자들이 나온지라 입을 열어 가라사대" 하였습니다.(and he began to teach them, saying) 팔복을 가르치신 것입니다.
② 예수님의 마지막 유언 속에도 가르치라고 하셨습니다.(마28:20)
'가르쳐 지키게 하라' 하셨습니다. 초대교회 역시 가르치는 교회로 부흥하였습니다.(행2:42, 행8:35) 선교사들이 이 땅에 와서 교육 기관을 세웠는데 사학명문학교들이 선교사들이 세운 학교입니다. 예수님을 만나게 되면 올바른 교육이 이룩 됩니다.

## 3. 예수님은 천국 복음을 위해서 고치시고 치료하셨습니다.
수많은 가지각색의 질병들이 치유됩니다.

### 1) 마태복음에만 해도 수많은 고침과 치유가 기록되었습니다.
① 예수님은 고치는 분이십니다.
   창조자이시기 때문에 인간 고장을 아십니다. "모든 병과 약한 것을 고치시니라" 하였습니다.(마9:35, 마4:23)
② 예수님을 만나면 고침 받습니다.(출15:26, 말4:2, 약5:15)
   예수님을 만나서 치유 받아야 합니다.

### 2) 예수님은 유언 중에도 말씀하셨습니다.
① 믿는 자에게 따르는 표적입니다.(막16:17) 약속이요 언약입니다.
② 목적은 천국 복음 때문입니다.
   예수님을 만나면 지금도 역사가 일어나게 됩니다. 이런 예수님을 만나게 되시기를 축원합니다.

**결론 : 예수님을 만나시오.**

# 무엇이 보이느냐?
(막8:22-26)

세상을 살아가면서 어떤 장애를 가지고 살아간다는 것은 나름대로 모두가 불편하고 힘이 들겠지만 제일 어려운 장애자는 시각장애가 아니겠는가고 생각해 봅니다. 하나님께서 지으신 모든 세계를 볼 수가 없기 때문입니다. 그래서 유명한 삼중고 가운데 있었던 헬렌켈러는 '내가 3일만 볼 수 있다면...' 하는 말을 해서 모든 이의 심금을 울리기도 하였습니다.

시각장애인 목사님 중에 한 분은 '내가 육신의 눈이 밝은 때에는 하나님이 보이지 않더니 육신의 눈이 볼 수 없기 때문에 오히려 천국에 대한 확실한 믿음이 생기게 되었다'고 말하기도 하였습니다. 예수님은 세상에 계실 때에 소경을 고치시며 밝게 하셨는데 여리고의 바디매오라든지(막10:52), 나면서부터 소경된 자의 눈을 치료하신 사건(요9:1-)을 비롯해서 소경 치유의 3대사건 입니다. 소경이 눈을 뜨는 이 사건을 통해서 이 시간 은혜의 시간이 되기를 원합니다.

## 1. 예수님과 소경 사이에는 예수님께 소경을 데려온 사람이 존재했습니다.

소경이 스스로는 볼 수가 없기 때문에 누군가가 소경을 데려와야 했습니다.
(22절) '사람들이 소경 하나를 데리고 예수께 나아와 손대시기를 구하거늘' 했습니다.

### 1) 소경에게는 이끌어 주는 사람이 필요합니다.
예수님과 소경 사이에는 중간 역할자가 필요합니다. 이를 사도바울은 '도고'(intercession)(딤전2:1)라고 하면서 옆에서 기도해 주는 사람이 있어야 함을 강조했습니다.

① 하나님과 인간 사이의 중보자는 오직 예수그리스도이십니다.

(롬8:26, 34)우리가 구할 바를 알지 못할 때에 성령께서 우리를 위해서 말할 수 없는 탄식으로 간구하십니다. 어떤 교파와 같이 다른 인간이 중간에 작용하는 것이 아니라 궁극적으로 도울 이는 오직 예수그리스도 뿐입니다. 그러므로 우리는 개인과 가정과 교회와 국가를 위해서 예수그리스도의 이름으로 늘 기도의 도고 생활이 중요합니다. 성령은 '보혜사'(παράκλητος)로써 돕는 자이십니다.

② 예수님은 지금도 하나님 우편에 앉아계셔서 우리를 위해서 기도하십니다.(롬8:34, 히7:25, 요일2:1)
우리를 위해서 간구하시며 하나님 앞에서 대언자가 되십니다.

### 2) 소경된 자였던 성도는 빚을 진 채무자입니다.
바울은 복음의 빚을 진 자라고 전했습니다.(롬1:14)

① 나를 여기까지 인도해서서 영적인 소경이 예수를 믿고 영적인 눈이 떠지기까지 누군가가 옆에서 나를 인도한 것에 대한 채무입니다.
다니엘은 많은 사람을 옳은 데로 인도한 자는 궁창의 빛과 같이 빛날 것이라 하였고(단12:3), 바울은 자랑의 면류관이라고 전하였습니다.(살전2:19-20)

② 중간에서 기도하거나 타인을 위한 도고의 역사가 얼마나 귀한 것인가를 말씀해 주시는 대목입니다.
'사람들이 소경 하나를 데리고 예수께 나아와 손대시기를 구하거늘' 했습니다.(and some people brought a blind man and begged Jesus to touch him)
성경에는 협력적 도우미들에 관해서도 강조하시게 되는데 4명의 친구에 의해서 들것에 들려왔던 한 중풍병자에 관한 기사에서도 볼 수 있게 됩니다.(막2:1)

## 2. 내가 도고하고 데려온 사람이 예수를 만나게 되는 영광이 얼마나 크나큰 축복인가를 말씀해 주십니다.
그 사람이 바로 소경에서 눈을 뜨게 되었고 예수를 만났습니다.

### 1) 인생의 영적 눈을 뜨기 위해서는 예수를 만나야 합니다.

예수를 만날 때 영적 시각이 달라지게 됩니다.
① 인간은 영적 소경입니다.
나면서부터 소경이 되었든(요9:1), 어떤 일로 인해서 소경이 되었든, 영적 소경이기에 천국을 바라보지 않고 세상을 봅니다. 바리새인들은 소경이면서 본다고 했을 때 책망을 받게 되었고(요9:40), 사람들은 보기는 보아도 깨닫지 못하는 영적 소경입니다.(마13:14, 사6:9-10, 계3:17-18)
② 눈의 기능은 보는 일입니다.
귀는 듣는 기능이요, 눈은 보는 일이 그 기능입니다. 따라서 보고 듣는 자는 복이 있다고 하셨습니다.(마13:16)(But blessed are your eyes because they see, and your ears because they hear)

2) 이 모든 일은 누군가에 이끌려서 예수께 나올 때에 가능합니다.
영적이고 신령한 일이기 때문입니다.
① 예수님을 만나서 변화 받은 사람들을 보시기 바랍니다.
(요5:4)38년 된 병자가 예수님을 만나고 변화되었습니다. (눅7:11)나인성 과부의 아들은 죽었다가 다시 살아나게 되었습니다. 예수를 만나면 인생이 바뀌게 됩니다.
② 더욱 중요한 일은 예수를 만날 때에 영생의 축복이 있습니다.
육적인 병이나 고치고 마는 것이 아닙니다. 영원한 생명이 주어지게 됩니다. 귀신이 나간 것이 기쁨이 아니라 생명책에 기록됨이 축복이요 기쁨입니다.(눅10:20)

## 3. 눈이 먼 인생이 예수께 데려옴을 통해서 눈이 떠질 때 비로소 예수를 보게 됩니다.

'무엇이 보이느냐'(23)(Jesus asked, "Do you see anything?")

### 1) 우리의 눈에는 무엇이 보입니까?
보이는 자체가 무엇에 관한 것들입니까?
① 세상에 소망을 두는 사람은 매사에 세상 것에만 온갖 소망을 두고 살게 됩니다.
그런데 세상의 모든 것은 썩을 것들로 가득 차있습니다. (벧전1:24-25)

② 영적인 일에도 눈이 밝아야 합니다.
    세상 지혜와 위로부터 온 지혜는 다릅니다.(약3:15) 세상적인 것은 육적이요, 정욕적인 것이며 마귀적인 것으로 가득합니다. 여기에는 소망이 없습니다.

2) 그리스도인은 예수께 와서 예수만 보셔야 합니다.
  ① 예수님만 바라보시기 바랍니다.
    모세도, 엘리야도 안보이고 오직 예수님만 보였습니다.(마17:8)(when they looked up, they saw no one except Jesus)
  ② 정상적인 눈으로 회복되었습니다.(25절)
    '나아서 정상적으로 밝히 보는지라' 하였습니다. 엘리사의 시종 게하시의 눈이 밝아지듯이(왕하6:17) 우리의 영적 눈이 밝아지게 되시기를 주의 이름으로 축원합니다.

**결론 : 예수께 데려온 자를 눈뜨게 해야 합니다.**

# 십자가 위에서 흘리신 예수의 피(고난주간)
(히9:11-15)

주님이 십자가에 못 박혀 죽으시는 고난주간.
예수님이 이 땅에 오신 목적을 이루시기 위한 고난과 죽음이 기다리던 최후의 날이 됩니다. 이 땅에는 수많은 종교들이 있습니다. 소위 고등종교든 하등종교든 간에 수많은 종교들이 있지만 문제는 인간의 궁극적인 목적인 죄사함 받고 영생 얻는 일은 오직 기독교 밖에 없습니다. 유명한 유사종교나 신흥종교들, 그리고 원리종교들이 있다 해도 인간은 죄인이며(롬3:10, 23), 죄 값은 사망인바(롬6:23) 영원한 멸망에서 구원할 종교는 예수그리스도뿐입니다.(요14:6, 행4:12) 본문은 유대인들이 구약에서 제사법전을 신약에서 예수그리스도로 설명한 내용입니다.

구약의 제사법전은 수많은 짐승들이 죽었지만 그것은 예표요 그림자였습니다. 성막에서 보듯이 성막의 울타리 동쪽에 하나 밖에 없는 문이며, 번제단, 물두명, 성소에 들어가서 떡 상과 일곱 가닥의 금 촛대, 분향단, 휘장으로 들어가서 지성소가 있고 지성소에 법궤가 있으며 1년에 한 차례씩 대제사장이 피를 가지고 지성소에 들어가서 백성을 위해 속죄의 제사를 드리는데 피 흘림이 없은즉 사함이 없기 때문입니다.(히9:22)

예수님은 이 땅에 오셔서 십자가 위에서 이 모든 일을 이루셨으며(요19:31) 이 사실을 이사야선지자는 예언했습니다.(사53:1-7) 예수님이 예루살렘에 입성하시는 종려주일과 함께 십자가에 죽으시는 고난주일에 다시한번 본문에서 은혜를 받게 됩니다.

## 1. 예수님의 피 밖에는 인간의 죄를 씻을 길은 없습니다.

왜 예수님의 피가 중요합니까? 세상에는 피(血)에 관한 이야기들이 많이 있습니다. 그러나 예수의 피 외에는 다른 길이 없습니다.

**1) 성경에서 말하는 피의 사건은 오직 예수그리스도 피 밖에 없음을 증거해주십니다.**

피(Blood)라고 해서 모두 다 같은 피는 아닙니다.

① 구약에서 짐승을 잡아서 피 흘림의 사건은 예수그리스도에게 모든 포커스(Focus)가 맞추어진 예언입니다.

(창3:15)여자의 후손, (레17:11)육체의 생명은 피에 있음이라 등 많은 제사법전과 피 흘림의 사건이 나오게 되는데 이는 모두 장차 오실 메시야되신 예수그리스도에게 나타날 사건의 예언입니다.

② 그래서 구약의 속죄제도에 나타난 피 흘림이 곧 예언입니다.

그것이 그림자가 되어서 실제적으로 예수님이 오셨고 피 흘리시는 대속적 죽음을 십자가 위에서 행하시게 되었습니다. 신구약성경에서 이를 뒷받침하며 증언합니다.(사53:4, 슥13:1, 히9:12, 벧전1:18-19, 요일1:7)

**2) 예수그리스도의 피 흘린 사건은 애굽에서 해방될 때에 유월절(Passover) 어린양 사건에서 제일 뚜렷하게 나타나는 진리요, 그림자요, 예언입니다.**

① 마지막 10번 째 내리는 재앙으로 인하여 온 애굽은 통곡의 밤이 되었습니다.

바로왕의 첫 아들부터 시작해서 모든 사람의 장자는 물론이고 짐승의 새끼까지 첫 번째 난 것은 죽게 되었습니다.(출11:1-6) 그러나 유월절 양을 잡고 피를 문인방과 좌우설주(on the top and on bath sides of the doorframe)에 바른(출12:22) 집에 거하는 이스라엘 백성들에게는 아무런 해함이 없었고 오히려 애굽에서 430년 만에 해방되는 날이 되었습니다.

② 이때에 생긴 절기가 이스라엘의 최고 최대의 명절인 유월절입니다.

"내가 피를 볼 때에 너희를 넘어가리라"(출12:13-22) 하였습니다. 골고다 언덕위에서 흘리신 예수그리스도의 피는, 그 피를 마음의 문설주에 바르고 믿는 사람의 죄를 씻기시고 구원 받는 구원의 진리요 예표였습니다. 이 피가 우리의 죄 문제를 해결하고 구원해주십니다.(히9:7, 10:4, 8) 십자가 위에서 흘리신 예수그리스도의 피를 믿으시기를 축원합니다.

## 2. 십자가 위에서 흘리신 예수그리스도의 피는 어떤 피 이기에 이런 구원의 약속일까요?

현대에 와서 요즈음 병원마다 피가 모자라서 수술환자들에게는 큰 난관이라고 뉴스가 들려옵니다. 또한 헌혈자들 중에는 나쁜 병에 오염된 사람들이 헌혈을 해서 때때로 어려움을 당한다는 뉴스도 있습니다.

### 1) 예수님의 피는 우리의 모든 죄를 능히 깨끗케 하는 보혈입니다.
예수님의 보혈피만 우리를 영원한 죄에서 깨끗하게 하실 수 있습니다.
① 예수님의 보혈은 깨끗합니다.
모든 인간은 부정모혈(父情母血)로 태어나지만 예수님은 성령으로 잉태하시어 이 땅에 오셨습니다. 모든 인간은 아담 자손이지만 예수님은 하나님께로부터 오셨습니다. 제사법전인 레위기 1-4장 사이에서 모든 제물은 흠이 없는 깨끗한 제물을 명하셨는데 이는 오실 메시야이신 예수님의 모형이기도 합니다. 그래서 죄가 없으시며(히4:15) 가롯유다가 고백하고 죽었듯이 예수님은 무죄하신 분이십니다.(마7:27:4)
② 영원히 사형선고를 받고 죽을 인생을 살리는 능력은 예수님 피입니다.
사람들은 이미 사형선고를 받고 사는 인생입니다.(창2:17) "정녕 죽으리라"(you will surely die) 하셨습니다. 그러나 예언된 대로 죄와 더러움을 씻는 샘(슥13:1)이요, 예수의 피는 우리를 씻게 됩니다.(요일1:9, 계7:14) 이것은 비누와 잿물로도 씻을 수 없지만 예수의 피는 씻습니다.(렘2:22)

### 2) 예수님의 생명의 피가 믿는 자의 생명이 되십니다.
① 피 흘려주시고 나의 생명을 건져 주셨기 때문입니다.
그래서 예수님만이 영원한 구주(savior)가 되시며 생명이 되십니다.(요14:6)
② 십자가에서 이 모든 일을 완성하셨습니다.(요19:31)

따라서 모든 인생은 그 구원의 길이 예수 믿는 믿음에 있습니다. 믿음의 결국 곧 영혼의 구원을 받음이라(벧전1:9) 했습니다.

### 3. 이 복음을 믿으시기 바랍니다.
기독교는 예수그리스도의 십자가와 부활이 그 중심인바 이것이 복음 중에 복음입니다.

#### 1) 믿으시고 영접해야 합니다.
고난주간과 부활주일이 수없이 지나가도 내 신앙으로 영접치 않으면 헛일입니다.
① 영접하는 자에게 하나님의 구원이 효력이 됩니다.
영접하게 되고 믿게 되면 하나님의 자녀가 되며(요1:12), 천국의 시민권자가 됩니다.(빌3:20) 하나님을 아버지라 부르며(롬8:15) 부끄러움을 당하지 않습니다.(롬10:11)
② 영원한 천국에 이르게 됩니다.
우편 강도에게도 이런 은혜가 임하게 되었습니다.(눅23:43)(Jesus answered him, "I tell you the truth, today you will be with me in paradies.")

#### 2) 이 은혜를 갚는 길은 다른 길이 없습니다.
① 십자가 위에서 흘리신 보혈피를 믿고 따라가는 길이 갚는 길입니다.
나 같은 죄인을 구원하신(찬송 405장) 그 피를 믿고 영접하여 영원한 생명을 얻게 되시기를 바랍니다.
② 여기에 영원한 생명이 보장됩니다. 이것이 고난주간에 되새길 일입니다.
양이나 송아지의 피가 아니고 예수의 피로 우리를 살리셨습니다. 피에 생명이 있기 때문입니다. 예수의 피를 믿기를 축원합니다.

**결 론 : 예수의 피는 영원한 영생에 이르게 합니다.**

# 왜 예수만 믿어야 합니까 I
(요1:12-13)

세상에는 종교들(Religions)이 많은데 이른바 하등종교부터 고등종교에 이르기까지 다양한 종교들이 존재합니다. 더욱이 말세 때에는 예수님께서 예언적으로 말씀하셨고(마24:4), 사도들이 또한 예언하였듯이(딤전4:1, 마7:15, 벧후2:1, 요일4:1-) 적그리스도 내지는 이단자들이 세상을 어지럽게 하는 때가 올 것인데 이들은 모두 종교라는 이름 하에서 세상을 미혹케하는 자들입니다. 우리의 구원은 오직 예수그리스도의 이름 밖에 없음을 성경은 분명히 선을 그었습니다.(요14:6, 행4:12, 마1:21, 롬6:23)

예수님이 이를 위해서 오셨습니다.(눅19:10, 요3:16) 세상에 종교들이 많이 있는데 왜 하필이면 예수만 믿어야 하느냐고 질문도 하고 심지어 기독교에 대해서 여러 가지로 힐문하겠지만 거기에 대한 답은 간단합니다. 우리의 구세주는 오직 예수그리스도 밖에 없기 때문입니다. 본문을 중심으로 몇 가지 은혜를 나누게 됩니다.

## 1. 이 세상에는 구원을 위한 목적으로 의지하거나 믿을 대상은 오직 예수그리스도 뿐이라는 사실입니다.

누가 나를 영원한 죄 값에 의한 지옥 형벌에서 구원 받게 하고 죄의 정죄에서 구원해 주시겠습니까?

**1) 자기 스스로의 의지나 결심 가지고는 죄를 이기거나 죄에서 해방될 수가 없는 문제입니다.**

마음 심지가 견고하며 의지가 강한 사람은 혹 생각하기를 이렇게 말할 것입니다.

① 나는 나를 믿고 나를 의지한다고 할 것입니다.

여러분! 스스로 믿는다고요? 천만의 말씀입니다. 조석으로 변하는 자기 생각과 마음을 어떻게 믿습니까? 자기가 노력해서 죄를 극복했다고 치더라도 원죄(Original Sins)는 누가 해결해 줍니까? 시시각각 불의와 싸우는데(롬7:21) 누가 영적으로 나를 도와주겠습니까?
② 본인이 소유한 것을 믿는 사람도 있습니다.
그 소유한 것이 보이는 것이든, 보이지 않는 것이든 간에 그 소유는 극히 한계된 것들이기에 궁극적으로 나를 구원할 수가 없습니다. 소유 중에 그것이 물질이든, 지식이든, 그 어느 것도 궁극적으로 나를 구원할 것은 아무 것도 없으며, 더욱이 영혼 문제에 있어서는 나를 사망에서 구원하는 데는 무용지물이 될 수밖에 없습니다. 보이는 육체적 건강문제도 궁극적으로 내 마음대로 못하는 줄을 알지 않습니까? 하물며 영혼 문제를 누가 책임지겠습니까?

### 2) 세상에서 궁극적으로 내가 믿고 의지할 곳은 없습니다.
세상에 무엇을 가리켜서 이것이 믿을만하다고 할 수 있겠습니까?
① 보이는 가시적 세계도 믿을 수 없거늘 보이지 않는 불가시적인 세계에 어떻게 내 영혼과 내세를 맡기겠습니까?
하나님의 창조하신 삼라만상 모든 식물이며 동물, 물고기, 새, 이름 모를 벌레 한 마리까지 주관하시는 분은 하나님이십니다. 따라서 우리가 이 세상에서뿐 아니라 영원한 천국까지 맡기고 나가는 분은 오직 예수 그리스도 밖에 없습니다.
② 세상 모든 상황은 계속 변화합니다.
옛날에는 변화의 속도를 10년으로 그 주기를 말해서 10년이면 강산이 변한다고 하였지만 현대사회에 와서는 지식정보화시대 (Digital)이기 때문에 시간 따라 변화하고 분초를 따라서 바뀌는 시대입니다. 옛날에는 도서관에 수십만 권의 도서들이 있었지만 이제는 그럴 필요가 없게 된 시대입니다. 미국 와싱턴 디시(Washington. D. C)에 있는 스미스소니언 도서관에 소장된 219만 권의 도서도 동전만한 칩에 모두 수록이 되는 시대입니다.

## 2. 성경은 보이는 물질, 권력, 인생도 의지하지 말라고 하였습니다.
(시146:3) "방백들을 의지하지 말며 도울 힘이 없는 인생도 의지하지 말지

니 그 호흡이 끊어지면 흙으로 돌아가서 당일에 그 도모가 소멸하리로다" 하였습니다.

### 1) 세상에서 그 누가 내 인생문제를 해결해 주겠습니까?
더욱이 영적이고 영생에 관한 문제를 누가 책임지겠습니까?
① 이 세상 사람은 누구도 내 인생 해결할 사람이 없습니다.
존 번연이 지은 천로역정 가운데 기독도는 이 문제를 해결해 보려고 지식인, 지인, 철학자, 지혜자, 모두 만났지만 방법을 찾지 못하였고 오직 전도자가 안내하는 대로 십자가 밑에 나아가서야 등짐을 풀고 인생문제를 해결하였습니다. 예수그리스도 밖에는 내 인생 문제를 영원히 해결할 분은 세상에 없습니다.
② 인생 경영이 하나님께 있음을 알아야 합니다.
(잠16:3) "너의 행사를 여호와께 맡기라 그리하면 너의 경영하는 것이 이루리라" 하였습니다.(Commit to the LORD whatever you do, and your plans will succeed) 성경을 보시기 바랍니다.(시127:1, 잠16:9)

### 2) 물질이나 권력 역시 의지하지 말라고 하였습니다.
왜 의지의 대상이 될 수가 없을까요?
① 권력도 때가 되면 무너지게 되기 때문입니다.
이 세상에는 영원한 권좌가 없습니다. 성경이 잘 대답해 주고 있습니다.(벧전1:24) 권불십년이요 화홍십일이라 하였습니다.
② 재력 역시 의지할 대상이 될 수가 없습니다.
재력으로도 지옥 가는 길을 막을 수가 없기 때문입니다. 어리석은 부자가 되면 곤란합니다.(눅12:20, 16:21-) 인생문제는 영원하신 예수 그리스도뿐이십니다.

## 3. 인생이 믿고 의지해야 할 분은 오직 예수뿐이십니다.
열방의 우상도 소용이 없습니다.(시115:4, 135:15-)

### 1) 오직 예수님뿐입니다.
① 우리의 죄 문제를 영원히 해결해 주셨습니다.
영생의 문제까지 모두 예수뿐입니다.(롬4:25)

② 그러나 인생도 사람들의 죄 문제와 구원문제는 해결할 수 없습니다.
예수님만이 십자가 위에서 다 이루셨습니다.(요19:30) 이것만이 해답이
요 해결책입니다.(롬10:9)

**2) 예수님 이름을 부르십시오.**
여기에 이생과 내생에 구원이 있습니다.
① 예수님의 이름을 부르는 사람들을 보십시오.
바울사도는 예수를 안 다음에 세상 모든 것들을 분토같이 버렸다고 간
증합니다.(빌3:8)
왜 그랬을까요? 예수님만이 해결책이기 때문입니다.
② 예수 이름은 내가 내 인생문제를 투자해도 절대로 손해 보지 않는 이름
입니다.
어디에다가 인생문제를 투자하시겠습니까? 영원하신 예수 이름 밖에는
다른 이름이 없습니다. 인생 문제를 예수님께 투자하시기를 주의 이름
으로 축원합니다.


**결론 : 예수 이름만이 우리의 전체 소망입니다.**

# 왜 예수만 믿어야 합니까 Ⅱ
(요10:1-15)

세상에 믿을만한 일이 많이 있을 것 같지만 사실은 많지가 않으며, 더욱이 영원한 생명을 담보로 해서 믿는다는 것은 어려운 일이 많이 발생하게 됩니다. 공항이나 대합실에 잠깐동안 물건 보관소가 있듯이 그런 정도의 일이 아니기 때문입니다.

그래서 신앙생활이 중요하며 여기에 영원한 생명 문제가 있습니다. 공중에 날아가는 새 한 마리며, 이름 모르는 들풀 역시 하나님의 섭리 중에 있으며, 눈에 뵈지 않는 미생물에 이르기까지도 모두 하나님의 지으신 피조물이며 하나님의 관심사에 있습니다. 더욱이 하나님의 창조물 중에 하나님의 형상대로 지으신바 된 인간의 존재는 모든 것들 중에 으뜸을 차지하게 됩니다.

왜 예수만 믿어야 하겠습니까? 이 물음에 대한 답을 던지면 다른 종교들(Religions)이나 일반인들은 왜 기독교는 그렇게 독단적이며 독선적이냐고 비난하며 비웃을지 모릅니다. 그러나 분명한 것은 생명을 얻게 하는 길은 오직 한 길 예수그리스도를 믿는 믿음의 길 뿐입니다.

왜 예수님만 믿어야 하는가에 대한 답을 다시한번 확인하는 시간이 되기 원합니다.

### 1. 예수그리스도만이 내 인생의 영원한 목자가 되시기 때문입니다.

왜 예수를 믿어야 합니까? 라고 질문한다면 예수님은 우리의 영원한 목자(shepherd)이시기 때문입니다. 인생은 이 세상뿐만 아니라 영원한 천국에 가기까지 참 목자가 필요합니다.

1) 예수님 자신이 우리에게 '나는 선한 목자'(I am the good shepherd)라고 하셨습니다.

① 이 세상에는 도적질하며 멸하는 강도나 이리떼와 같은 존재들이 많이

있습니다.
(1절) "내가 진실로 진실로 너희에게 이르노니 양의 우리에 문으로 들어가지 아니하고 다른 데로 넘어가는 자는 절도요 강도"라고 하였습니다. 종교라는 이름하에 영혼을 망치게 하고 국가를 망하게 하는 사례들이 세계 역사나 현실에도 많이 볼 수 있습니다.

예컨대 이미 역사상에서 자취를 감추었지만 페루(Peru)에는 인육으로 제사하는 종교도 있었습니다.

② 거짓 교사가 있으면 거짓 종교도 있는데 여기에 속아서 사는 인생들이 세상에는 많습니다.

이스라엘 역사 가운데 보면 이들을 따르다가 책망도 받고 망한 사례들이 성경에 적지 않게 지적되었습니다. 예레미야 선지자는 이를 책망하였습니다(렘5:30-31, 6:16-17, 18-19).

그런데 말세 때에도 세상에는 많은 거짓 것들이 많이 일어날 것을 말씀하셨습니다.(마24:3-, 딤후2:1).

## 2) 예수님만이 참 목자가 되십니다.

예수님 외에는 다른 길이 없습니다(요14:6, 행4:12).

① 다윗왕도 예수님이 참 목자가 되신다고 고백하였습니다(시23:1).

그래서 푸른 초장과 쉴만한 물가으로 인도해 주십니다. 히브리어로 된 구약성경에서 여호와(야훼)는 신약성경에서 헬라어로 예수인데 똑같이 구원자(Savior)라는 뜻입니다.(마1:18)

예수님만이 영원한 구원자이십니다.

② 따라서 예수님은 선한 목자가 되셔서 주의 백성들의 기도에 대해서 응답하시며 들으십니다.

구하라, 찾으라, 문을 두드리라고 하셨습니다.(마7:7) 구하면 주시겠다고 약속하셨습니다(요14:13, 15:7, 16:23-24). 영국의 유명한 설교가인 죠셉 파커(Joseph Parker)목사님은 말하기를, '기도를 많이 하는지 하지 않는지는 그 사람의 얼굴을 보면 알 수 있는데, 매일 기도하는 사람은 얼굴에서 아름다움과 기쁨이 있다' 고 하였습니다.

세계 유명인들 역시 기도 없이 된 사람은 기독교사에서 볼 때에 없습니다.

## 2. 예수그리스도는 그를 믿는 자들에게 풍성한 축복을 주시는 분이십니다.

영혼 구원은 기본이고 이 땅에 사는 동안에도 필요한 것들을 채워주시는 분이십니다.

### 1) 성경의 약속을 보시기 바랍니다.
성경은 예수님의 이름으로 축복을 약속하였습니다.

① 솔로몬과 술람미 여인과의 관계에서 예수님과 성도와의 관계가 설명되었습니다.

특히 아가서에서 이를 말씀하셨습니다(아7:13). 신약에서 사도 바울은 이를 전하였습니다(고후8:9). 예수님이 본문에서 친히 말씀하셨습니다.(10:10) "내가 온 것은 양으로 생명을 얻게 하고 더 풍성히 얻게 하려는 것이라"고 하였습니다.

② 예수 믿으면 복을 받습니다.

이것이 성경이요(창1:8) 기독교 역사입니다. 성경이 가는 나라마다 부강해지고 개인마다 풍성해 집니다. 예수님 안에는 모든 일들이 풍성한 축복으로 연결됩니다.

### 2) 예수 믿고 영육이 복을 받으시기 바랍니다.
영생의 축복은 영원히 받게 되지만 이 땅에 있을 때에 생존경쟁에서 축복을 약속해 주셨습니다.

① 성령 안에서 전도하고 선교하기 위해서 입니다.

복음 전도 할 때에 현대에 와서 물질도 필요하기 때문입니다. 기독교 역사와 현대에 와서는 더욱이 물질적 축복도 필요합니다.

② 우리는 하나님의 축복이 반드시 필요합니다.

예수님께 오면 반드시 목마르지 않다고 하셨습니다(요4:14). 광야에서도 오병이어의 기적을 주신 분이십니다(마14:14-). 예수님을 먼저 믿은 나라들이 선진국임을 보는 것도 한 증명입니다.

## 3. 예수님 밖에는 나 위해서 십자가에서 죽은 분이 없습니다.

세상에 그 어느 누가 나 때문에 죽으시거나 부활하셨습니까?(롬4:25).

1) 예수님은 십자가 희생으로 자신을 주셨습니다.
양을 위해서 목숨도 주셨습니다(10:11).
① 예수님은 나 때문에 죽으시고 섬기려고 오셨습니다(막10:45).
약속대로 대속물이 되셨습니다.
② 예수님 밖에는 다른 이가 없습니다.
'이 사람을 보라' 의 저자인 죤 실리(John. K. Seeley)는 말하기를 '예수님은 십자가에서 대속적 죽음으로 유명해졌다' 고 하였습니다.

2) 아직도 많은 사람들이 인생의 삶의 의지할 곳을 찾지 못하고 방황하는 사람들이 많습니다.
① 예수님께 돌아오시기 바랍니다.
예수님만이 영원한 생명이시요 구원주가 되십니다. 영원한 약속의 복음입니다(요14:6).
② 예수님만이 영원한 인생의 행복과 평안이 있습니다(엡2:9-13).
기회를 잃지 말고 시간이 주어지는 때에 돌아와야 합니다(고후6:1-3). 왜 예수님을 믿어야 하는지를 확실히 아시고 돌아오시게 되기를 축원합니다.

**결론 : 예수님만이 우리의 생명입니다.**

# 왜 예수만 믿어야 합니까 Ⅲ
(마4:23-25)

예수그리스도에 대한 우리의 신앙은 확실합니다. 확실치 않은 신앙(Faith)이라면 말할 필요도 없거니와 믿을 수도 없습니다. 세상이 제 아무리 발달하고 발전한다고 해도 내일에 대한 문제나 인간 자신에 대한 문제에 있어서 불확실하기 때문에 이를 놓고 미래를 말하면서 '불확실성 시대'라고 말합니다. 모든 앞길도 그러하지만 건강 문제 또한 누구도 확신할 수가 없기 때문입니다. 그래서 성경은 '너희가 내일 일을 알지 못한다'고(약4:14) 하였습니다.

빈곤국가도 있지만 세계적 관심사는 개인들의 건강 문제가 큰 관심사로 떠오른 시대가 되었습니다. 미국에는 뚱보가 많은데, 150kg 이상 나가는 사람도 많이 있어서 사회적 문제로 대두되었습니다. 병이라는 용어는 디지즈(disease)인데 두 가지 말의 합성어입니다. dis(디즈, 아니다)와 ease(이즈, 편하다)인데 '편치 않다'는 뜻입니다. 건강하지 못한 사람을 옛날부터 편치 않다고 했습니다.

신약이나 구약이나 할 것 없이 성경에는 병든 사람에 관한 기사와 이를 치료하는 역사들이 종종 기록되었습니다. 예수님은 많은 병자를 고치셨으며, '병든 자에게 의원이 쓸데 있다'고 역설하셨습니다.(마9:12-13) 왜 예수를 믿어야 합니까? 예수 안에서 영육에 고장 난 부분이 고쳐지고 치유되기 때문입니다.

본문에서 몇 가지 은혜를 나누며 왜 예수만 믿어야 하는지를 보겠습니다.

## 1. 하나님께서 창조하실 때에는 건강하게 창조하셨습니다.

하나님 보시기에 심히 좋으셨으며(창1:31), 처음 인간들은 오래 사는 장수자로써 므두셀라는 969세(창5:27)를 누렸으며 평균 4-5백년을 살았습니다.

그러나 노아 홍수 이후에 수명이 급격하게 감수했습니다.

### 1) 왜 이 땅에 병이 오게 되었습니까?

노아 홍수 이후에 이 땅에 수명이 급격하게 줄게 되었고 이제는 70-80(시 90:9-10)이 되었습니다. 의학이 발달하고 초현대적 병원도 인간을 치료가 불가능한 일들이 많습니다.

① 죄 문제 때문입니다.

병이 오는 세 가지 이유를 성경에서 말씀했습니다. 자기 자신의 실수와 부주의로 오거나 죄 값으로 오거나(요5:14), 하나님의 영광을 위해서 오는 경우입니다(요9:3). 현대에 이르러 후천성 면역결핍증이라 불리는 '에이즈'를 비롯한 수많은 병들이 죄 때문에 오는 경우들이 많습니다.

② 창세기에서 원론적인 근원을 찾게 됩니다,

하나님께서 창조하실 때에는 제일 아름답고 좋게 창조하셨지만 타락 이후에 곡식을 내야하는 대지(大地)까지도 못쓰게 되었습니다. 모든 것이 죄값으로 치루는 저주의 현장이 되었습니다(창3:17-18). 질병, 고통, 실패, 죽음 등의 수많은 고장 난 현장엔 오직 예수그리스도 밖에 다른 길이 없습니다(요14:6, 행4:12).

### 2) 병은 많은 부분이 마음에서 오게 됩니다.

영적 문제요, 정신적 상태에서 육신적 고통까지 따르게 됩니다.

① 성경에서 보시기 바랍니다.

(잠17;22) "마음의 즐거움은 양약이라도 심령의 근심은 뼈로 마르게 하느니라" 하였고, (잠18:14)"사람의 심령은 그 병을 능히 이기려니와 심령이 상하면 그것을 누가 일으키겠느냐" 하였습니다.(A man's spirit sustains him in sickness, but a crushed spirit who can bear?) 현대어로 마음의 근심은 곧 스트레스(stress)에서 오는데, 병의 원인의 70%가 된다고 통계로 말합니다. 고혈압, 저혈압, 당뇨, 심장 질환, 간 기능 등 모든 현대병에 마음이 중요한데 그래서 예수님 밖에는 진정한 평화가 없습니다.

② 지나친 소유욕이라든지 욕심이 병이 됩니다.

현대인들은 특히 상대적 빈곤, 상대적 풍요의 늪에 빠져 있습니다. 이

경쟁은 곧 병으로 이어지는 경우가 많습니다. 과욕 역시 병이 되는 경우가 많습니다. 욕심을 버리라고 하였습니다(약1:15).

## 2. 모든 질병이 치유되어야 합니다.
성경에서 하나님은 치유를 약속해 주셨습니다(출15:26).

### 1) 치유는 성경이 그 해답입니다. 약속을 보시기 바랍니다.
① 먼저 영적으로 하나님의 형상 회복이 중요한데 이것은 회개하고 하나님께 돌아올 때 가능한 일입니다.
모든 문제는 물론이고 하나님과의 관계가 회복됩니다. 그리고 하나님의 자녀가 됩니다(요1:12, 롬8:15-16).
② 하나님의 자녀임을 늘 확인해야 합니다.
내가 그리스도인이요, 하나님의 자녀임을 확인해야 합니다. 이것이 또한 믿음이요, 신앙이기도 한데 확인되어야 합니다. 바울도 강조하여 전하였습니다(고후13:5).

### 2) 확인되었으면 심령 상태가 바뀌어야 합니다.
즉 마음이 바뀌었으면(change up to heart) 확신하십시오.
① 이제 우리 생활 뿐 아니라 인생자체가 마음가짐에 있습니다.
병의 치료나 생활의 안정 역시 여기에서 부터 출발해야 합니다. 미국 오하이오 주립대학의 제이스 키콜드 글레이세는 교회에 나가서 몸과 마음에 안정을 갖고 심리적 평화를 누리면 혈액에서도 면역체계의 중추적 세포를 이루는 T세포의 수가 늘어나는 것을 발견했습니다.
② 우리 마음이 즐겁고 기쁘게 사는 비결은 예수님께 있습니다.
성경을 보시기 바랍니다.(잠4:23, 17:22) 바울도 전했습니다. 감옥에서도 기쁨을 전했습니다(빌3:1, 4:4, 행16:25).

## 3. 예수님은 고장 난 우리 인생을 고치시고 치료하십니다.
창조주가 되시기 때문에(요1:3-4) 모든 약한 것을 고치게 됩니다.

### 1) 예수님은 영육간의 질병을 치료해 주십니다.

창조주가 되시기 때문입니다.
 ① 영적인 죄의 병에서도 치유해 주십니다.
   죄 때문에 오는 모든 영육의 고장 난 부분을 치유해 주십니다. 그래서 첫 음성이 "회개(Repent)하라"였습니다(마4:17).
 ② 사도들도 회개를 외치게 되었고(행2:38), 성령 충만과 함께 치유가 이루어지는데 이것을 믿으라 하십니다.
   믿음이 치유로 연결됩니다(약5;15). 1996년 타임지(Time)에 따르면 미국인들은 기도하면 낫게 된다는 믿음이 80%이상이라고 발표한 바가 있습니다.

2) 예수님을 믿습니까?
 ① 믿음이 곧 치료로 연결 됩니다. 마음의 병, 육신의 병에서 예수님을 믿어야 합니다. 예수님은 우리를 치유해 주십니다.
 ② 왜 예수만 믿어야 합니까?
   예수님만이 인간의 고장 난 부분을 치유하시고, 원상회복하시며, 영원한 천국으로 이끌어 주시는 분이시기 때문입니다. 예수 믿는 믿음으로 굳게 세워져 가시기를 주의 이름으로 축원합니다.

**결론 : 창조주 되시는 오직 예수님 밖에 다른 소망이 없습니다.**

# 왜 예수만 믿어야 합니까 Ⅳ
(행4:12)

왜 예수만 믿어야 합니까? 네 번째 시간입니다. 이 대답에 대해서 다른 종교나 일반인들은 기독교에 대해서 비평하기를 '독선적'이라고 말하거나 다른 종교다원주의자들은 '기독교 외에도 구원이 있다'라고 말하면서 기독교의 절대 진리를 부인하는 사람들도 있습니다.

그러나 분명한 것은 기독교 외에는 구원이 없으며 인간의 죄 문제는 십자가에서 대속적 죽음을 죽으시고 부활하신 예수그리스도 외에는 다른 복음이 절대 없습니다.(갈1:11)

이것이 기독교 복음입니다.(롬4:25, 요14:6, 요일5:11-13)
본문에서도 "다른 이로서는 구원을 얻을 수 없나니 천하 인간에 구원을 얻을만한 다른 이름을 주신 일이 없음이니라" 하였습니다. 죄 문제가 해결되고 영생에 관한 문제가 해결된 사람에게 성경은 다른데서는 찾을 수 없는 제 이의 축복들이 영적이고 신령한 면에서 약속되어 있습니다.
축복의 약속들은 예수 안에서 이루어지게 되는데 몇 가지 생각해 봅니다.

## 1. 예수 안에만 궁극적인 평안이 약속되어 있습니다.

평안이라는 단어의 반대는 불안과 공포인데 불안과 공포가 왜 왔습니까? 죄 때문입니다. 이제는 죄 문제까지 해결되면서 궁극적인 영원한 평안이 약속되었습니다. 38년 된 병자는 베데스다 연못가에서 예수님을 만나고 병 고침과 함께 죄 문제까지 해결 받으면서 평안을 얻게 되었습니다.(요5:14)
1) 평안의 반대되는 죄 문제가 해결되었기 때문에 평안이 옵니다.
철저하게 십자가 위에서 막힌 담이 헐리게 되었습니다.
① 예수님이 곧 평안이요, 중간에 막힌 담을 헐어내셨습니다.

성경이 이것을 확증하였습니다.(엡2:13-) 바울은 언제나 그의 서신 1:1-5 사이에 은혜와 평강을 강조하였습니다. 예수님이 친히 강조하신 평안이 약속되었습니다.(요14:27)

부활 후 첫 번째 만남에서도 평안을 명하셨습니다.(요20:19)

"너희에게 평안이 있을찌어다" 하셨습니다.(and said, "Peace be with you!")

② 세상에서 주어지는 '평안'은 다른 것입니다.

라틴어로 평안을 '팍스(Fax)'라고 하는데 이는 세상에 가시적이고 조건적이며 물질적인 것에서 오는 개념입니다. 그래서 권력, 물질, 삶의 조건들이 무너지게 되면 그 평안도 무너지지만 예수 안에서의 평안은 영적이고 신령한 평안이기 때문에 세상적 조건과는 비교가 될 수 없습니다. 그래서 옥중에서도 기뻐하였고 찬송했습니다.(빌4:4, 행16:25)

### 2) 그러므로 예수 안에서 평안을 소유해야 합니다.

세상적인 것은 모두가 유동적이고 배경에 따라서 달라지지만 배경이 변해도 예수 안에서는 구원의 평안이 있습니다.

① 사도 바울의 예를 보시기 바랍니다.

사상가요, 철학자요, 율법학자요, 세상적으로 자랑할 만한 모든 일들을 모두 버렸습니다. 육체적으로 신뢰할 만한 모든 것을 버리고(빌3:4), 오직 나를 본받으라고 외쳤습니다.(빌3:17)

바울의 평강을 보시기 바랍니다.(빌4:9, 4:7, 롬15:33)

② 유라굴로라는 풍랑 앞에서도 바울은 죽음 직전에 있던 불안과 공포 속에 있게 된 사람들에게도 평안을 전했습니다.

이것이 예수 안에서 있을 때에 주어지는 평안입니다.(행27:21-22)

'여러분이여 이제 안심하라'고 외쳤습니다.

## 2. 예수 안에서는 모든 불안을 막아주게 됩니다.

문제는 '내 생각, 내 생활이 예수 안에 있는가'입니다.

### 1) 내 인생을 누가 책임져 주시겠습니까?

'왜 예수만인가'라는 질문에 대한 답이 또한 여기에 있습니다.

이 세상뿐 아니라 영원한 천국에까지 오직 예수님뿐 입니다.
① 예수님의 약속을 보시기 바랍니다.
죽음 앞에서 슬퍼하는 사람들 앞에서도 예수님은 약속하셨습니다. 부활이요 생명이기 때문에 영원한 생명의 약속입니다. 이에 마르다와 마리아는 위로와 힘을 얻었습니다.(요11:25)
아담 안에서는 죽었지만(창2:17) 예수 안에는 생명입니다.
② 예수님은 믿는 자에게 영원한 생명이십니다.
하늘에서 내려온 산 떡이요(요6:51) 양떼들로 생명을 풍성히 얻게 해주시는 분이십니다.(요10:10) 예수 안에서만 영원한 생명이 약속되었습니다.(요일5:11-13)

**2) 영원한 천국에 대한 것은 이 땅에서도 평안을 약속 받는 일입니다.**
① 사람이 세상에서 제일 무서워하는 문제는 죽음인데 영원한 천국의 확실성은 죽음에 대한 두려움을 해소해 주게 됩니다.
Canada(카나다)의 내과 전문의사인 찬드라 칸드박사는 '내세가 있다는 굳건한 믿음은 마음에 내적 평화를 가져다준다' 고 하면서 예수 믿는 일은 세상에 어떤 평안보다 비교할 수 없게 큰 것이다' 고 역설하였습니다.
② 예수를 믿게 되면 내세가 확실하기 때문에 평안이 오게 되는데 장소와 형편이 문제가 될 수가 없습니다.
스데반집사님은 돌에 맞아 죽으면서도 평안했습니다.(행7:5-6)
보수주의 신학자인 그레샴 메이첸(J. Gresham. Machen)박사는 죽으면서도 하늘 문이 열린다고 외쳤습니다.

## 3. 예수 안에서 복이 약속되어 있기 때문입니다.
왜 예수만 믿어야 합니까? 예수 안에 복이 있습니다.

**1) 영과 육이 같이 복을 받아야 합니다.**
세상에서의 복은 반쪽짜리 복일 수밖에 없습니다.
① 영생의 복과 함께 우리는 세상 복이 되어야 합니다.
부자와 나사로의 비유에서 큰 교훈을 얻게 됩니다.(눅16장)

믿음은 영생입니다.(벧전1:9)
② 믿음의 사람들에게 복을 약속해 주셨습니다.
(갈3:9)아브라함이 받은 복입니다. 아브라함의 복을 보시기 바랍니다.(창1:22, 28, 12:1)

**2) 하나님의 약속은 불변합니다. 세상의 약속은 변합니다.**
이소연씨가 탄 우주선이 450km나 이탈해서 착륙했듯이 세상의 일이 그렇습니다.
① 성경에는 복이라는 말씀이 풍성해서 35600가지 이상 강조했습니다.
복 받으시고 저주를 떨쳐내시기 바랍니다.
② 이 복을 받으시기 바랍니다.
요한3서 1절-4절까지의 복입니다. 왜 예수만 믿어야 하는가를 명심하고 예수 안에 승리케 되시기를 축원합니다.

**결론 : 우리에게는 예수 밖에 없습니다.**

# 왜 예수만 믿어야 합니까 V
(마16:13-20)

세상에는 다른 종교들이 많이 있고 우리가 살아가는 대한민국은 종교 자유국가라서 종교들이 다른 나라에서는 찾기 어려운 협력 속에 살아가는데 왜 유독 기독교만이라고 떠드냐고 핀잔을 주기도 합니다. 그래서 학문 가운데 보면 '비교 종교학' 이라든지 '교회와 종교' 라는 것도 있습니다. 분명한 것은 영원한 구원과 직결된 이 문제는 중요한 일이라는 사실입니다.

여호수아는 마지막 죽기 전에도 이스라엘 백성들에게 오직 여호와만 섬길 것을 촉구하는 모습을 보게 되고(수24:14-15), 분열 왕국시대의 북쪽 지역에서 활동하던 엘리야 선지자는 아합왕과 모든 백성들에게 중간에서 머뭇거리지 말고 택하라고 강조하며 불로 응답을 받는 사건을 보게 됩니다.(왕상18:21-) 이런 사실은 에스겔 선지자 시대에도 동일하게 나타납니다.(겔20:39)

왜 예수님만 믿으라고 독선적이고 편파적으로 강조하느냐고 질문한다면 오늘 또 다시 본문에서 그 정답을 찾게 됩니다. 세례요한, 엘리야, 선지자 중에 하나쯤으로 생각하던 자들도 있었지만 예수님은 질문하십니다. "너희는 나를 누구라고 하느냐?" ("But what about you?" he asked. "who do you say I am?") 할 때에 '주는 그리스도시요 살아계신 하나님의 아들이시라' 고 정답을 고백한 베드로의 고백이 이 시간에도 고백되어지기를 바랍니다.

## 1. 예수그리스도만 하나님의 아들로서 이 땅을 구속하시려고 오신 분이시기 때문입니다.

본문이 이런 사실을 확인해 주십니다.

### 1) 예수그리스도 외에는 하나님께 인도할 목자가 없기 때문입니다.
우리 인생은 다 양 같아서 각기 제 길로 가게 되었던 인생입니다.(사53:6)

예수님만이 양과 같은 인생을 하나님께 인도하게 되고 영원한 목자가 되십니다.(요15:1)
① 예수님은 참 목자가 되십니다.(요15:8-15)
완전히 타락하여 제각기 다른 길, 멸망의 길로 가는 인생을 인도하실 분은 참 목자이신 예수님 밖에 없습니다.
② 예수님은 목자가 되시기 때문에 자신을 희생하셨습니다.
세상에는 종교를 빙자한 '절도요 강도'(thief and robber)들이 많이 있어서 영혼을 도적질하는 자가 많습니다. 강도와 도적에게서 벗어나기 위해서는 참목자이신 예수님 밖에 다른 길이 없습니다.(시91:2, 124:7, 잠6:5) 그래서 다른 길이나 다른 이름이 없고(행4:12) 오직 한 길인(only on way) 예수그리스도 뿐입니다.

### 2) 예수님은 곧 하나님이시기 때문입니다.
베드로의 고백이 하나님의 뜻이요 신앙의 정답입니다.
① 예수님은 곧 하나님이십니다.
(16절)시몬 베드로가 대답하여 가로되 주는 그리스도시요 살아계신 하나님의 아들이시니이다 했는데 그리스도( Χριστὸς )란 '기름부음 받은 자'란 뜻으로 '메시야'에 해당하며 구약에서 기름부음을 받는 직(織)은 선지자, 제사장, 왕을 세울 때에 기름을 부었는데 예수님은 한 몸에 이 3직을 지니신 분으로써 오실 것이라 예언되어진 메시야가 되십니다.
② 예수님은 대제사장이 되시며 짐승의 피가 아닌 자기 몸으로 제물되셨고 백성들의 죄를 한번에 씻어주셨습니다.(히9:12)
이 피로 씻음 받은 사람들이 장차 천국 문에서 찬송을 부르게 될 것입니다.(계7:14) 이 분은 천지를 지으신 분이십니다.(요1:1-3)

## 2. 예수 이름은 반석이 되십니다.
정통적으로 고백한 베드로의 신앙 고백은 주님의 교회를 세우는 기초 고백이 되었습니다. 예수님의 이름은 곧 반석이 되십니다.

### 1) 성경에는 반석이라는 말씀이 많습니다.
모두 예수그리스도를 상징적으로 보여주는 말씀입니다.

① 예수그리스도는 반석이라고 표현되었습니다.
다윗도 반석으로 고백하였고(시18:2), 다니엘은 뜨인 돌로 전하였고(단 2:45), 베드로 자신은 보배롭고 요긴한 모퉁이 돌이요, 건축자의 버린 돌이라 하였고(벧전2:6-7, 사28:16) 본문에서는 '반석'이라 전하였습니다.

② 인생의 제일 기초를 예수그리스도 반석 위에 세울 때에 영원히 견고하게 됩니다.
여러분은 인생의 기초를 어디에다 두고 살아가십니까? 보는 것은 다 무너질 때가 옵니다. 바벨탑도(창11:9), 바벨론도(계18:2-) 무너지듯이 세상(κόσμος)은 무너질 때가 옵니다.
그러나 예수그리스도를 믿는 자는 부끄러움을 당하지 않게 됩니다.(롬10:11)

### 2) 예수그리스도의 이름에는 능력이 있습니다.
어떤 능력입니까? 이 능력이 세상을 이기게 됩니다.
① 예수 이름은 음부의 권세가 이길 수 없습니다.
음부, 지옥, 사망의 권세가 예수 이름을 이길 수 없습니다. 사람이 제일 무서워하는 사망, 지옥의 권세가 예수 이름 앞에 굴복하게 됩니다.

② 천국 열쇠가 주어지게 됩니다.
예수의 이름이 곧 천국 열쇠입니다.(계3:8)

③ 무엇이든 열면 여는 대로, 풀면 풀리는 대로 됩니다.
칼빈(J. Calvin)은 사망과 음부의 열쇠를 비롯한 모든 인생문제의 열쇠를 가지신 분이라고 하였습니다.(계1:18)

## 3. 예수님이 말씀하시며 질문하십니다.

"너희는 나를 누구라고 하느냐" 사람들은 이러쿵 저러쿵 말하지만 '너희는 나를 누구라고 하느냐' 입니다. 중요한 일입니다.

### 1) 중요한 것은 작금에 와서 사람들의 예수님관이 문제가 아니라 나는 무엇이라고 하느냐가 중요합니다.

① 방송국들의 예수그리스도에 대한 그릇된 보도나 교회에 대한 폄하, 다

원주의자들의 얘기가 아니라 내 신앙관이 중요합니다. 흔들리지 말아야 하겠습니다.
② 예수님도 그런 사실을 아셨을 것입니다.
그렇게 많은 기적과 능력으로써 본인이 하나님이심을 보여 주셨는데 믿지 아니한 저들이 답답하셨습니다.(마11:20)

**2) 문제는 제자들에게 질문하신 것입니다.(너희는 나를 누구라고 하느냐는 질문입니다)**
① 예수님은 제자들의 질문에 대한 대답을 원하시듯이 지금도 답을 원하십니다.
'아무개야 너는 나를 어떻게 보느냐' 입니다. 대답하시기 바랍니다.
② 예수님에 대한 신앙이 흔들리지 말아야 합니다.
순교자 폴리캅(Polycarp)은 '그 분은 나를 86년간 한 번도 모른다고 하시지 아니하였는데 왜 내가 예수를 부인하랴' 하면서 화형장에서 순교했습니다. 그리스의 베데스다수도원에 가면 천정 벽화에 기독교인을 죽이는 38가지 사형 현장 벽화가 있습니다. '너는 나를 누구라 하느냐' 이 질문에 답하시기를 주의 이름으로 축원합니다.

**결론 : 예수님만이 우리의 구세주가 되십니다.**

# 왜 예수만 믿어야 합니까 Ⅵ
(히9:27-28)

왜! 라는 말은 의문문의 첫 글자입니다. 그래서 왜라는 질문에는 답변을 해야 합니다. 왜 예수만 믿어야 합니까? 라는 질문의 여섯 번째 시간으로 예수만 믿어야 하는 당위성을 말씀드립니다.

세상 모든 일에는 시작이 있으면 끝도 있듯이, 인생은 태어날 때가 있으면 죽을 때도 있습니다. 그래서 전도서에는 "천하에 범사가 기한이 있고 모든 목적이 이룰 때가 있나니 날 때가 있고 죽을 때가 있으며"(전3;1) 라고 하였습니다. "사람이 살면 칠십이요 강건하면 팔십이라도 그 년수의 자랑은 수고와 슬픔뿐이니 우리가 신속히 날아가나이다" 라고 하였습니다(시90:9-10).

'역사'(History)의 무덤 속에는 유명, 무명 할 것 없이 모든 역사에 왔다가 간 사람들이 묻혀있습니다. 여기에는 진나라 시황제의 불로초, 불사약도 소용없습니다. 문제는 사람이 죽으면 끝이 아니라, 그 때부터 영원한 세계(the world of eternal)가 펼쳐진다는 사실입니다.

본문에서 "한 번 죽는 것은 사람에게 정하신 것이요 그 후에는 심판이 있으리니" 하였습니다. 천국이 있고 지옥이 있습니다. 예수 믿는 길 외에는 천국에 갈 수가 없습니다.

## 1. 사람은 반드시 죽을 때가 옵니다.
태어나듯이 반드시 죽는 때가 있는 것은 부정할 수 없습니다.

### 1) 한 번 죽는 것이 정해져 있습니다.
언제, 어디서, 어떻게 죽느냐. 죽음 이후에 어디로 가느냐가 중요합니다.
　① 미지정 속에 죽습니다.

그래서 죽음은 예고가 없습니다. 갑자기 이루어지는 현상이기 때문입니다. 세상 사람들이 아깝게 여기는 사람도, 없어지기를 바라는 사람도 미지정 속에 가게 됩니다. 모든 일들은 하나님의 섭리 속에 있기 때문에 살아있는 인생들은 잘 사는 것도 중요하지만 언제나 죽을 준비도 해야 합니다.

② 성경에서는 두 가지 죽음에 대해서 말씀했습니다.

죽음에는 2가지가 있습니다. (눅16:19-31)부자와 나사로의 사건에서 예수님이 말씀해 주셨습니다.

부자도 가난한 자도 죽습니다. 죽음 이후에는 천국이냐 불못이 이글거리는 지옥에 떨어지느냐가 관건입니다. 여기에는 큰 구렁이가 끼어 있어서 오고 갈 수가 없는 곳입니다.

그러므로 살아 있을 때에 예수님을 믿어야 하겠고, 믿는 성도들은 부지런히 전도의 사명을 다해야 할 때입니다. 오묘한 일은 하나님께 속한 일입니다(신29:29).

### 2) 죽음 이후에는 영원한 천국과 지옥으로 나뉘게 됩니다.

왜 예수님만 믿어야 합니까? 라는 답변으로써 우리의 신앙생활은 눈에 띄는 육신 세계의 어떤 것이 목적이 아니라 영원한 천국이 우리의 목표요 소망입니다.

① 죽음 이후에 예수 안에서 천국이 시작됩니다.

나사로는 세상에서는 어려웠으나 천국이 시작되었습니다. 세상 그 어떤 것과 비교가 될 수 없는 곳입니다. 그래서 세상에서 제일 좋다고 하는 보석류로 비유적으로 상징했습니다(계21:18-).

오직 예수 믿음으로만 가는 천국입니다.

② 예수 믿지 않는 자의 지옥이 죽음에서 출발합니다.

믿는 자는 천사에 받들려 천국이지만 불신자는 마귀를 따라 살다가 마귀에 의해서 지옥입니다(마25:41). 이곳은 죽지도 않는 불구덩이 입니다(막9:47). 예수 믿고 천국에 입성해야 합니다.

## 2. 하나님의 엄정하신 심판이 있습니다.

"그 후에는 심판이 있으리니" 하였습니다. (after that to face judgment0)

지금 세상은 악한 자와 선한 자의 차이와 분간이 어렵습니다. 그러나 하나님은 분명히 심판을 하십니다.

### 1) 내가 살아온 것에 대한 심판을 받게 됩니다.
하나님의 심판은 정확한 심판입니다.
① 세상에서는 악한 자가 더 큰 소리치는 경우들이 있습니다.
역사에 남는 유명인부터 시작해서 일반 민초들에 이르기까지 악을 저지르고 큰 소리치는 경우가 있지만 하나님 앞에서는 통하지 않습니다.
② 세상 자체가 타락한 자로 가득합니다.
의인이 하나도 없기 때문입니다(롬3:10). 그리고 모두가 악으로 치달아가기 때문입니다(롬1:28).

### 2) 하나님의 심판은 엄정합니다.
아날로그시대에는 모든 것이 사람의 손으로 일했지만 이제 디지털시대이기 때문에 수십만 권의 책도 작은 칩 속에 입력되는 시대입니다.
① 사람은 외모를 보고 판단하지만 하나님은 속 중심까지 보십니다.
중심을 보시겠다고 하셨습니다(삼상16:7).
② 사람의 일들은 오차범위가 생기지만 하나님께는 오차가 없습니다.
그래서 이소연씨가 탄 우주선도 450km나 목표를 벗어났지만 하나님은 정확하게 심판하십니다.

## 3. 예수님만이 우리의 모든 죄를 해결해 주신 분이십니다.

28절에서 밝혀주셨습니다.

### 1) 예수님이 믿는 자를 대신해서 십자가에서 죄 값을 당하여 주셨습니다.
① 예수님이 모두 갚아주셨습니다.
(요19:30) "다 이루었다" (it is finished)라고 하셨습니다.
② 예수님 외에는 다른 이름이 없습니다.
죄에서, 사망 권세에서, 지옥 권세에서 구원하실 분은 예수 이름 밖에 없습니다.
그러므로 예수 이름만 믿어야 할 본질적 대답이 여기에 있습니다.

## 2) 재림하실 예수님이 가까이 왔습니다.

초림으로 오신 예수님은 구원주였으나 이제 두 번째 오실 분은 심판주이십니다(he will appear a second time).

① 누구도 피할 수가 없습니다.

번개같이 오시며(마24:27), 찌른 자들도 볼 것입니다(계1:7).

② 예수님 믿는 길 외에는 다른 길이 없습니다.

믿으면 천국이요 불신 지옥입니다. 세상에 이보다 더 다급한 일은 없습니다.

잠시 후에 오십니다(히10:27). 믿고 영생 얻게 되기를 주의 이름으로 축원합니다.


**결론 : 예수 밖에 없습니다.**

# 예수그리스도의 피
(히10:19-25)

모든 생명체는 피(血, blood)가 있습니다. 동물은 물론이고 식물에도 수액이 있어서 수액에 의해서 생존합니다. 생명의 근원은 피에 있기 때문에 동물을 식용으로 허락하실 때에도 피 채 먹지 말라고 하셨습니다.(창9:3) 사람의 몸의 구성상으로 볼 때에 70%가 수분이요 피입니다. 그래서 피가 곧 생명을 유지하게 됩니다.

사순절의 끝자락인 종려주일에 예수님이 십자가 위에서 당하신 고난의 의미를 다시한번 생각하며 은혜를 받는 시간이 되시기 바랍니다. 예루살렘에 입성하시고(마21장) 잡히시어 십자가 위에서 최후적으로 십자가에서 대속적 죽음을 당하신 주간입니다. 그 의미를 다시한번 돌아보게 됩니다.

## 1. 예수님이 흘린 피 값은 천국에 들어가는 산길이 되었습니다.

(19-20) '형제들아 우리가 예수의 피를 힘입어 성소에 들어갈' 이라 하였고 그 길은 우리를 위하여 휘장 가운데로 열어놓으신 새롭고 산길이라고 하였습니다.

### 1) 예수님의 피 흘리신 십자가의 이 사건은 중대하고 중대한 일입니다.
우리가 영원히 사는 길이기 때문입니다.
  ① 인간은 아담부터 시작된 죄 값으로 인하여 죽게 되었습니다.
     그래서 영원한 사형선고를 면할 자가 없습니다.(창2:17)
     불의의 병기요(롬6:13), 본질상 진노의 자식이요(갈4:8, 엡2:3), 모두 죄인이요(롬3:10, 23), 거짓말 못할 죄인(요일1:8-9)들입니다. 그리고 죄 값은 사망입니다.(롬6:23)(For the wages of sin is death)
  ② 지옥은 누구도 피할 수 없는 불 못이요 형벌의 곳입니다.
     착각하지 말 것은 상상할 수 없는 고통의 곳입니다. 죽지도 않고 고생

만 하는 지옥의 형태를 보시기 바랍니다. (막9:48)구더기도 죽지 않고, (사66:24)벌레도 죽지 않으며, (눅16:24)물 한 방울이 없는 곳이고, (계 21:8)유황불 못이며, 꺼지지 않는 불입니다.(마5:20, 계20:10, 14, 15, 21:8, 마8:12, 22:13, 25:30)

무신론자였던 불란서의 사상가 볼테르는 죽기 전에 의사에게 말하기를 '의사여 내 생명을 6개월만 연장시켜준다면 내 보물의 절반을 주겠다' 고 했지만 죽었습니다.

죽을 때에 '나는 지옥에 가노라' 하였습니다.

### 2) 예수님의 십자가 피 흘리심은 인생들을 구원하시기 위해서였습니다.

① 구약에는 예표요 그림자로서 수많은 피를 흘리기까지 되었는데 짐승들이 죽게 되었습니다.

율법에 대해서 짐승들이 피를 흘리게 되었고(히9:20) 유월절 어린양의 피(출12:22), 속죄의 피(레1:5)와 예수님께 대한 예언까지(사53:4) 예수님에 대한 대속적 피 흘리심의 예표요 예언입니다.

② 흘리신 십자가 위의 그 피는 우리의 마음에 뿌려지게 되고 모든 불의와 죄에서 씻음을 얻게 됩니다.

(22절) '우리가 마음에 뿌림을 받아 양심의 악을 깨닫고 몸을 맑은 물로 씻었으니 참 마음과 온전한 믿음으로 하나님께 나아가자' 했습니다. 암병(cancer)보다 더 무서운 죄의 병을 씻고 해결할 길은 예수그리스도의 십자가 피 밖에 없습니다.(엡2:1)

## 2. 천국의 새 길이 열린 길은 예수님의 육체가 찢어진 결과입니다.

(20절) '그 길은 우리를 위하여 휘장 가운데로 열어놓으신 새롭고 산길이요 휘장은 곧 저의 육체라' 하였습니다.

### 1) 성소와 지성소의 사이에 가려진 휘장이 십자가에서 운명하실 때에 찢어졌습니다.

① 이제는 예수이름으로 구원 받은 구원의 길입니다.

구약 제사법전에서 그림자격으로 보여주셨지만 이제는 실제 주인공이신 예수님이 이를 실현해 주신 것입니다.(마27:51)

② 심판대 앞에서 예수그리스도의 피만이 죄 용서 받게 됩니다.
이것은 어느 시대 어느 때든지 변치 않는 진리요 구원의 길이기에 다른 길이 없습니다.(요14:6, 행4:12)

**2) 따라서 예수그리스도의 생명의 피는 믿음으로 마음에 수혈하는 자에게 영원한 생명이 있습니다.**
① 예수님이 선포하셨습니다.
나는 생명이다(요6:50), 생명의 물이다(요6:54), 나는 선한 목자다(요10:10)라고 하였습니다. 따라서 예수님의 피 값만이 대속하게 됩니다.
② 예수님 믿는 사람만이 영원한 구원이 있습니다.
예수 없는 사람은 영원한 생명도 없습니다.(요일5:12-13)
고난주간에 감사와 더불어서 더욱 믿음을 견고히 하는 시간이 되어야 하겠습니다.

## 3. 천국가는 이 길은 전적인 하나님의 은혜입니다.

전적인 하나님의 은혜로만 되는 길이 십자가의 사건입니다.

**1) 모두 하나님의 은혜요 은총의 사건입니다.**
공의의 하나님으로는 당장 심판이지만 예수님이 그 공의는 십자가형까지 당하시게 된 것입니다.
① 율법의 의로는 구원 받을 수 있는 사람이 하나도 없습니다.
따라서 행위로 구원 받을 사람이 하나도 없습니다. 성경을 보시기 바랍니다.(갈2:16)
② 하나님께서 이 사실을 예표로 보여주셨습니다.
무화과 나뭇잎으로는 우리 허물을 가릴 수가 없기에 짐승의 가죽이 필요합니다.(창3:21)
예수님은 하나의 양이 되셨습니다.(요1:29) 예수님의 피 값이 우리를 사해주신 것입니다.

**2) 예수그리스도의 피 뿌리심으로 우리는 하나님의 은혜의 앞으로 담대히 나가게 됩니다.**
① 예수님께서 이렇게 이루어 놓으셨어도 내가 내 것으로 받아들이지 아

니하면 멸망합니다.
믿음의 행동이 요구됩니다.(Action of Faith)
(22절) '참 마음과 온전한 믿음으로 하나님께 나아가자' 하였습니다.
② 다시없는 하나님의 은혜입니다.
405장을 지은 죤뉴톤(J.Newton)은 노예로 있다가 해방된 뒤에 예수 믿고 이런 찬송을 부르게 되었습니다.
'나 같은 죄인 살리신' 입니다. 종려주일이요 고난주간에 예수님의 피 흘리심을 다시한번 회복하시는 기회가 되시기를 주의 이름으로 축원합니다.

**결론 : 예수님의 피는 곧 우리의 생명입니다.**

# 눈을 들어 주를 바라보라
(시121:1-8)

모든 생태계는 산골짜기에서 자라나는 식물에서부터 아파트 베란다의 화분에 이르기까지 태양을 향하여 뻗어 나갑니다. 그래서 소나무를 베어보면 태양이 많이 비치는 남쪽을 향해서 그 나이테가 형성되어 있음을 보게 됩니다. 인간은 그 심령 속에 하나님을 향해서 살아가도록 지으심을 입게 되었습니다.

어거스틴(St. Augustine)은 말하기를 '하나님께서 인간을 창조하실 때에 그 마음에 하나님만이 채우실 수 있는 공간(Hall)을 만들어 놓으셨기 때문에 하나님께 돌아올 때만이 채워지게 된다' 고 역설하였습니다.

사람이 세상 그 어떤 것을 가지고 대리만족을 구해도 하나님을 떠나서는 진정한 마음의 안정과 평안이 없습니다. 시편 기자는 본문에서 성전에 올라가는 시로써 노래하였습니다. 산을 향하여 눈을 들어 보아도 진정한 도움은 천지를 지으신 여호와께로부터 온다고 증거 하였습니다.

홍수 속에 목마름이요 군중 속에 고독이란 단어와 같이 세상에는 만족이 없지만 하나님 안에서 평안이 있게 됩니다.

본문에서 은혜를 나누어 봅니다.

## 1. 하나님은 나를 보호하시고 지켜 주십니다.

사람은 누구나 보호받고 싶은 본능이 있습니다. 그래서 에덴동산에서 추방된 인간은 자기를 보호해줄 대상을 찾아서 돌이나 바위, 그리고 거대한 나무 등을 숭배의 대상으로 찾으나 이 모두가 헛된 일들에 불과합니다.

1) 세상에 사는 동안 우리는 하나님의 지켜주심이 절대적으로 필요하며 요구됩니다.

세상에는 환난들로 가득 채워 있어서 언제든지 인재나 자연 재해들이 올 수 있기 때문입니다. 그러나 하나님은 우리의 피난처시오 산성이 되십니다(시46:1).

① 오직 하나님만이 의지의 대상이 되십니다.

본문에서 3-8 사이에 '지키신다(watches)' 라는 용어가 5차례나 강조되었습니다. 사드락, 메삭, 아벳느고는 불 속에서 지켜주셨고(단3장,) 다니엘은 사자굴에서 지켜주셨으며(단6장), 사도 요한은 기름 가마 속에서와 밧모섬에서도 지켜 주셨습니다. 요나는 물고기 뱃속에서 보호해 주셨고 사도 바울은 유라굴로 풍랑에서 보호해 주셨습니다(행27장). 이것은 하나님의 약속이기도 합니다(민6:22-27).

② 하나님께서는 그의 백성들을 언제나 지켜주십니다.

전쟁의 위기에서도 지켜주셨고 사망의 음침한 골짜기나(시23:4) 눈물 골짜기에서도 지켜주십니다.(시84:6) 히스기야는 앗수르왕과 병에서도 지켜주셨습니다(왕하20장).

### 2) 하나님의 지켜주심은 한 치의 오차도 없습니다.

세상의 일들은 오차 범위가 큽니다. 그러나 하나님은 오차가 발생하지 않습니다.

① 그래서 실족치 않게 하신다고 하셨습니다.

(3절) "너로 실족치 않게 하시며(He will not let your foot slip)" 하셨습니다. 베드로는 자기의 실수로 예수님을 배반하였어도 사탄이 밀 까부르듯 할 때에도 베드로를 다시 지켜주셨습니다(눅22:31-32). 눈동자같이 지켜 주시기 때문입니다(시17:8).

② 그러므로 성도는 언제든지 죽으나 사나 예수님 손을 붙들고 가야 합니다.

내가 주님의 손을 붙들게 되면 나는 약하지만 주님이 내 손을 붙들어 주시고 힘이 있게 됩니다. 두려워하지 말아야 합니다(사41:10).

## 2. 하나님의 지켜주심에는 실패가 없습니다.

세상의 모든 일에는 성공과 실패가 있지만 하나님의 붙드심에는 실패가 없습니다.

### 1) 졸지도 주무시지도 않기 때문입니다.

(3절)졸지도 주무시지도 않으십니다(will not slumber).

① 나를 지켜주시기 위해서 하나님은 주무시지도 않으십니다.

사람은 아무리 친한 사이라도 잠을 잘 때에는 지켜줄 수 없지만 하나님은 주무시지도 않습니다.

② 졸지도 않으십니다.

사람은 하루에 8시간을 잠을 자야한다고 하는데 현대에 바쁘게 살아가는 사람들에게 는 사치스러운 말로 들리게 됩니다. 그래도 몇 시간은 수면을 취해야 합니다. 하지만 하나님은 졸지도 주무시지도 않으십니다.

### 2) 성도는 그 하나님께 인생을 맡기고 살 때에 안전합니다.

세상의 은행은 안전하지 못해서 부도가 날 때가 있지만 하나님께 맡긴 인생은 부도가 나지 않습니다.

① 개인도 국가도 하나님께 맡겨야 합니다.

155mile 휴전선도 하나님께서 지켜주셔야 합니다.

② 모든 것을 믿고 의지하고 맡겨야 합니다.

(시37:4-) "여호와를 기뻐하라 그리하면 네 마음의 소원을 이루어주신다"고 약속하셨습니다. 미국 70년대 하버드 대학 심리학자인 알렉산더 리프(Alexander Leaf)가 장수 마을을 찾아서 연구한 결과 러시아, 파키스탄, 에콰도르 등에서 얻어낸 결과는 공통적으로 젊게 살고 젊게 생각하는 사람들이 장수했다는 결과를 얻어냈습니다. 성도에게는 하나님이 함께 하신만큼 안전과 평안이 없을 것입니다.

## 3. 영원까지 지켜주십니다.

어느 한 기간만이 아니라 영원히 함께 하십니다.

### 1) 영원까지라고 약속하셨습니다.

(8절) "너의 출입을 영원까지"라고 하셨습니다.

① 한 시간이 아닙니다. 그래서 예수님을 임마누엘(Immanuel)이라고 하셨습니다. 하나님이 우리와 함께 계신다는 뜻입니다(마28:20). 언제나 항상 함께 하십니다.

② 우리는 주님의 든든한 돌보심(careful)이 있습니다.
육체도 건강도 영혼도 하나님께서 돌보아 주십니다.

## 2) 밤과 낮이 관계가 없습니다.
밤과 낮이 관계없게 지켜주시며 함께 하십니다.
① 밤의 달이 해치 못하게 하십니다.
철통같은 경호 속에 사는 대통령 중에 케네디(John. F. Kennedy)도 총을 맞았습니다. 이소룡도, 역도산도 칼에 찔려 죽었습니다.
② 하나님의 자녀는 천국에 갈 때까지 하나님이 지켜주십니다(사43:1).
그래서 두려워말라고 하셨습니다. 이런 은혜 속에서 승리케 되시기를 축원합니다.

**결 론 : 우리의 보호자는 하나님이십니다.**

# 하나님만 바라라
(시62:1-7)

사람들은 세상을 살아가면서 누군가를 쳐다보고 바라봅니다. 바라본다는 뜻은 어떤 목표가 되거니와 도움을 요청하는 뜻이 있습니다(행3:5). 본문에서 '하나님을 바람이여' 할 때에 그 뜻은 하나님이 내 인생의 목표가 되고 하나님만이 내 인생의 도우실 분으로 고백하는 뜻이 있습니다.

등산가가 정상을 바라보며 정상까지 올라가듯이 성도는 하나님의 도움을 바라며 인생을 살아가게 됩니다. 세상 어떤 것도 바라볼 수 있거나 궁극적인 도움이 될 수가 없고 오직 하나님만이 내 인생을 의지하고 맡기는 분이시기 때문입니다(시118:6-9).

성도가 궁극적으로 의지해야 할 분은 하나님이시기 때문에(시146:3) 국가적으로도 강대국이라고 의지하지 말라고 하셨습니다(사31:1). 신약 시대에 와서도 궁극적으로 의지할 분은 예수그리스도이시며 의지의 대상이 되십니다(히12:1-2).

본문에서 많은 은혜를 받게 됩니다.

## 1. 하나님만 바라고 목표를 삼는 사람의 모습은 이러합니다.

진실하게 하나님을 바라보고 의지하는 사람의 모습을 보겠습니다.
(1절) "나의 영혼이 잠잠히 하나님만 바람이여"라고 하였습니다(My soul finds rest in God alone). '잠잠히' 란 뜻은 '조용히, 겸손히' 란 뜻이 있습니다.

### 1) 겸손하게 바라보는 모습입니다.
기도했거나 어떤 일을 열심히 심어 놓고서 결과가 늦는다고 낙심할 일이 아니라 겸손하게 잠잠하며 기다리는 모습입니다(합2:1).
① 겸손하게 하나님을 바라보고 믿는 사람이 조용히 기다립니다.

하나님을 바라는 사람은 '하나님의 인내(endurance of the God)'를 배워야 합니다.

하나님은 인내하시는 분이십니다(벧3:8). 그리고 선을 행하되 낙심하지 말라고 하셨습니다(갈6:9).

② 하나님께서 응답하시는 일을 임의적으로 어떻게 할 수가 없습니다.

하나님의 주권은 인간의 힘으로 좌우할 수가 없습니다.

예컨대 예수님의 재림은 하나님만이 아시는 일이기 때문에 사람이 임의적으로 어떻게 안다고 할 수 없는 일입니다(마24:36). 그런데 사람들은 그 문제까지 기다리지 못하고 시대적으로 문제를 일으키는 일들이 이따금씩 발생하게 됩니다.

**2) 때때로 성급하고 조급한 것은 하나님의 뜻이 아닌 것도 있음을 알아야 합니다.**

① 말세 때에는 성급한 것도 문제가 됩니다.

모든 일들이 빨리 왕래하게 되고 지식이 더하는 시대에(단12:4) 사람들은 빠르고 급한 것을 좋아하지만 성도는 인내를 배워야 합니다. 그래서 사람들은 스스로 고통에 빠져가고 있습니다.

말세 때의 고통의 원인 18가지 가운데 조급하며(Rash)라고 하였는데 이는 무모하고 경솔한 것을 뜻합니다. 하나님을 바라보는 사람은 기다리며 인내해야 합니다.

② 엘리야는 일곱 번까지 기도하였습니다.

큰 구름이 일어날 때까지 기도하였고 일곱 번까지 가서 구름이 떠오를 때까지 기도하였습니다(왕상18장).

더욱이 사명자는 인내의 사람이어야 합니다. 그리고 남은 생애의 사명에 대해서 힘을 썼습니다.

## 2. 하나님을 바라보고 목표를 삼은 사람은 거기에 따른 분명한 이유가 있습니다.

성경에는 하나님 외에 다른 지팡이를 의지하지 말라고 하였습니다. 지팡이를 의지하는 것은 상징적으로 보여 주시는 말씀입니다.

(겔29:6-9) 갈대 지팡이가 있습니다. (렘17:1-6) 사람 지팡이인데 사람을 의

지하는 것을 뜻합니다(시146:3-5).

(잠3:5) 명철 지팡이도 의지할 수 없습니다.(창11:9) 과학 지팡이인데 이것도 의지할 것이 못됩니다.

결국 하늘에 계신 자가 웃으신다고 하였습니다(시2:4).(합2:18) 우상 지팡이인데 이것도 힘이 없습니다(시115:5).

### 1) 왜 하나님만 바라보아야 합니까?

거기에는 분명한 이유가 있습니다.

① 하나님만이 견고한 분이시기 때문입니다.

이하의 성경을 보시기 바랍니다(시61:3, 시115:9, 시118:6-9, 잠18:3).

② 성경에는 여러 곳에 반석이라고 표현 하였습니다.

반석은 흔들리지 않는 견고한 것을 뜻합니다.(시18:1, 고전 3:10, 고전 10:4) 견고한 분이시기 때문입니다.

### 2) 하나님은 영원한 울타리가 되십니다.

이 울타리는 흔들리지 않습니다(3-4).

① 욥에게 있어서 사탄이 생각할 때에는 재산이나 보이는 가시적인 것이 울타리로 생각하였으나 욥에게 있어서 울타리는 하나님 자신이셨습니다(욥1장).

② 하박국 선지자는 고백하였습니다(합3:17).

양떼, 소떼, 포도원이나 감람원이나 울타리가 아니라 하나님 자신이 울타리가 되셨습니다.

다윗도 같은 고백을 하였습니다(시62:6). 우리의 견고한 울타리가 되십니다(마7:24-29).

## 3. 하나님을 목표로 삼고 의지하였던 사람들은 모두가 복이 되었고 승리하였습니다.

(12절) "주여 인자함도 주께 속하였사오니 주께서 각 사람에게 행한 대로 갚으심이니이다." 하였습니다.

### 1) 주께 의지하였던 사람들을 보시기 바랍니다.

① 히스기야 왕은 주께 의지하고 승리한 사람입니다(왕상18:3).

유대가 위기에 있었지만 결국 앗수르에서 건짐을 받았습니다.
② 다니엘과 사드락, 메삭, 아벳느고를 보시기 바랍니다.
불구덩이나 사자의 입에서도 건지심을 받았습니다(단3:17, 6:10). 이들은 '우리'란 말을 3번씩이나 강조하였습니다(단3:17). 우리 하나님은 지금도 역사하십니다.

**2) 성도가 말세 때에 승리하기 위해서는 언제나 이 신앙이 요구됩니다.**
① 하나님을 바라고 담대해야 합니다. 주님이 함께 하십니다(마28:20).
② 베드로 역시 이 신앙으로 승리하였습니다(행4:19).
세 번씩이나 부인하던 때와는 달라졌습니다(마26:75).
주를 바라보고 승리케 되시기를 축원합니다.

**결론 : 주를 보아야 합니다.**

# 너희를 건지리니 두려워 말라

(렘42:10-12)

창조 이후에 이 지구상에는 수많은 나라들이 흥망성쇠 속에 인류가 살아온 흔적들이 인간 역사 속에서 수없이 많이 있습니다. 한 국가가 생기기기도 하고 또 한 국가가 지구상에서 그 존재가 소멸되기도 하였습니다.

그래서 성경은 분명히 증거하고 있습니다. (시127:1) "여호와께서 집을 세우지 아니하시면 세우는 자의 수고가 헛되며 여호와께서 성을 지키지 아니하시면 파수군의 경성함이 허사로다" 하셔서 인간 생사화복의 주권이 하나님께 있음을 분명히 하였습니다. 우리가 사는 동북아시아의 고대에도 많은 국가들이 있다가 없어지곤 하였듯이 성경을 토대한 중동 지역 역시 그러하였습니다. 이스라엘 역사는 수많은 위기와 주변 강대국들에 의해서 문제들이 많았지만 그때마다 하나님의 은혜와 보호로 유지되었습니다.

본문은 당시 강대국인 블레셋, 암몬, 미디안, 동방, 애굽, 바벨론, 앗수르 등에 둘러싸인 위기의 때에 예레미야를 통해서 주신 말씀입니다. 하나님을 바라보며 섬길 때에는 승리했지만 하나님을 떠나서 우상주의로 나가게 될 때에는 언제나 문제가 생기게 되었습니다. (약4:8)"하나님을 기뻐하라 그리하면 너희를 가까이 하시리라(Come near to God and he will come near to you)" 하였는데 8.15를 즈음하여 본문을 통하여 몇 가지 은혜를 나누며 대한민국을 생각해봅니다.

## 1. 바벨론이 강대국이라도 바벨론을 두려워하지 말라고 하셨습니다.

상대가 강대국이지만 두려워하지 말라고 하셨습니다.
(렘42:11-) "바벨론왕을 두려워 말라 내가 너희와 함께 하여 너희를 구원하

며 그의 손에서 너희를 건지리니 두려워 말라"고 하셨습니다.

### 1) 현실적으로 바벨론 왕이지만 그 현실을 두려워 말라고 하셨습니다.
① 당시의 현실은 무서운 상황이었습니다.
당시의 바벨론은 강대국인 앗수르를 무너뜨린 초 강대국이었습니다. 그 강대국의 왕인 느브갓네살이 B.C 586년에 예루살렘을 침공하게 되었습니다. 역사가 요셉퍼스(Josephus)사기의 기록에 의하면 당시의 참상을 기록하였는데 부수고, 불사르고, 살육과 약탈이 자행되었고 최후로 시드기야왕의 아들을 죽이고 시드기야 역시 두 눈이 뽑히게 되었습니다.(왕하25:7)

② 결과를 무섭게 보면서도 두려워하지 말라고 하셨습니다.
강대국에 의해서 이렇게 짓밟히게 된 것은 하나님께서 이스라엘을 교훈하시고 먼 장래의 소망을 주시기 위해서라고 하셨습니다.(렘29:11-14) 바벨론을 잠시 동안 사용하시는 것뿐이라고 하셨습니다. 후에 바벨론도 망하지만 당사자인 느브갓네살왕도 망하게 되었습니다.(단3:24)

### 2) 느브갓네살의 아들 역시 두려워하지 말라고 하셨습니다.
당대의 최고의 나라인 바벨론의 벨사살 역시 망하게 됩니다.
① 벨사살왕 역시 교만하다가 망하게 됩니다.
성전에서 가져온 기명으로 여흥을 즐기다가 망했습니다.(단5장) 교만은 곧 멸망의 길이 됩니다.(시18;27, 시136:6, 약4:6, 욥11:11) 악한 자를 모두 아시고 심판하십니다.

② 다리오가 나라를 얻게 되었습니다.
유다인에게 선정을 베풀게 되었고(단6장) 지탱하게 되었지만 메대와 파사로 나라가 나눠지게 됩니다. 교만해서 이스라엘을 괴롭히던 사람들이 망하게 된 것입니다. 성도는 세상 문제 앞에서 두려워하지 말아야 합니다. 예수님은 말씀하셨습니다. "담대하라 내가 세상을 이기었노라"(요16:33) 그러므로 승리케 되기를 바랍니다.

## 2. 애굽이 강대국이라고 해서 애굽을 의지하지 말라고 하셨습니다.
긴급한 사항으로 어렵기 때문에 애굽을 의지하지 말라는 것입니다.

### 1) 애굽은 궁극적으로 도움이 될 수가 없다고 하셨습니다.
이는 여러 번 경고하신 바와 같습니다.
① 이사야 선지자를 통해서도 말씀하셨습니다.(사31:1)
애굽을 의지하지 말 것은 그들은 육신이요 신이 아니라는 것입니다. 도움을 구하러 가는 자도 망하게 되고 도움을 주는 자도 망하게 된다고 하셨습니다. 강대국이 궁극적인 도움이 될 수가 없다고 하셨습니다.
② 여기 오늘 본문에도 말씀하셨습니다.
애굽의 칼이나 말을 의지하지 말라는 것입니다. 왜냐하면 같이 망할 것이라는 것입니다.(14절, 15절, 16-17절) (19절)그러므로 너희는 애굽으로 가지 말라고 하셨습니다.

### 2) 애굽을 뒤 돌아 보아서는 안됩니다.
이 말씀은 영적으로 오늘날 성도에게 주시는 교훈이 큽니다.
① 애굽은 430년 간 종노릇하였던 곳입니다.
10가지 재앙 끝에 빠져 나온 곳입니다. 그 곳을 다시 바라보지 말라는 말씀입니다.
② 성도에게 주시는 교훈 역시 중요한 부분입니다.
세상에서 빠져 나와서 구원 받아 하나님 백성이 되었는데 다시 세상 속으로 빠지는 것은 위험합니다. 유월절 어린 양의 피를 흘려 애굽에서 나왔듯이 예수그리스도의 피로 구원받았기 때문입니다. 그럴 수는 없습니다.(롬6:1)

## 3. 어렵고 힘이 들어도 하나님께서 약속을 주신 곳에서 살아야 한다고 하셨습니다.
척박한 땅이라도 약속의 땅이듯이 현실이 어려워도 약속 안에 있어야 합니다.

### 1) 하나님께서 주신 땅에서 떠나지 말고 지켜야 합니다.(10절)
① 이 땅은 역사적인 땅이요, 우연히 생긴 땅이 아닙니다.
아브라함과 이삭과 야곱에게 약속하신 땅이요, 축복의 땅입니다.
② 우리가 가진 신앙이 어떤 신앙입니까?

예수님의 피 값으로 주신 신앙입니다. 잃어버리지 말아야 하겠습니다.

**2) 이 땅을 지키면서 애굽이나 바벨론을 따르지 말아야 합니다.**
  ① 가지 말라고 하셨습니다.
    여리고와 같은 세상이요(눅10장) 암몬과 같은 세상입니다.(룻1장) 그리로 내려가면 곤란합니다.
  ② 참 성도는 하나님께 바로 서야 합니다.
    이 나라의 흥망성쇠는 교회에 달려있습니다. 8.15광복절에 다시 한번 이 나라에 신앙회복이 있게 되기를 축원합니다.

**결론 : 우리나라의 흥망성쇠는 하나님께 있습니다.**

# 세상 어디에 소망을 두십니까?
(시146:1-5)

사람과 짐승이 다른 것은 많이 있지만 그 중에 하나는 사람에게는 내일(Tomorrow), 미래(Future), 꿈(Vision) 같은 단어들이 있지만 동물에게는 없다는 것입니다. 사람은 현재 어렵고 힘이 들어도 분명한 내일에 대한 소망(Hope)이 있기 때문에 견디며 살아가게 됩니다. 핍박 중에 있었던 데살로니가 교회는 소망 중에 인내가 있었기 때문에 승리할 수가 있었습니다.(살전1:3)

그런데 세상에는 소망이라는 밧줄이 많이 있는듯하지만 진정한 소망은 하나 밖에 없습니다. 다른 소망의 밧줄은 썩은 것이기 때문에 사람이 붙잡을 수도 없고 붙잡는다고 하더라도 끊어지게 될 것입니다. 오직 우리의 소망은 하나님이신데 하나님은 소망의 하나님이십니다.

소망의 하나님(롬15:17 may the God of hope)께서 주시는 밧줄만이 안전한 미래가 됩니다. 그래서 기독교는 소망의 종교입니다. 다른 여러 종교들이 나름대로 사람들에게 말들을 하지만 오직 하나님 밖에는 다른 소망이 없습니다. 교회사 속에서 승리했던 사람들은 하나님께 소망을 두었기 때문입니다. 본문을 통해서 은혜를 나누게 됩니다.

## 1. 소망을 인생에게 두면 곤란합니다.

우리가 세상을 살아가면서 때때로 사람을 기대게 되고 의지하게 되기 때문에 사람 인(人)자가 생기게 되었습니다. 그러나 궁극적으로 의지할 분은 오직 하나님이십니다.

(3절) "방백들을 의지하지 말며 도울 힘이 없는 인생도 의지하지 말지니"라고 하였습니다.(Do not put your trust in princes, in mortal men, who cannot save)

### 1) 인생은 모든 것이 한계가 있기 때문입니다.
사람이 사람을 돕는 일은 끝이 있고 한계가 있습니다.
① 사람의 능력은 한정이 있기 때문입니다.

본문에서 방백들은 세상의 '권력자'를 뜻하기도 합니다. 세상의 권력이란 끝이 있고 한계가 있습니다. 그래서 내 사전에는 불가능이란 말을 빼버리라던 나폴레옹도 실패하였고 센트헬레나 섬에 유배되어 죽어갔습니다.

세상 권력자란 권불십년(權不十年)일 수밖에 없습니다. 그러나 세상 끝날까지 이기시는 분은 예수그리스도요 다윗의 뿌리가 이기게 됩니다. (계5:5)

하나님께 소망을 두고 의지했던 모세는 지팡이 하나만 가지고서 애굽에 10가지 재앙을 쏟아 부으며 백성을 이끌어 내었습니다. (출7;10, 8:1)

② 또한 한계가 있는 사람이 돕는 것도 문제가 됩니다.

세상 역사(History)에서 볼 수 있습니다. 이조 500년에서 보면 정치적 줄을 잘못서서 하루 아침에 멸문지화를 당한거나 튼튼했던 기업들이 하루아침에 쓰러지는 현실을 우리는 보고 있습니다. 사람을 의지하는 것은 결국 화홍십일(花紅十日)입니다.

### 2) 오직 우리의 소망은 하나님께 두어야 합니다.
하나님만이 우리의 생사를 주관하시는 분이시기 때문입니다.
① 성경이 이것을 말씀해 주셨습니다.

"방백들이나 인생을 의지하지 말지니 그 호흡이 끊어지면 흙으로 돌아가서 당일에 소멸한다"고 하였습니다. 모든 육체는 풀과 같고 그 영광은 풀의 꽃과 같이 시들게 됩니다.(벧전1:24) 따라서 인생은 의지의 대상이 아니며 소망을 둘 수도 없습니다.

② 그러나 하나님을 의지하며 하나님께 그 소망을 두는 자는 망하지 아니합니다.

세상에 많은 단어들이나 말들이 우리 생활 속에 있습니다. 그러나 인생사에서 하나님이라는 단어만이 우리의 소망입니다. 북한은 하나님 자리에 김일성과 김정일만이 가득하기 때문에 소망이 없는 곳으로 전락해 버렸습니다.

## 2. 소망을 하나님께 두어야 할 분명한 이유가 있습니다.

왜 소망을 하나님께만 두어야 합니까?

(5절) "야곱의 하나님으로 자기 도움을 삼으며 여호와 자기 하나님에게 그 소망을 두는 자는 복이 있도다" 하였습니다. 철학자 데카르트는 말하였습니다. '나는 생각한다 고로 존재한다' 라 하였습니다. 짐승은 생각이나 사상이 없지만 사람은 있습니다.

### 1) 하나님께 소망을 두는 사람이 복이 있습니다.

왜 하나님께 소망을 두는 사람이 복이 있습니까?

① 하나님은 천지를 창조하신 분이시기 때문입니다.
(6절) "여호와는 천지와 바다와 그 중의 만물을 지으시며 영원히 진실함을 지키시며"라고 하였습니다. 그래서 진정한 도움은 천지를 지으신 하나님께로 부터 옵니다.(시121:1)

② 나를 도우실 능력(能力)이 하나님께만 있습니다.
(7절) "압박당하는 자를 위하여 공의로 판단하시며 주린 자에게 식물을 주시는 자시로다" 하였습니다. 사람은 마음이 있어도 할수없는 일들이 많이 있습니다. 하나님은 소경을 눈 뜨게 하시며 나를 도우시는 분이십니다.(8-9, 시54:4, 62:5)

### 2) 따라서 소망을 오직 하나님께만 두어야 합니다.

① 여기에 평안이 있습니다.
세상이 주는 평안이 아닙니다.(요14:27) 바울과 실라는 옥중에서도 찬송하였습니다.(행16:25) 이 일로 옥사장이 구원 받게 되었고 빌립보교회가 세워졌습니다.

② 빌립보교회는 옥중에서 부터 세워진 교회입니다.
그래서 빌립보서는 기쁨의 책입니다.(빌4:4) 하나님께 소망을 둔 결과입니다.

## 3. 우리의 궁극적인 소망은 오직 하나님께 있습니다.

사람에게나 어떤 곳에 진정한 소망이 있는 것이 아닙니다.

1) 개인이나 가정 역시 하나님께 그 소망을 두어야 합니다.
현대 사회에서 복잡한 가정 문제가 여기에 있습니다.
　① 개인도 하나님께 소망을 두어야 합니다.
　　아브라함, 이삭, 야곱 소위 3대 족장들도 그랬습니다. 요셉 역시 그랬습니다.
　② 가정 역시 하나님께 소망을 두어야 합니다.
　　한 가정의 앞길도 하나님께 있습니다.(룻기의 엘리멜렉가정) 모든 계획이 하나님께 있습니다.(잠16:9)

2) 국가 역시 하나님께 소망을 두어야 합니다.
　① 이스라엘 역사에서 우리가 배우게 됩니다.
　　없어진 2000년간의 세월 속에 다시 세워진 나라입니다.(1948년) 하나님은 도우시는 분이십니다.(시54:4)
　② 이 시점에서 대한민국을 위해서 기도 많이 해야 합니다.
　　이 나라의 소망은 하나님께 있기 때문입니다. 이 땅의 모든 자녀들이 여기에 소망이 있게 됩니다. 이 나라 대한민국과 가정들과 성도들의 자녀들에게 축복이 있게 되기를 축원합니다.

**결론 : 우리의 소망은 하나님께 있습니다.**

# 예레미야에게 보이신 하나님
(렘33:1-9)

인간은 지음을 받을 때부터 종교성을 가지고 태어나게 되었습니다. 하나님의 형상대로 지으심을 받았기 때문입니다. 그래서 위로는 하나님께만 경배하고 또한 그 축복으로 하나님이 지으신 자연 세계를 지배해 나가며 다스리게 되었습니다.(창1:28)

그러나 하나님의 말씀에 불순종하게 되었고 에덴동산에서 추방되는 신세가 되었기 때문에 종교성은 있으나 영적인 시야가 어두워서 다른 신을 따라가며 심지어 알지 못하는 신에게까지 제사를 드리는 미련한 인생들이 되었습니다.(행17:23)

또한 하나님을 알되 하나님을 영화롭게 해드리지 못하고 도리어 우상과 버러지 형상으로 바꾸게 되었습니다.(롬1:29-32) 열방의 우상은 은과 금이요 사람의 수공물이기 때문에 죽은 것에 불과한 것입니다.(시115:4)

본문에서 선지자 예레미야는 하나님 말씀을 유다에 전하다가 잡혀서 옥중에 갇혀있었는데 그 때에 살아계신 하나님께로부터 비밀을 받은 것이 본문의 내용입니다. 비밀이지만 살아계신 하나님이시기에 예레미야에게 주시게 되었는데 본문을 통해서 은혜를 나누게 됩니다.

## 1. 살아계신 하나님은 비밀까지도 공개하시겠다고 하셨습니다.

세상에는 비밀이 많이 있습니다. 국가기관 안에 행해지는 각종 일들을 비롯해서 기업들과 개인에 이르기까지 비밀이 있습니다.

### 1) 비밀은 아무에게나 알려주지 않습니다.

비밀을 알아도 되는 사람에게 비밀을 알려주시게 됩니다. 그 사람이 누구이겠습니까?

① 부르짖어 간구하는 사람에게 알려주시겠다고 하셨습니다.

비밀을 공개하시겠다고 하셨습니다. (3절)" 너는 내게 부르짖으라 내가 네게 응답하겠고 네가 알지 못하는 크고 비밀한 일을 네게 보이리라" 하셨습니다. 부르짖는다는 말은 히브리어로 '카라' 라고 하는데 이는 자기의 의사를 전달하기 위해서 상대방에게 큰소리로 외치거나 부르짖는 것을 뜻하는바 현대에 와서 통성기도 역시 이런 류의 것입니다. 예수님도 기도를 강조하셨고(눅18:1-8, 마7:7) 이사야 선지자는 여호와를 만날만한 때에 찾고 부르라고 외쳤습니다.(사55:6)

② 세상 열방의 신(神)은 응답할 수가 없습니다.

죽은 것이요 사람이 만든 목석이기 때문입니다.(시115:4) 우리가 믿는 하나님은 살아계셔서 응답해주십니다. 엘리야시대에 이런 일이 사실적으로 현장에서 증명되었고 보여주었습니다.(왕상18장) 850명의 이방신의 사람들은 아무것도 증명해 보일 수 없었습니다. 오직 하나님만이 현장에서 불로 응답해 보이셨습니다.

## 2) 하나님은 부르짖는 그 종들에게 비밀까지 공개하셨습니다.

이것은 진실하신 하나님의 약속이십니다.

① 하나님의 약속을 보시기 바랍니다.

선지자 아모스는 하나님의 약속을 전하여 주었습니다. (암3:7)" 주 여호와께서는 자기의 비밀을 그 종 선지자들에게 보이지 아니하고는 결코 행하심이 없느니라" 하였습니다. 그래서 기도하게 하시고 응답해 주시게 됩니다.

(창18:17)소돔과 고모라성이 멸망할 때에도 아브라함에게 이 사실을 예고하셨고 기도하게 하셨습니다. "여호와께서 가라사대 나의 하려는 것을 아브라함에게 숨기겠느냐" 하셨습니다.(Then the LORD said, "Shall I hide from Abraham what I am about to do?) 이로 인해서 결국 롯이 구원받는 역사가 일어나게 되었습니다.

② 마지막 말세 때에도 하나님은 말씀과 기도의 사람들에게 세상의 심판과 영원한 천국에 대한 비밀을 성경을 통하여 기록해 놓으시고 깨닫게 하십니다. 그런데 기도가 없이는 비밀인 성경을 깨달을 수 없습니다. 성경은 반드시 이루어지게 됩니다.

(계10:7) "일곱 째 천사가 소리 내는 날 그 나팔을 불게 될 때에 하나님의 비밀이 그 종 선지자들에게 전한 복음과 같이 이루리라" 하셨습니다. 성경은 곧 공개된 비밀입니다.

## 2. 하나님께서는 그 비밀의 내용까지 공개해 주셨습니다.

예레미야를 통하여 비밀을 공개하시면서 내용까지도 공개하셨습니다.

### 1) 선하시고 좋으신 하나님이십니다.

우리가 믿는 하나님은 선하시고 좋으신 하나님이십니다.

① 선하시고 좋으신 하나님께서 나약한 그들을 회복하시겠다고 하셨습니다. 이를 위해서 부르짖고 기도하라고 하셨습니다.

(6절) "내가 이 성을 치료하며 고쳐 낫게 하고 평강과 성실함에 풍성함을 그들에게 나타낼 것이며

(7절) "다시 자유케 하며 돌아오게 할 것이며, (단6:10)다니엘의 기도를 응답하시고 치료의 하나님이시라고 하셨습니다.(출15:25, 왕하2:19, 말4:2)

② 지은 죄가 있어도 사하여 주시겠다고 하셨습니다.

(약5:15-17)야고보를 통해서 분명히 말씀하셨습니다. (본문 8절)"내게 범한 그 모든 죄악에서 정하게 하며 ~ 죄악을 사할 것이라" 오늘도 예수님은 기도하는 자의 죄를 사해주십니다.(히9:28)

③ 은혜 속에서 기쁨을 주십니다.

(9절)황폐한 예루살렘을 다시 회복시키시며 유다 성읍이 예루살렘에서 즐거운 소리가 있겠다고 하셨습니다. 예루살렘의 축제의 날이 되었습니다.(시126:1-6)

### 2) 부르짖어 기도하게 될 때에 영적 능력으로 기쁨이 채워지게 됩니다.

① 바울이 체험한 사건이며(빌4:4, 살전5:16-18, 행전16:25) 성도들에게 약속하신 말씀입니다.

② 주님의 응답은 지금도 기도하는 사람들에게 유효합니다.

우리가 믿는 하나님은 살아계신 하나님이시기 때문입니다.

## 3. 하나님은 살아계시며 약속 역시 유효합니다.

**1) 예레미야가 옥에 갇혀 있을 때 주신 말씀입니다.**
고난으로 인하여 치욕적인 순간(렘20:8)에 주신 말씀이기도 합니다.
① 그러므로 현실이 아무리 어렵고 힘들어도 기도하며 간구해야 하겠습니다.
기도의 결과는 반드시 있기 때문입니다.
② 하나님은 어렵고 힘들 때에도 기도를 응답해 주십니다.
그리고 은혜를 베풀어 주십니다.(고후6:1-2)

**2) 예레미야의 하나님은 지금도 역사하십니다.**
관건은 기도를 하느냐 입니다.
① 살아계신 하나님이시기 때문입니다.
다른 종파나 종교에서도 '기도'라는 말을 사용하지만 거기에는 응답이 없습니다.
② 중간에 포기하지 말고 끝까지 기도해야 할 필요성이 있습니다.
(골4:2)기도와 감사는 언제나 있어야 합니다. 기도 가운데서 예레미야에게 보이신 하나님을 체험하게 되시기를 축원합니다.


결 론 : 하나님은 지금도 역사하시고 계십니다.

# 부르짖으매 나를 고치셨나이다
(시30:1-5)

사람이 살아가면서 문제가 없는 사람은 한 사람도 없습니다. 보름달과 같은 밝은 달에도 실제로 가보면 계곡이 있고 산이 있듯이 세상에서 내로라 하는 유명인사에게도 고민과 문제가 있음을 봅니다. 문제는 언제나 그 모든 문제를 극복하고 이기고 나왔다는 것입니다.

어떤 회사의 회장은 전쟁 속에서 쫓겨서 나오게 될 때에 빈손으로 나왔지만 큰 회사의 회장이 된 사유도 있습니다.

그래서 우리는 자주 인용하는 말씀이 시편127:1과 잠언16:9 같은 귀절입니다. 우리가 사람들을 말하게 될 때에 '다재다능한 자'(多才多能한 者)라고 하는데 다윗이야말로 다재다능한 사람이었습니다. 목동이요, 음악인이요, 시인이요, 군대에서는 장군으로써 백전백승한 사람이었고 정치적으로 위대한 정치가였습니다. 더 중요한 것은 하나님께 대한 신앙인으로써 둘째가라면 서러울 정도로 위대한 신앙인입니다. 그가 간증한 내용이 본문입니다.

사망의 음침한 골짜기(시23:4) 같은 험악한 세상에서 구원받게 되었고 승리한 신앙 간증인바 본문에서 은혜를 나누게 됩니다.

## 1. 죽음의 위기에서 끌어내시는 하나님을 간증하였습니다.

위기(crisis)의 세상인데 다윗이 걸어왔던 세상은 더욱 위기의 길이었습니다. 그 곳에서 건져내셨다고 간증합니다.

### 1) 여러가지 위험한 골짜기에서 이끌어내십니다.
(시23:4)사망의 음침한 골짜기와 같은 세상입니다.
① 하나님의 자녀가 위험한 곳에 있을 때에 그냥 계시지 않고 이끌어 내셨습니다.

본문에서 몇 번씩이나 강조해 주십니다.

(1절) "여호와여 내가 주를 높일 것은 주께서 나를 이끌어 내사 내 대적으로 나를 인하여 기뻐하지 못하게 하셨나이다" 하셨고 (3절) "여호와여 주께서 내 영혼을 음부에서 끌어내어 나를 살리사 무덤으로 내려가지 않게 하셨나이다" 하셨는데 '이끌어낸다' 는 말은 어떤 웅덩이나 계곡이나 함정에서 자력으로는 나올 수 없을 때에 끌어낸다는 뜻입니다. (시23:4)사망의 음침한 골짜기요, (시84:6)눈물 골짜기요, 이런 곳에서 다윗을 이끌어내셨다고 간증하고 있습니다.

② 사망의 골짜기요, 눈물골짜기와 같은 곳에서 인도하여 내시고 축복받은 인물이 되게 하셨습니다.

(렘33:1-2, 37:15-16, 38:6-14)예레미야 같은 경우입니다. (단6:23)다니엘의 경우입니다. 사자 굴에서의 구원입니다.

### 2) 오직 하나님만 바라보고 믿으며 두려워해야 합니다.

예수님은 열두제자를 보내시면서 말씀하셨습니다.(마10:28) 참새 한 마리의 땅에 떨어지고 떨어지지 않음도 모두 하나님께 있음을 말씀해 주셨습니다.

① 하나님은 그의 백성들을 언제나 보호해 주십니다.

(시17:8)눈동자 같이 지키셨다고 간증하였습니다.(keep me as the apple of your eye)다윗은 이 신앙으로 이겼고 승리하였습니다.

② 원인(原因)에 관계없이 이끌어 주셨습니다.

그 사망의 골짜기가 자기의 실수와 죄 때문에 온 것일지라도 하나님의 자녀들을 이끌어 주십니다. (욘1장)요나의 경우를 보시기 바랍니다. (마14:31)베드로의 경우 믿음이 작았기 때문에 빠져 들어갔습니다. (창39장)요셉의 경우엔 죄를 이기려다가 감옥에 까지 갔는데 그곳에서 건져내시고 승리케 하셨습니다. (롬8:27-28)마음을 감찰하시는 하나님이시기 때문입니다. 이 은혜 속에 살게 되시기를 바랍니다.

## 2. 죽음과 같은 위기에서도 고치시고 건지시는 하나님을 간증합니다.

(2절) "나를 고치셨나이다" (and you healed me)

### 1) 나를 고치시는 하나님이십니다.
죄로 말미암아 비뚤어지고 영과 육이 질병에 오염된 우리입니다.
① 어떤 질병에 있든지 나를 고치시는 하나님이십니다.
본문에서 많은 주석가들이 주석하기를 위기에서의 구출(칼빈, Calvin), 육체적 질병에서의 구출(랑게, Lange), 정신적 고통에서의 구출(롤린슨, Rawlinson)이라고 하였습니다. 본래 인생은 슬픔과 수고의 인생입니다.(시90:10, 창47:9)
② 하나님은 우리의 모든 약점을 아시고 치유하십니다.
모든 질병에서 치유하십니다. 죄에서도 건지고 살리십니다.(엡2:1) 문둥병에서도 건지시고 살리셨습니다.(왕상5장 나아만) 죽을병에서도 살리시고 고치셨습니다.(왕하20장 히스기야) 문둥이도 치료되었습니다.(마8:2) 이런 기적이 약속되었습니다.(마8:14, 막16:17, 말4:2)

### 2) 치료받고 위기에서 건지심을 받기 위해서는 해야 할 일이 있습니다.
① 부르짖고 간구해야 합니다.
'부르짖으매' (O LORD my God, I called the you for help and you healed me) 하였습니다. 이것이 부르짖는 믿음의 기도입니다.(약5:15) 히스기야의 기도입니다.(왕하20:1) 마라의 쓴 물에서의 부르짖음과 같습니다.(출15:22-26)
② 하나님의 권능을 믿어야 합니다.
믿는 자들에게는 표적과 능력이 나타나게 되는데 마귀까지도 도망가게 됩니다. 믿는 자를 향하여 오늘도 도우시려고 준비하셨습니다. 이 은혜가 있게 되시기를 바랍니다.

## 3. 죽음과 같은 위기에서도 언제나 우리를 도우시는 하나님을 간증합니다.
(10절) "여호와여 나를 돕는 자가 되소서, O LORD be my help) 하였습니다.

### 1) 하나님은 우리 모두를 아십니다.
① 영육 간에 모든 형편을 하나님이 아십니다.

자동차는 레커차에 끌려서 공장에 가서야 고장 난 부분을 알게 되고, 우리 육신은 병원에 가서 MRI, CT 등을 찍어 봐야 고장 난 곳을 알게 됩니다.

② 그러나 성경에서 하나님은 그의 자녀들의 모든 것을 아시며 폐부까지 아신다고 하였습니다. (시139:1-2)

그 하나님께 우리는 간구하며 도움을 요청해야 합니다.

### 2) 하나님의 백성들에게 하나님은 약속해 주셨습니다.

① 도우시겠다고 약속해 주셨습니다.

(시121:1-4) "내가 산을 향하여 눈을 들리라 나의 도움이 어디서 올꼬 나의 도움이 천지를 지으신 여호와에게서로다" 하였습니다. 졸지도 아니하시고 주무시지도 않으시고 지키시는 하나님이십니다.

② 그러므로 낭패와 실망할 일이 있어도 낙심치 말아야 합니다.

문제는 내가 믿음이 없음을 회개하고 견고하게 서서 주를 바라보아야 합니다. 다윗의 하나님이 이 세대에 모든 은평교회 성도들에게 역사하시고 함께 하시기를 주의 이름으로 축원합니다.

**결론 : 하나님은 지금도 나를 건지시는 분입니다.**

# 모두 주의 것입니다
(롬14:6-9)

세상에는 소유의 개념이 있어서 모두가 자기의 것으로 삼으려는 경향이 많습니다. 들짐승의 세계에서도 자기가 활동하는 지역이 자기의 것인양 영역 표시를 하게 되고 자기 지역에 다른 침입자가 있을 때에 치열하게 싸우게 됩니다. 등기소에 가면 모든 지번대로 토지와 건물에 대한 소유권이 기록되어 있습니다. 그런데 이 모든 것들은 모두 하나님의 것입니다. 하나님께서 잠시 동안 맡겨두신 것들입니다.

하나님께서 이 모든 것들을 창조하셨기 때문입니다.(요1:2-3)
(창1:1) "태초에 하나님이 천지를 창조하시니라" 하셨습니다.(In the beginning God created the heavens and the earth) 학개선지자를 통해서는 이렇게 말씀하셨습니다. (학2:8)" 은도 내 것이요 금도 내 것이니라 만군의 여호와의 말이니라" 하셨습니다.

아나니아와 삽비라는 자기 것인줄 알고 거짓말 하다가 죽게 되는데 '땅이 그대로 있을 때에는 네 땅이 아니며 판 후에도 네 임의로 할 수 없더냐' 했습니다.

우리는 다만 청지기일 뿐인데 선한 청지기가 되어야 합니다.(벧전4:10) 러시아의 심리학자 이반파불로프는 개에게 먹이를 주면서 '조건반사이론' 이라는 책을 발표했습니다. 먹이를 줄 때마다 종을 치는데 그 다음부터는 종만 치면 개들이 귀를 세우고 먹이를 주는 줄 알고 침을 흘리는 현상입니다. 우리는 예수 이름만 들으면 가슴이 뜨거워지고 아멘 소리가 나와야 합니다. 다윗은 고백했습니다.(대상29:11)" 천지에 있는 것이 다 주의 것이로소이다"(for everything in heaven and earth is yours) 우리는 이 시간에 모든 것이 다 주님의 것이라는 개념을 알아야 합니다.

## 1. 모든 존재의 주인이 하나님이십니다.
모든 '있다'는 존재성(存在性)에는 주인이 있습니다.

### 1) 생명(Life)도 주의 것입니다.
따라서 내 생명이든 남의 생명이든 하나님이 주인이 되십니다.
① 생명이 내 것이 아닙니다.
  생명의 연한이 짧든지 과학이 발달해서 옛날에 비해서 길든지 간에 생명의 주인은 하나님이 되십니다. 생명에 대한 연구가 많아지는 시대인데 앞으로는 99세가 평균연령이 되는 시대가 온다고 합니다.(2025-2060년에)
② 생명의 주인이 하나님이시기 때문에 생명의 존엄성 역시 지켜져야 합니다.
  자기 생명이든 남의 생명이든 함부로 하면 안됩니다. 자학, 학대, 자살, 모두 금하시는 일입니다. 주인이 하나님이시기 때문입니다. 예수님은 생명을 살리시기 위해서 십자가에서 대속적 죽음을 당하셨습니다.

### 2) 모든 소유가 역시 하나님이십니다.
그 어떤 것이든지 간에 최종적인 소유권은 하나님께 있습니다.
① 경제권 역시 사람에 의해서 움직이고 있는 듯 하지만 사실은 그 경제적 모든 주권자 역시 하나님이십니다.
  세계 경제학자들이나 전문가들이 아무리 핑크빛 나는 전망을 내놓아도 결국 하나님께서 인도해 주셔야 합니다.(시127:1) 미국 같은 나라도 경제 위기의 때가 있었고(1920-1932) 영국 역시 외환위기를 거치게 되었으며 한국은 얼마 전에 혹독한 위기의 때가 있었습니다. 그리고 제아무리 큰 부자이든 가난한 사람이든지 간에 죽을 때에는 아무것도 가지고 갈 수 없습니다. 공수래공수거(空手來空手去)입니다.(딤전6:7-8)
② 소유에 대해서 두 종류의 사람이 있습니다.
  그 두 종류의 사람 모두 다 제각기 이유가 있습니다.
  하나는, 내 것이기 때문에 내 마음대로 한다는 식의 사람입니다. 아나니아와 삽비라 같은 경우의 사람입니다.(행5:1-) 그러나 하나님께서 부르시니까 모두 놓아두고 갔습니다.

또 하나는, 모든 소유가 하나님의 것임을 믿고 사는 사람의 경우입니다. 나는 다만 심부름꾼이요 맡은 바 청지기로 사는 사람입니다. 다윗의 경우입니다.(대상29:11-12) 권능도, 영광도, 승리, 권위, 권세 모두가 주께로부터 온 것이라고 직고하였습니다. 그와 같은 다윗은 베들레헴에서 시작해서 위대한 왕이 되었고 40년으로 통치기간이 끝이 난 것이 아니라 3000년이 지난 지금도 유명한 사람이 되었습니다.(마1:1)

③ 모든 것이 주님의 것입니다.

가정 역시 하나님께서 주신 세상에서의 중요한 부분이요 그래서 언제나 하나님이 중심이 되는 집이 되어야 합니다.(눅19:9-10, 행10:1-, 삼하6:10-11) 시간 역시 하나님의 것입니다. 그래서 성도의 주일성수는 기본이 됩니다.(사58:13-14, 겔20:12, 20) 주일은 어떤 약속보다도 중요한 시간인 것이 하나님과의 선약이기 때문입니다.

## 2. 그러면 성도는 어떻게 살아야 하겠습니까?

모두가 하나님의 것이기 때문입니다.(자신의 생명까지도)

### 1) 청지기 자세로 살아야 합니다.

청지기란 '맡은 자' 일뿐이지 주인은 하나님이십니다.(벧전4:10-11)

① 선한 청지기가 되어야 합니다. 청지기(administering)란 '관리자' 일 뿐입니다. 주인되신 분에게 관리되어야할 대상입니다. 내가 주인 행세하면 곤란합니다.

② 관리자의 자세는 겸손과 순종입니다.

원 주인의 뜻대로 겸손하게 순종해야 합니다. 초대왕 사울은 월권하다가 모두 빼앗겨 버렸습니다.(삼상15:10-20)

### 2) 청지기는 모두가 주의 것이라고 고백하는 사람입니다.

겸손히 고백하고 시인해야 합니다.

① 일한 후에도 겸손해야 합니다.

예수님이 가르쳐 주셨습니다.(눅17:10) 분명히 배워야 합니다.

② 청지기는 총감독되시는 하나님께 잘 보이려고 힘써야 합니다.

감독의 눈에 잘 뜨이도록 하는 배우나 운동선수와 같이 하나님께 잘 보이도록 해야 하겠습니다. 그리고 선수로 뛸 때에도 최선을 다해야 합니다.

## 3. 모든 것을 사용한 후에는 결과에 대한 심판이 있습니다.

### 1) 하나님께서 주신 것을 가지고 어떻게 일하였느냐에 대한 심판입니다.
국가의 1년 살림살이도 국정감사가 있듯이 인생도 그러합니다.
 ① 세상에서의 감사는 거짓도 통할 수 있으나 하나님 앞에서는 통하지 않습니다.(히9:27)
 ② 하나님의 심판은 정확합니다. 실수함이 없이 심판하십니다.

### 2) 결산할 때에 웃고 상급받는 사람이 인생의 성공자입니다.
 ① (마25:2, 4-21)심판을 비유해서 말씀해 주셨습니다.
    결과에 따른 심판입니다.
 ② 하나님께서 주신 모든 것을 생각해 보시기 바랍니다.
    생명, 건강, 재물, 자식, 기술, 시간, 모두가 하나님께서 주셨습니다.
    아름다운 청지기로 승리케 되시기를 주의 이름으로 축원합니다.

**결론 : 모든 것이 다 주의 것입니다**

# 하나님의 절대적 주권
(삼상2:6-10)

성경시대로부터 우리에게 알려진 유명한 인물들 중에 그의 신학들이 전하여 왔습니다.

바울의 신학은 로마서와 갈라디아서를 통하여 오직 믿음이요, 사도요한은 하나님의 아들로서의 그리스도요, 또한 하나님의 사랑을 외쳤다면 사도베드로는 흩어진 나그네들에게 소망과 종말에 대한 신학을 강조하였습니다.

교회사 가운데 유명한 어거스틴(Augustine)은 하나님의 절대적 주권을 강조하였습니다. 모든 피조물들이 하나님의 주권하에 있거니와 더욱 사람은 하나님의 절대적 주권에 있는데 사도바울은 이를 더욱 강조하였습니다.(롬9:20-24) 하나님께서 창조자이시기 때문입니다.(창1:1, 2:7, 행17:25)

본문에서 한나는 기도에 대한(삼상1장) 응답으로 사무엘을 얻게 되고 감사하며 찬송하는 내용으로 하나님의 절대주권을 전하게 되는 데 본문에서 살아 계신 하나님의 역사를 배우게 됩니다.

## 1. 인간의 생과 사의 모든 일들이 하나님께 있습니다.

인생들이 살아가면서 그 주권이 자기에게 있는 줄로 생각합니다. 그러나 분명한 것은 인생의 생과 사의 모든 일들이 하나님께 있다는 것입니다.

### 1) 세상을 살아가는 모든 문제도 하나님께 있습니다.

(6절) "여호와는 죽이기도 하시고 살리기도 하시며 음부에 내리기도 하시고 올리기도 하시는도다" 하였습니다.("The LORD brings death and makes alive; he brings down to the grave and raises up)

① 구원 받는 문제, 천국 가는 문제도 하나님께서 시작하셔서 하나님의 주권대로 이루어지게 됩니다.

열두 명의 제자들을 전도 파송하시는 파송설교에서 밝히셨듯이 죽고 사는 문제가 영원히 하나님께 있기 때문에 그 분만 두려워해야 한다고 선포하셨습니다.(마10:28, 눅12:5)
그래서 인생의 기본적인 사명은 하나님을 섬기는 일입니다.(전12:13-14)
② 지옥 멸망의 주권도 하나님께 있습니다.
영혼 구원문제는 절대적 주권 속에 속하기 때문입니다.
'음부에 내리기도 하시고' (6절)라고 하였습니다.
다윗은 시16:2에서 이렇게 기도하며 찬송하였습니다.
"내가 주께 아뢰되 주는 나의 주시오니 주 밖에는 나의 복이 없나이다" 라고 하였고 하늘과 땅 어느 곳이든지 주 밖에 없다고 하였습니다.(시73:25)

## 2) 육체적 생명 역시 생사의 주권이 하나님께 있습니다.
사람의 생명의 주인은 하나님이 되십니다.
① 하나님만이 생명에 대한 결정권을 내릴 수 있습니다.
하나님께서 창조하시고 이 땅에 태어나게 하셨기 때문입니다.
그래서 세상에서 남의 생명을 함부로 하면 죄가 되며 자기 생명 역시 자기가 함부로 할 수가 없습니다.
또한 질병에서 치료되는 것도 하나님께 있습니다.(출15:26, 막16:17) 죽은 자를 살리시는 사건도 하나님의 주권에서 이루어지는 일입니다. 그래서 나사로가 살아나고, 나인성 과부의 아들이 살아났습니다.(요11장, 눅7장) 과학이 발달해도 생명은 창조할 수가 없습니다.
② 생명을 거두어 가시는 분은 하나님이십니다.
성경에서의 예를 보시기 바랍니다. 아나니아와 삽비라의 사건에서 보시기 바랍니다.(행5:1-)
헤롯왕의 경우에서 보시기 바랍니다.(행12:22-23) 하나님께서 오라 하시면 가는 것이 인생입니다.
따라서 우리는 살든지 죽든지 무엇을 하든지 모두 하나님의 영광을 위해서 살아야 합니다.(고전16:31) 한나의 기도에서 이런 사실을 발견하게 됩니다.

## 2. 세상에서 흥하고 망하는 것도 하나님의 주권에 있습니다.

(7절) "여호와는 가난하게도 하시고 부하게도 하시며 낮추기도 하시고 높이기도 하시는도다"

(8절) "가난한 자를 진토에서 일으키시며 빈핍한 자를 거름더미에서 드사 귀족들과 함께 앉게 하시며 영광의 위를 차지하게 하시는도다" 하셨습니다.

### 1) 흥망성쇠의 모든 열쇠가 하나님께 있습니다.

개인이든 국가든 간에 모든 역사의 주관자는 하나님이십니다.(시127:1, 잠16:9)

① 개인 역사도 하나님께 있습니다. 사무엘을 위대하게 사용하신 사건도, 탕자였던 어거스틴을 돌아오게 해서 사용하심도 하나님의 역사요, 사울왕을 폐하시거나(삼상15장), 바벨론의 벨사살왕을 폐하시고 다리오가 즉위하게 하심도(단5장) 모두 하나님의 주권입니다.

② 국가 역사도 하나님의 역사입니다. 한 국가가 세워지고 망한 역사도 하나님께 있습니다. 그래서 고대에 여러 나라들이 일어났다가 망하고 했습니다. 애굽, 바벨론, 앗수르, 로마 역시 그랬습니다. 1차 대전의 원흉 무솔린의 정권도 2차 대전의 원흉 히틀러의 정권도 망했습니다.

### 2) 현대에 와서 경제 대국들이 교만하지만 교만하면 망합니다.

이것이 성경의 예언입니다.(계6:15)

① 주권자 되시는 하나님을 떠나면 무너지고 망하게 됩니다.
주인 되신 하나님 앞에 교만하기 때문입니다. 하나님 없는 공산주의가 망하는 이유가 여기에 있습니다.

② 그러므로 하나님 앞에 겸손해야 합니다.
개인도 교만치 말고 겸손해야 되고 국가도 겸손해야 합니다. 경제가 한때 부강했다 해도 하나님께서 불어버리시면 바벨탑 무너지듯이 무너지게 됩니다.(창11:1-9)

## 3. 예수 안에 있으면 흥하게 됩니다.

인간이 받는 모든 저주를 예수님이 십자가 위에서 해결해 주셨기 때문입니다.

예수님이 모두 이루셨습니다.(사53:4, 고후8:9, 요19:30)

**1) 모든 죄의 저주, 고통, 질병, 지옥의 벌을 예수님이 지셨습니다.**
십자가 위에서 지시고 해결해 주셨습니다.
　① 그러므로 예수 안에 있으면 부끄러움을 당하지 않습니다.
　　 믿는 자는 부끄러움을 당하지 않습니다.(롬10:11)
　　 예수님 믿는 사람은 점쟁이도 점괘가 나오지 않습니다.
　② 예수 안에 있으면 모든 저주가 물러가고 영원한 천국입니다.
　　 이것은 세상 값싼 복의 개념이 아니라 영원한 복입니다.

**2) 하나님만이 내 일생의 주인이 되십니다.**
이것이 우리의 신앙이요 성경의 가르침입니다.
　① 다윗도 고백하였습니다.
　　 (시4:8) "내가 평안히 눕고 자기도 하리니 나를 안연히 거하게 하시는
　　 이는 오직 여호와시니라" 하였고(대상29:28) 늙도록 부하고 존귀하였
　　 습니다.
　② 사무엘을 낳은 한나는 체험적 신앙으로 간증합니다.
　　 한 아들주심을 감사했더니 세 아들과 두 딸을 더 주셨습니다.(삼상
　　 2:21) 그 하나님은 지금도 살아계십니다.
　　 살아계신 하나님 안에서 승리하시기를 주의 이름으로 축원합니다.

**결론 : 우리는 하나님의 절대주권 하에 있습니다.**

# 하늘과 땅이여 들으라
(사1:1-9)

성경에는 상징적이고 은유적 표현들이 많이 있습니다. 그래서 하나님께서 창조하신 창조물들에 대하여 말씀하시고 식물이나 동물들을 동원하시어 인간을 교훈하시며 하나님의 진리를 가르치시는 부분이 많습니다. 에스겔1:10-, 계시록4:6-8 등에서나 신32:1에서도 말씀하셨습니다.

오늘 본문에서는 하늘과 땅을 향해서 상징적으로 증거를 삼겠다고 하셨습니다. 유다 백성들이 하나님을 떠나게 되고 우상주의로 나가게 될 때에 한탄적인 절규로써 유다를 교훈하십니다. "하늘이여 들으라, 땅이여 귀를 기울이라"고 하셨습니다. (Hear, O heavens! Listen, O earth! For the LORD has spoken)

B.C 8세기에 앗수르제국의 세력이 번성해갈 때에 남쪽 유다를 경고하며 웃시야, 요담, 아하스, 히스기야에 걸쳐서 선지자로서 활동하였던 이사야를 통해서 외치는 음성은 죄를 지적하며 회개를 외치고 회개할 때에 소망이 있지만 회개치 아니할 때에는 심판을 예고해 주셨는데 이 세대에 한국교회인 우리 자신에게 주시는 말씀이라고 봅니다. 그러므로 본문에서 많은 것을 깨닫게 됩니다.

## 1. 본문에서 영적이고 신령한 면에서 절규로 들어야 합니다.

'절규' 는 어떤 생사가 달린 심각한 문제가 있을 때에 하는 일이 '절규' 라고 표현하는데 본문은 유다백성들의 죄악을 지적하면서 회개치 않을 때에 망하기 때문에 '절규' 인 것입니다.

### 1) 유다의 죄악상을 지적하셨습니다.
유다 백성의 죄악상을 지적하면서 '절규' 하게 됩니다.
① 하나님을 배반하고 배은망덕한 죄의 상태를 절규합니다.

(2절) "내가 자식을 양육하였거늘 그들이 나를 거역하였도다"
마치 자식을 양육한 부모의 마음으로 비교해 볼 수 있을 것입니다. 자식이 잘되면 보람이 되겠지만 그릇가게 될 때에 부모의 허탈한 마음으로 비교가 됩니다. 그래서 예수님은 탕자의 비유로써 교훈해 주셨습니다.(눅15:11-24)
② 무지해서 깨닫지 못하는 죄악상에 대한 절규입니다.
(3절) "소는 그 임자를 알고 나귀는 주인의 구유를 알건 만은 이스라엘은 알지 못하고 나의 백성은 깨닫지 못하는도다" 하셨습니다.
소나 개나 염소며 심지어 닭들도 밖에서 먹이 활동을 하다가 날이 어두워지거나 소낙비가 내리면 자기 집을 찾아오는데 이스라엘은 때가 되어도 돌아올 줄 모르는 무지한 백성임을 절규하고 호소하는 내용입니다.
(호4:14) "깨닫지 못하는 백성은 패망하리라"(a people without understanding will come to ruin!) 하셨는데 깨닫는 것이 복입니다. 성경은 내 백성이 지식이 없어 망한다고 하셨습니다.(호4:14, 사5:13, 잠1:29)
③ 하나님을 모독한 죄가 가득합니다.
죄 중에 특히 하나님의 거룩함을 모독한 죄가 큰 죄였습니다. (4절)"그들이 여호와를 버리고 이스라엘의 거룩한 자를 만홀히 여겨 멀리하고 물러갔도다" 하였습니다. 만홀히 여긴다는 뜻은 (갈6:7) 헬라어로 묵테르( μυκτηρίζεται )인데 직역하면 코를 치켜 올린다는 뜻이지만 의역해서 '콧방귀 뀐다'는 뜻으로 해석합니다. 하나님께 대해서 경고해도 콧방귀 뀌며 듣지 않았던 죄의 모습입니다.

**2) 귀 있는 자는 이 영적 절규를 들어야 합니다.**
성경에는 "귀 있는 자는 들으라"는 말씀을 여러 번 강조했습니다.
① 예수님이 직접 말씀하셨습니다.
(마13:9) "귀 있는 자는 들으라 하시니라" 하셨습니다.(He who has ears, let him hear)씨 뿌리는 비유를 통해서 강조하신 부분이 "귀 있는 자는 들으라" 하신 말씀입니다.
② 사도 요한을 통해서 외치셨습니다.

계시록 2-3장의 소아시아 일곱 교회에 주시는 말씀에서 말씀의 결론마다 "귀 있는 자는 성령이 교회들에게 하시는 말씀을 들을찌어다"고 강조하셨습니다. 왜냐하면 들은 자는 살아나기 때문입니다.(요5:25하, 겔 37:1-14)(who hear will live)
이 세대에 교회들에게 주시는 절규인줄 알고 들어야 하겠습니다.

## 2. 하나님은 사랑이시기 때문에 회개를 촉구하십니다.

"진노 중에도 긍휼을 잃지 아니하시는 하나님"(합3:2하)이십니다.

### 1) 하나님은 당장이라도 심판이 가능하십니다.
공의의 하나님이시기 때문입니다. 그러나 하나님은 기다리십니다.
① 하나님은 기다리시며 회개를 촉구하십니다.
기다리시며 회개를 촉구하십니다.(벧후2:8) 그리고 모두가 구원에 이르고 진리를 아는데 이르기를 원하십니다.(딤전2:4)
② 오래 참으시는 것은 하나님은 사랑이시기 때문입니다.
하나님은 사랑이십니다.(요일4:8,16) 사랑이시기 때문에 사랑의 책망과 채찍으로도 표현하십니다.(히12:6-)

### 2) 사랑하는 백성들이 돌아오기를 고대하십니다.
돌아와야 할 때에 돌아오지 않음으로써 매를 맞은 흔적임을 절규했습니다.
① 매를 맞은 흔적이 많이 있습니다.(5-6)
사랑의 매인데 깨닫지 못하고 돌아올 줄도 모르는 백성들입니다. 이 세대에 우리는 깨달아야 합니다.
② 이사야 선지자는 절규하며 외치고 있습니다.
그리고 회개하기만 하면 깨끗케 하시겠다고 약속하셨습니다.(1:18) 교회는 백성들에게 회개를 촉구해야 할 사명이 있습니다. 이 세대의 불행은 회개를 외치지 않는다는 것입니다.

## 3. 사랑으로 회개를 촉구하는데 듣지 아니하면 필연적인 심판이 따르게 되는데 대한 절규입니다.

동일한 말씀에서 심판이 기다리고 있습니다.(벧후3:7)

### 1) 이스라엘은 역사적으로 매를 많이 맞은 나라입니다.
회개를 촉구해도 돌아오지 않기 때문입니다.
① 남쪽 유다에도 북쪽 이스라엘에도 선지자를 부지런히 보내셨습니다.
(렘25:3)부지런히 보내셨지만 불순종 할 때에 필연적으로 패망이 오게 되었습니다.
② 선지자를 통해서 절규하며 외쳤지만 듣지 아니했습니다.
북쪽 이스라엘은 앗수르에 망하게 되었고 남쪽 유다는 바벨론에 B.C 586년에 망했습니다.(대하36:18) 그 패망은 필연적이고 무서운 심판이었습니다.

### 2) 하나님은 최후 심판을 준비하셨습니다.
믿든지 말든지 주지의 사실입니다.
① 예수님도 심판을 경고하셨습니다.(마24-25장) 깨달아서 바른 신앙을 지켜야 합니다.
② 바울도 외쳤습니다.(롬11:13, 살전5:1-4) 도적같이 옵니다.
③ 베드로도 경고했습니다.(벧후3:1-14)
심판에 대비한 것이 중요한 인생사입니다. 절규를 듣게 되시기를 축원합니다.

**결론 : 절규를 듣지 못하면 심판은 필연적입니다.**

## 깨어라, 그리고 기도하라
(골4:2-6)

성경에서 성도를 십자가 군병이요 군인으로 비유했습니다.(딤후2:3-4) 그런데 군인은 특성상 그 직무 중에서 경계 근무에 충실해야 한다는 것입니다.

그래서 유명한 맥아더(더글러스 맥아더 Douglas Macarthur 1880-1964)는 군인이 작전에서 실패할 수는 있어도 경계 근무의 실패자는 용서치 않았다고 합니다. 성경에는 십자가 군병인 성도들이 깨어 있을 것을 강조하였습니다.(마25:42) "그러므로 깨어있으라 어느 날에 너희 주가 임할는지 너희가 알지 못함이니라" 하였고 (살전5:6) 사도 바울도 "그러므로 다른 이들과 같이 자지 말고 오직 깨어 근신할찌라" 하였습니다.

깨어 있다는 것은 신앙 정신이 계속적으로 움직이는 것을 뜻하는데 대개가 기도 가운데서 깨어있게 됩니다. 제자들은 깨어 있으라는 예수님의 지적을 3번씩이나 받고도 잠만 자다가 예수님을 3번씩이나 부인하게 되었습니다.(마 36:38-44) 기독교 신앙은 살아계신 하나님께 기도하며 영적으로 깨어있다는 뜻을 많이 사용하게 됩니다.

본문을 통하여 몇 가지 은혜를 나누게 됩니다.

### 1. 어떻게 기도해야 할 것인가에 대한 방법을 말씀하셨습니다.

어떻게 기도해야 합니까? 기도를 호흡으로 비유하였는데 다른 신체기관이 모두 잠든 밤에도 호흡 기관은 움직이며 활동하고 호흡을 하게 됩니다. 이것은 자동화 되어있습니다.

#### 1) 기도 생활은 언제나 자동화 되어있어야 건강한 신앙입니다.
지금도 병원의 중환자실에는 산소 호흡기를 꽂고 있는 환자들이 많은데 이들은 스스로 산소 공급이 부족하기 때문입니다. 건강한 신앙은 기도가 자동화 된 신앙입니다.

① 항상 기도해야 합니다.
   (4:2) "기도를 항상 힘쓰고"라고 하였습니다.(Devote yourselves to prayer)
   이 말은 모든 생활을 버리거나 포기하고 기도하라는 뜻은 아닙니다. 수시로 주안에서 기도하는 마음으로 세상을 살아가는 것입니다. 예컨대 일하면서도 기도할 수 있고 길 가면서도 기도할 수 있습니다. 왜냐하면 죄악이 관영하기 때문에 마귀에게 틈을 주지 않기 위해서입니다.
② 쉬지 말고 기도해야 합니다.
   (살전5:17) 쉬지 말고 기도하라고 하셨습니다.(pray continually)
   모든 생활을 포기하고 기도만 하라는 뜻이 아닙니다. 기도의 연속성 가운데 계속적으로 기도하여 응답이 올 때까지 기도 생활이 계속되는 것을 뜻합니다. 운동선수에게 연습이 계속적으로 필요하듯이 이런 일에 프로(pro)가 되기 위해서는 '끼'도 중요하지만 연습이 필요한데 계속적인 연습을 뜻하기도 합니다.

## 2) 기도에는 몇 가지 중요한 요소가 있습니다.
기도하는 사람은 이 요소들을 잊지 말아야 합니다.
① 힘써서 기도해야 합니다.
   '힘쓰라'고 하였습니다. 산보하듯이 기도하는 것이 아닙니다. 예수님도 겟세마네동산에서 기도에 힘쓰실 때에 땀방울이 핏방울이 되기까지 힘쓰셨습니다.(눅22:44)
② 기도에는 회개가 반드시 동반되어야 합니다.
   회개가 없는 기도는 가식적이고 형식적이기 쉽습니다. 그래서 예수님은 회개를 강조하셨고(마3:8), 회개 없는 바리새인의 기도를 받으시지 아니하셨다고 했습니다.(눅18:10)
③ 감사하며 기도해야 합니다.
   (2절) "감사함으로"(thankful)라고 하였습니다.
   감사 속에 응답이 약속 되어있습니다.
④ 깨어서 기도해야 합니다.
   잠자는 기도가 아니라 신앙적으로 깨어있는 기도입니다.
   (2절) "깨어있으라"(being watchful)고 하였는데 과거형이나 미래형이

아니라 현재형으로 말씀했습니다. 언제든지 현재형으로 깨어있어야 합니다.
⑤ 특히 남을 위한 중보적(中保的)기도 또는 중언적(中言的)기도를 많이 해야 합니다.
(3절) "또한 우리를 위하여 기도하되 하나님이 전도할 문을 우리에게 열어 주사 그리스도의 비밀을 말하게 하시기를 구하라 내가 이것을 인하여 매임을 당하였노라" 하였습니다. 기도 가운데 깨어있게 되기를 축원합니다.

## 2. 기도에 응답이 있는 사람은 생활도 달라 지게 됩니다.

교회 안에서 기도생활로 생활이 달라진 사람은 말로만이 아니라 생활에서 열매를 맺게 됩니다. 그래서 그의 열매로 그 나무를 안다고 하였습니다.(마 7:16-22)

### 1) 기도하고 응답받는 사람들은 몇 가지 생활이 따라야 합니다.
어떤 생활이 따라야 합니까?
① 지혜의 생활이 따라야 합니다.
(5절) "외인을 향해서는 지혜로 행하여"라고 하였습니다.
성도의 지혜는 기도 제목입니다.(약1:5-6) 모세가 여호수아에게 안수할 때 지혜의 신이 임하였고(신34:9), 솔로몬도 지혜를 구하게 되었습니다.(왕상3:7-9)
② 시간을 아껴야 합니다.
금이나 은보다도 시간이 귀하기 때문입니다. '그래서 세월을 아끼라'(엡5:16)고 하였습니다.

### 2) 기도하는 사람은 행동으로 보여야 합니다.
① 특히 말(言語)에 조심해야 합니다.
(6절) "너희 말을 항상 은혜 가운데서 소금으로 골고루 함같이 하라" 하였습니다. 믿음의 언행이 중요하고 남에게 상처를 주지 않게 해야 합니다.
② 특히 기도하는 사람은 혈기를 부리거나 부정적인 말을 조심해야 합니다.

성내는 것이 하나님의 의(義)를 이루지 못하고(약1:19-20), 모세가 가나안에 들어갈 수 없는 조건이 되었습니다.(민20:11-)

### 3. 기도는 하나님과의 교통수단입니다.

사람이 복중에 있을 때에는 탯줄로 이어지고 태어나서는 호흡으로 살아가듯이 성도는 기도를 통해서 하나님과 교통해야 합니다.

**1) 기도는 천국에 갈 때까지 생명선입니다.**

그래서 쉬지 않고 해야 합니다.

① 기도는 만능열쇠(master key)로 비유됩니다. 특히 기도하지 않고는 응답도 없습니다.

② 이 열쇠를 사용하게 되면 열리게 됩니다.
  엘리야도(왕상18장), 히스기야도(왕하19-20장) 기도했습니다.

**2) 하나님께서 지금도 우리의 기도를 받으시기를 원하십니다.**

축복주시고 응답해 주시기 위해서입니다.

① 기도는 응답의 통로요 축복의 통로입니다. 그래서 기도 밖에 없습니다.(막9:29)

② 병든 자, 문제 있는 자, 약한 자들이 기도할 때에 응답받습니다. 응답받기를 축원합니다.

**결론 : 우리 모두가 깨어서 기도해야 합니다.**

# 은혜와 평강 가운데 복에 복을 더하는 교회
(대상 4:9-10)

지난해 표어가 '눈을 들어 세계를 보는 교회'였습니다. 그리고 Nepal(네팔)에 세 번째 예배당을 건축하여 헌당 예배도 드렸습니다. 세계를 향하여 보게 되었고, 눈을 뜨게 되었으면 이제는 은혜와 평강 가운데서 선교하기 위해서는 복에 복을 더욱 받는 교회가 되어야 합니다.

우리가 살아가는 남북한 한반도의 복음화가 이루어지고 세계에 복음을 전하기 위해서는 역시 경제적인 축복도 따라야 하기 때문입니다. 지금의 세대는 경제시대요 자본주의시대이기 때문에 경제적 축복이 따를 때에 힘차게 복음을 전할 수 있기 때문입니다.

성도들의 직장이나 사업장이 날마다 더욱 잘되어가는 복이 임하기를 위해서 기도합니다. 여기에서 또한 선교가 이루어지기 때문입니다.

본문은 역대기에서 이스라엘 역사를 기록하다가 '야베스' 란 사람에 대해서 잠시 소개하는 장입니다. 야베스가 받은 축복이 2008년에 은평교회 성도들이 받는 축복이 되기를 기도하면서 선교의 꿈을 가진 교회로서 성령충만과 함께 야베스의 축복이 넘치게 되시기를 축원합니다.

## 1. 야베스의 인물에 대해서 생각해 보겠습니다.

'야베스' 란 이름은 그 모친이 난산해서 낳은 아들이기 때문에 이름하여 야베스라 하였는데 수고롭다는 뜻을 가지고 있습니다. 생각해 보세요, 그 이름대로 살면 어찌 되겠습니까? 그래서 기도했습니다.

### 1) 유다지파 계통의 사람입니다.(대상4:1)
유다계통의 사람으로서 이스라엘 정통적 계보를 지닌 사람으로 곁가지의 가문이 아니었습니다.

① 유다지파는 전통적인 지파요 명문 지파에 속합니다.
하나님께서 12지파 중에 일찍이 축복을 약속한 지파입니다. 선조인 유다가 희생적인 사람으로서 장차 오실 메시야의 육신적 조상격이 된 유다 지파입니다.(창44:16-30) 요셉과 유다와의 사건 때에 이미 밝혀진 사건입니다. 야베스는 명문지파 자손이요 축복의 지파로서 장차 메시야가 태어날 지파입니다.

② 예수님은 유다지파에서 오셨습니다.
내로라 하는 12지파 중에서 예수님이 오실 지파가 유다지파 계통에서 오시게 됩니다. 이것은 이미 구약 여러 곳에서 약속하신 사실입니다.(창49:8-10, 신33:7, 창3:15) 이는 야곱이 죽기 전에 자손들에게 축복하는 기도에서 약속되었고 먼 훗날 모세가 죽기 전에 12지파에게 기도하던 장면에서 나오는 말씀인 바 유다지파는 명문가요 축복의 지파입니다.

## 2) 신앙의 명문 집안들이 되시기 바랍니다.

야베스가 지파로써 명문지파이듯이 예수 안에서 믿음으로 되어진 신앙 안에서의 명문 집안이 되어야 합니다. 세상 재벌이나 정치의 명문가도 중요하지만 예수 안에서 신앙적 명문가는 영원한 축복입니다.

① 야베스는 신앙의 명문가 출신입니다.
성도가 받는 축복의 제일은 신앙의 명문가가 되는 일입니다. 신앙의 명문가는 영원히 복을 받게 됩니다.(출20:5-) 천대까지 축복 받게되면 사실상 영원히 복받는 축복입니다. 악한 자의 것은 3-4代까지 갚으시지만 (출20:5, 욥21:19) 신앙의 명문가의 축복은 천 대까지 복이 임합니다.(시112:1-2) 야베스가 유다지파라는 것이 그래서 중요합니다.

② 유다지파로 오신 예수그리스도 안에 있는 자는 영적이고 신령한 복을 받게 됩니다.
사도 바울은 신령한 복이라고 강조했습니다.(엡1:3) 유명한 신학자인 에릭사우어박사(Dr. Erich Sauer)는 '세계 구속의 여명'(The Down of world Redemption)이란 책과 '십자가의 승리'(The Triumph of the crucified)란 책에서 구속사적인 설명을 하면서 신령한 복을 강조했습니다. 우리는 예수 안에서 복을 받았습니다.(요5:24, 롬8:1, 요1:12) 더욱

부요한 축복을 받게 되었습니다.(고후8:9) 이 축복을 받은 사람들은 신앙의 사람들이요, 콜게이트, 와나메이커, 록펠러, 카네기와 그리고 20-21세기의 부자 빌게이츠는 하버드 대학의 중퇴생이지만 최고의 부자가 되어서 세계 빈민과 선교와 NGO 활동에 크게 기여하고 있습니다. 은평교회성도들 중에도 큰 사람이 나오기를 위해 기도합니다.

## 2. 야베스는 세 가지를 위해 기도했습니다.

긴급하게 구하게 된 세 가지들을 자세히 보시기 바랍니다.

### 1) '복에 복을 더하사' 라고 기도했습니다.

하나님께서 그 백성들에게 축복을 약속해 주셨기 때문입니다.

① 구하라고 하셨습니다.

특히 에스겔에서는 34장 이후에 축복과 희망을 약속하시다가 36:37-38에서는 약속을 믿고 기도하라고 하셨습니다.

② 예수님도 기도하셨고 기도하라고 하셨습니다.

변치 않는 약속을 믿고 기도하는 일입니다.(마4:1-, 마7:7) 교회도 기도의 불이 뜨겁게 타올라야 하겠습니다.

### 2) 야베스는 세 가지를 기도했습니다.

많은 기도들이 있지만 이 속에 모두 함축되어진 기도입니다.

① 야베스는 지경이 넓혀지기 위해서 기도했습니다.

성도들의 생활반경이 점점 넓혀지고 확장되기 위해서 기도합니다.

② 주의 손으로 도우사 환난을 벗어나기 위해 기도했습니다. 이는 약속이 기도 합니다.(신28:7, 12)

③ '근심이 없게 하옵소서' 했습니다.

에벤에셀의 하나님께서(삼상7:12) 축복을 주십니다. 은혜와 평강은 은평교회에서 약속된 사건입니다.(요14:27) 바울도 수없이 그의 서신 1:1-5 사이에서 약속으로 기록했습니다.

## 3. 하나님이 그 구하는 것을 허락하셨습니다.

유다지파의 명문가다운 축복인바 예수 안에서 약속입니다.

1) 우리는 예수 안에서 명문가들입니다.
   ① 이미 예수 안에서 약속해 주셨습니다. (요14:13, 15:7)
   ② 야베스의 축복은 지금도 믿는 자에게 유효합니다.
      유다지파로 오신 예수 안에서 믿는 자에게 주시는 축복입니다.

2) 기도는 내가 하지만 응답은 하나님이 하십니다.
   ① 기도는 할 수 있지 않습니까? 응답은 하나님께서 하십니다.
      모세의 경우를 보시기 바랍니다.(민11:21) 여호와의 손은 짧아지지 아니하였습니다.
   ② '허락하셨더라' 하였는데 그 뜻은 여기에 없는 것을 다른데서 가져다 주셨다는 뜻입니다.
      엘리야의 경우처럼(왕상17:4) 말입니다. 그러므로 현재에 낙심치 말고 이 축복이 넘치는 한 해가 되시기를 축원합니다.

**결론 : 야베스의 하나님은 나의 하나님이 되십니다.**

# 솔로몬의 기도에서 주시는 교훈
(대하6:12-17)

모든 생물들은 태어나면 숨을 쉬며 대화도 하게 됩니다. 성경에서 기도는 성도들의 호흡과 같은 존재이며 기도는 하나님과 대화하는 신령한 언어요 도구입니다. 다른 동물들이나 물고기들도 서로 대화를 하는데 만물의 영장으로 지으심을 받은 사람이 하나님과 대화하는 것은 당연한 일이요 성경에서 강조하는 사실입니다.

성경에는 기도에 관해서 많이 할애하였고 강조하였습니다. 믿음의 조상 아브라함도 기도하였고 결과적으로 롯을 구원하는데 크게 기여하였습니다.(창18장, 19:29) 모세도 수없이 기도하였고 민족을 위기 때마다 구원하여 이끌고 전진하였습니다.(출32:32, 민20장, 민11장) 사무엘 역시 기도 쉬는 것을 죄악으로 생각했습니다.(삼상12:23) 다윗왕(시51편), 아사왕(대하14:11), 히스기야의 기도(왕하18-20장), 엘리야의 기도(왕상18:36-45, 약5:17), 예수님의 기도(마4:1-, 요17장, 마36:39) 등 어찌 성경에 모든 기도를 말할 수 있겠습니까마는 성경은 기도를 대단히 강조하였습니다. 개인이나 교회나 살아있는 신앙은 기도가 살아있는 개인이요, 교회의 모습으로 나타나게 됩니다.

본문은 다윗의 아들 솔로몬이 성전을 완성한 후에 헌당예배에서 드려진 기도인바 솔로몬의 기도에서 신약시대에 성도들에게 주시는 교훈이 매우 큰바 몇 가지 은혜를 나누어 봅니다.

## 1. 솔로몬은 이렇게 기도하였습니다.

솔로몬이 어떻게 기도하였는지는 본문에서 자세히 밝혀줍니다.
(12절) "솔로몬이 여호와의 단 앞에서 이스라엘 회중을 마주서서 그 손을 펴니라" 하였고(13절)" 놋으로 만든 받침대 위에 올라서서 무릎을 꿇고 하늘을

향하여 손을 펴고"라고 하였습니다.

### 1) 솔로몬의 기도하는 자세는 이렇게 하였습니다.
무릎을 꿇고 손을 들어서 펴고 하는 자세입니다.
① 무릎을 꿇는 것은 성경에서 겸손이요 항복의 자세입니다.
무릎을 꿇는 것은 보통 때에 꿇지 않습니다. 높은 분 앞에 있거나 주군 앞에 신하가 나갈 때에 취하는 자세입니다. 솔로몬은 하나님 앞에서 자신이 종이요 그래서 겸손히 무릎을 꿇는 자세로써 기도하게 된 것입니다. 예수님은 누가복음 18장에서 기도에 관해서 교훈하시고(1-8), 9-14에서는 세리의 기도에 관해서 칭찬해 주셨습니다. 목이 곧은 바리새인은 응답 받지 못했다고 강조해 주셨습니다. 현대인들 가운데는 교회에 와서도 세상 자기의 직위나 위치를 내세워서 교만한 자세를 취하는 모습도 보는데 그런 교만한 세력은 하나님께서 원치 않으십니다.
② 손을 들고 기도하였습니다.
손을 펴서 들고 기도하였습니다. 손들고 찬송하며 기도하는 것은 하나님 앞에 완전히 겸손인 동시에 복종의 자세입니다. 짐승의 세계에서도 상대방이 강하면 겸손히 꼬리를 내리고 눕는 모습을 보게 됩니다. 복종과 굴복의 자세입니다. 모세는 이스라엘의 승리를 위해서 손을 들고 기도했습니다.(출17:8-16) 하나님께 내가 손을 들면 하나님은 손든 이에게 승리를 주십니다.

### 2) 겸손과 항복의 기도에는 응답을 주십니다.
솔로몬이 부왕인 다윗이 짓지 못했던 성전을 완성하면서 기도 응답을 받은 이유가 여기에 있습니다.
① 엘리야의 경우를 보시기 바랍니다.
(왕상18:42) "엘리야가 갈멜산 꼭대기로 올라가서 땅에 꿇어 엎드려 그 얼굴을 무릎사이에 넣고" 하였습니다. 하나님은 성도들의 무릎을 원하십니다. 뻣뻣한 목과 교만한 허리는 하나님께서 원하시지 않습니다.
② 현대인은 무릎을 꿇는 것을 좋아하지 않는 병이 있습니다.
기도원에는 청중석에 의자가 없습니다. 왜냐하면 엎드려서 기도하기 위해서입니다. 방석만 깔고 꿇어 엎드리는 기도입니다. 여기에 큰 응답

이 있고 큰 비가 내리기도 하였습니다.(약5:16-17) 솔로몬은 무릎을 꿇었고 손을 들기도 하였듯이 우리의 기도는 겸손의 자세가 응답받게 됩니다.

## 2. 솔로몬은 하나님의 주권을 인정하는 기도를 올렸습니다.

사람들은 자기 고집과 자기 생각에서 하나님의 주권에 불응하는 경우들이 있습니다.

### 1) 기도 응답의 주권은 하나님의 역사입니다.
(14절) "이스라엘 하나님 여호와여 천지에 주와 같은 신이 없나이다" 하였습니다.(there is no God like you in heaven or on earth)
① 우리에게 응답하시는 분은 절대 주권자가 되십니다.
주권자 되시는 하나님께서 모든 일들을 행하시게 되는데 주시기도 하시고 다시 반납받기도 하십니다.(행13:22, 삼상16:9) 어거스틴(Augustine)은 하나님의 절대주권을 재창하였습니다.
② 기도 역시 응답의 열쇠가 하나님께 있습니다.
따라서 그 주권을 믿고 기도할 때에 바랄 수 없는 중에 바라고 믿고 기도했던 아브라함과 같이 응답을 받게 됩니다.(롬4:18-)

### 2) 솔로몬의 기도는 하나님께서 보실 때에 합당한 기도였습니다.
그는 왕위에 올라서 먼저 예배부터 드렸습니다.
① 일천번제의 주인공인데 여기에 하나님의 응답이 내렸습니다.
기도 응답의 배후에는 올바른 예배 행위에서 내리게 됩니다. 습관적인 예배가 아니라 정성어린 예배가 중요합니다.
② 기도에나 예배에 응답받은 사람들의 특징을 보시기 바랍니다.
다윗의 경우(삼하24:1-2, 대하3:1) 그러므로 무엇을 드리든 간에 하나님께서 기뻐하시도록 드려야 합니다.

## 3. 솔로몬은 응답받는 기도를 드렸습니다.

우리가 기도할 때에도 하나님께서 들으시며(시94:2) 응답하십니다.

1) 솔로몬이 받은 응답이 무엇이었습니까?
응답의 내용이 중요합니다.
　① 내가 네 기도를 들었다고 응답해 주셨습니다.(7;12)
　　하나님은 응답의 하나님이시요 인격적인 분이십니다.
　② 그리고 그 기도에 대해서 응답의 결과가 7:13 이후에 전개됩니다.
　　네 나라가 견고케 하여주리라고 하셨습니다.

2) 지금 우리는 기도 응답받을 때입니다.
　① 기도의 용사들이 많이 나와야 하겠습니다.
　　백악관에서 예배드리듯이 청와대에서도 예배드리며 전국에 기도의 소리가 풍성해야 합니다.
　② 문제가 많은 것은 기도하라는 신호인줄 알고 더욱 기도해야 합니다.
　　하나님은 지금도 우리의 기도를 요구하십니다. 기도가 많을수록 응답도 많아지게 되기를 주의 이름으로 축원합니다.

**결론 : 지금은 우리 모두가 기도할 때입니다.**

# 위기를 기회로 역전케 하는 기도
(에4:14-16)

옛날 60-70년대에 야구를 좋아했던 사람들은 역시 청룡기, 황금사자기, 봉황기라는 이름이 붙은 고교야구가 생각날 것입니다. 이때에 '역전의 용사'라는 별명이 붙은 학교가 군산상고였습니다. 탈락할 위기에 처했다가도 다시 부활전에서 이기게 되어 우승까지 했던 일들이 생각납니다.

며칠 전에 인터넷 내 E-mail에 날아온 어떤 선교사의 편지 중에 일본에서 현재 베스트셀러 중에 하나가 생활 경제의 전문가인 다카하기 미시바시(三橋貴明)씨가 한국 경제를 진단한 책인데 한국경제는 좌파정권 10년에 모두 거덜이 나서 껍데기만 남았고 한 번 더 좌파가 연장되었으면 한국경제는 침몰하게 되었을 것이며 북한에 퍼다 준 돈이 60조원은 될 것이라는 것입니다.

그리고 탈북자가 1만 명이라고 하는데 남한을 탈출하는 탈남자는 80만명에 이르는데 해외로 이민 내지는 공부 때문에 나가는 사람들로써 이들이 가지고 가는 돈이 남한 경제의 문제라고 크게 지적한 바 있습니다.

이 나라의 정치 경제 모든 분야마다 위기가 아닐 수 없다고 보는 시각들이 많음을 듣게 됩니다. 3.1절을 즈음해서 우리는 다시한번 역전의 기회가 되기 위해 힘써야 하는데, 나쁜 하만에 의해서 모르드개와 에스더 뿐 아니라 온 유다인들이 죽게 되었던 때에도 역사하시므로 하나님의 손을 움직인 것은 역시 기도였음을 알고 3.1절 때에도 기독교인 16인을 포함 33명이 일어섰듯이 한국 교회의 무기인 기도를 다시 살리는 계기가 되어야 하겠습니다.

과거에도 현재에도 이 나라의 기독교회가 할 일은 죽으면 죽으리라는 기도인바 성경에서 그 해답을 찾게 됩니다. (약9:29, 마7:18-20, 겔36:37-)

## 1. 역전의 방법은 기도 밖에 없습니다.

기도는 간단한 것 같으나 중노동이며 영적 싸움이기 때문에 어렵습니다. 그러나 여기엔 승리가 보장된 약속이 기도입니다.

**1) 기도에는 종류가 많이 있습니다. 따라서 이런 기도가 곧 역전케 되는 열쇠이며 만능열쇠와 같습니다.(master-key)**

① 금식하며 하는 금식기도입니다.

예수님도(마4:1) 40일 금식하셨으며 본문에서 에스더와 모르드개가 금식하게 될 때에 악한 하만의 잔꾀가 보기 좋게 무너지고 대 역전극이 벌어지게 되었습니다. 사무엘과 이스라엘이 위기 때에 역시 기도하는데 금식기도였고 이때에도 상황이 바뀌는 역사가 이루어지고 '에벤에셀'이라는 말이 생겨나게 되었습니다.(삼상7:5-12) 여호사밧왕 역시 기도해서 큰 체험을 하였던 기록을 봅니다.(대하20:12)

② 부르짖는 기도입니다.

기도에는 많은 종류와 태도가 있겠으나 그 가운데 하나가 부르짖는 기도라고 할 것입니다. 묵상도 중요하고 골방기도도 있으나 부르짖는 기도도 있습니다. (막10:48-52)여리고의 소경이요 거지인 바디매오의 경우입니다.(렘29:12-13, 33:1-3)너희는 내게 와서 부르짖으며 내게 와서 기도하라고 했습니다.(왕하20:1-11)히스기야왕은 죽을병에서 부르짖게 되었습니다.

③ 피땀 흘릴만큼 간절한 기도입니다.

평범한 기도가 아니라 간절한 기도입니다. (눅22:44)예수님이 겟세마네 동산에서 한 기도입니다. (히5:7)예수님은 심한 통곡과 눈물로 간구와 소원을 올렸습니다. (왕상17-18장)엘리야는 무릎을 꿇고 기도할 때에 역사가 나타났습니다.(약5:17)

④ 인내하는 기도입니다.

기도에는 인내가 요구됩니다. 기다리며 기도해야 합니다. (왕상8:41)일곱 번까지 가게 되었던 기도의 인내입니다.

여기에 역사가 나타나게 되었습니다.

⑤ 회개의 기도입니다.

예수님도 회개를 촉구하셨고(마4:17) 금식하며 회개할 때 역사가 나타

나게 되었습니다.(삼상7:5-6)
(마3:8)회개의 열매를 요구하십니다.(시68:18)회개하라고 하셨습니다.(Repent for the Kingdom of heaven in near)
⑥ 기도하고서 낙심치 말고 믿어야 합니다.
낙심하거나 뒤로 물러가지 말고 믿으라고 강조했습니다.(눅18:1-8, 사30:18, 히10:38, 합2:3)

2) 성경시대나 지금이나 하나님은 그의 백성들에게 응답하시기를 기뻐하십니다.

그러므로 주의 교회가 할 일은 기도입니다.
① 기도에 대한 응답의 차례가 하나님께 있게 해야 합니다.
기도하게 되면 그때부터 하나님이 일하실 차례가 됩니다. 하박국의 경우와 같습니다.(합2:1)
② 기도하는 개인이나 교회가 기다리면 차례가 오게 됩니다.
기도했습니까? 기다리면서 인내하면 하나님께서 역사하실 차례가 될 것입니다. 우리는 이 나라를 위해서 기도해야 합니다.

## 2. 응답은 하나님의 약속입니다.

기도에 대한 응답은 하나님의 약속이시기 때문에 믿어야 합니다.

1) 기도는 약속입니다.(Prayer is a promise)
그래서 신구약 전체에 흐르는 큰 맥이 기도에 대한 약속입니다. 적어도 365번이나 약속하셨는데 아마도 365일에 하루 하나씩만 응답되어도 큰 역사입니다.
① 예수님이 약속하셨습니다.(마7:17-)
이 약속을 믿고 구하고, 찾고, 문을 두드려야 합니다.
② 하나님은 약속을 지키시는 분이십니다.
하나님은 약속을 지키십니다. 그래서 우리는 지금 금년에 두 번째 40일 24시간 릴레이 기도를 시작하였습니다.

2) 여기에는 믿음(Faith)이 중요합니다.(요4:50, 11:40. 약5:15)
① 믿고 기도해야 합니다.(마21:22) 그래서 믿음이 강조되었습니다.

받은 줄로 믿으라고 하셨습니다.(막11:24)
② 예수 안에서 구할 때 이루어집니다.
예수님은 예수 이름을 믿고 약속해 주셨기 때문입니다.(요15:7)

## 3. 급한 위기에서 보기 좋게 역전시켜 주십니다.

본문에서 분명히 체험케 해주셨습니다.

### 1) 하만의 간악한 꾀에서 역전시키므로 무너지게 했습니다.
① 자기가 만든 나무에 자기가 매달리게 되었습니다.
하나님이 하시는 일입니다. 모든 상황이 대역전 되었습니다.
② 기도하는 사람을 건드리면 큰 일이 벌어지게 됩니다.
그러므로 한국교회는 기도할 때입니다. 하나님은 역사 가운데서 우리 교회와 성도들을 지켜오셨기 때문입니다.

### 2) 모르드개와 에스더는 기도로 대승을 거두게 되었습니다.
① 기도하는 사람이요 하나님께서 함께 하시기 때문입니다.
그것은 지금도 한국교회와 이 나라에 유효합니다.
② 하나님은 지금도 그의 백성들을 위기에서 건지시는 분이십니다.
개인과 국가 위해서 기도는 할 수 있지않습니까? 낙심치 말고 기도해야 합니다. 이것이 3.1절에 교회가 할일인줄 알고 기도로 승리케 되시기를 축원합니다.

**결론 : 3.1절도 하나님이 주셨습니다.**

# 일곱 번까지 다시 간 결과
(왕상18:41-46)

예수를 바르게 믿고 신앙생활을 하는 사람이라면 누구든지 기도하게 되는데, 특별히 어려운 문제가 있는 때일수록 기도한다는 것을 알고 있습니다. 그리고 하나님은 성도들이 기도할 때에 응답하시겠다고 약속을 분명히 해주셨습니다(렘33:1-3, 겔36:37, 마7:7-11, 눅18:1-8, 요11:40, 14:12-14, 15:7, 16:23-24, 막11:23-25).

문제는 기도는 하는데 그 기도에 대해서 빠르게 응답하시는 것도 있지만 오랫동안 응답이 없을 때에 문제가 생깁니다. 빠르게 응답이 없을 때에 쉽게 낙심케 되고 의심이 생기게 되기 때문입니다. 여기에서 낙심하게 되고(눅18:1) 인내가 부족해서 불신이 나타나게 됩니다. (약1:5-6) 그러나 기도는 감사 속에서 항상 해야 합니다(골4:2).

우리는 엘리야가 3년 6개월 만에 비가 오게 하는 기도의 현장을 통해서 은혜를 받으며 배우게 됩니다. 바알과 아세라의 죽은 신들과의 대결에서 당당히 불로 응답받고 3년 6개월 만에 비가 내리게 하였던 응답의 현장을 보게 됩니다. 엘리야의 이 기도는 어떤 기도였을까요?

## 1. 엘리야의 기도는 인내와 믿음의 기도였습니다.

(42절) "땅에 꿇어 엎드려 그 얼굴을 무릎 사이에 넣고" 기도했습니다.
사람이 무릎을 꿇는 일은 쉽게 할 수 있지만 얼굴을 무릎 사이에 넣는 일은 쉽지 않거니와 흔한 일이 아닙니다. 평상시에 고도의 훈련이 되어 있을 때만 가능한 일입니다.

### 1) 엘리야는 평상시에 기도 훈련이 된 사람입니다.
얼굴을 무릎 사이에 넣고 엎드려서 하는 기도의 훈련을 평상시에도 했던 기도의 사람입니다.
① 이런 상태의 자세는 지극히 낮은 자가 지극히 높으신 분 앞에서 겸손하게 취하는 자세이기도 한 것입니다.
겸손한 기도의 자세가 아닐 수 없습니다. 사람의 뼈는 무쇠와 같아서 뻣뻣하면 교만의 상징성도 되지만 206개로 구성된 뼈가 훈련을 통해서 부드러워지기 때문에 운동선수들의 뼈가 부드러운 것입니다. 기도하는 사람은 언제나 겸손하게 낮아져서 엘리야와 같은 기도를 해야 합니다. 교만한 자의 기도는 하나님께서 받으시지 않습니다(눅18:9-14).
② 여기에 기도의 인내가 중요합니다. 인내(忍耐)해야 합니다.
기도한 것이 금방 이루어지는 일도 있지만 오랫동안 기도해도 잘 이루어지지 않는 문제도 있습니다. 이런 때에도 계속해서 기도해야 합니다. (삼상1:10-12)한나의 경우에 "...마음이 괴로워서 여호와께 기도하고 통곡하며 서원하여 가로되 만군의 여호와여..." (12절) "그가 여호와 앞에 오래 기도하는 동안에"라고 하였습니다. 하나님께서는 엘리제사장을 통해서 응답하시고 세 아들과 두 딸을 주셨습니다(2:1-10).

**2) 엘리야는 일곱 번까지 기도하였습니다.**
성경에서 일곱이란 숫자는 중요하고 의미있는 숫자입니다.
① 하나님께서는 일곱 번까지 가서 기도하던 엘리야의 기도에 대해서 응답해 주셨습니다.
여기에서 더욱 인내하고 겸손히 기다리던 엘리야의 기도가 응답받게 되었습니다. 선지자의 기도가 중요하였듯이 신약시대에 와서 그리스도인들은 왕 같은 제사장들로서(벧2:9) 하나님께 부르짖음이 중요합니다.
② 하나님께 부르짖는 이 기도는 몇 마디하고 그만 두는 식의 기도가 아니라 생사가 달린 문제이기 때문에 중요합니다.
사느냐 죽느냐 하는 문제까지 달린 기도 제목이기 때문입니다. 인내로 부르짖다가 응답받게 되기를 축원합니다.

## 2. 사람의 손만한 작은 구름의 신호를 주셨습니다.

엘리야는 기도하였고 심부름하는 아이를 시켜서 요단 저편 바다에 무슨 징조가 있는가 보라고 하였습니다.

### 1) 일곱 번 되기까지는 아무것도 없나이다, 했습니다.

'아무것도 없나이다(There is nothing there).

① 기도하는 사람에게 이 말만큼 답답한 것이 없을 것입니다.

기왕에 주실 바에는 첫 번째 기도할 때에 주시지 않고 왜 이렇게 길게 끄시는 것일까요? 기도의 가치와 응답의 가치에 대한 하나님의 뜻이 여기에 있게 됩니다.

② 일곱 번까지 가라는 것입니다.

엘리야는 말했습니다. '일곱 번까지 가라'(he said. Seven times Elijah said, "Go back.") 전보다 상황이 달라질 것은 없지만 계속해서 기도했습니다. 이때에 비로소(44절) '바다에서 사람의 손만한 작은 구름이 일어나나이다' 했습니다.

### 2) 그 작은 구름이 큰 비로 바뀌었습니다.

사람의 손만한 작은 구름이 큰 비로 바뀌는 순간입니다.

① 여기에 믿음의 중요성이 있습니다.

믿음의 행위가 중요한 것입니다. 왕하 5장에서 아람나라의 군대장관 역시 이 일곱 번째라는 관문을 통과한 후에 비로소 문둥병이 치료받게 되었습니다. 믿음의 기도 앞에서는 인간의 자존심을 버리고 기도해야 합니다(왕하5:14).

② 드디어 42개월 만에 큰 비가 왔습니다.

큰 비가 온다고 할 때에 처음에는 비웃기도 했을 것입니다.(왕상18:41) 큰 비가 내렸습니다(45절). 예수그리스도의 복음 역시 그러합니다.

## 3. 하나님의 역사하심은 지금도 살아계셔서 응답해 주십니다.

고대로부터 강한 나라들이 일어났다가 얼마 후에는 망하였지만 하나님의 복음의 역사는 영원히 망하지 않습니다.(단2:45)

### 1) 기도하는 자에게는 능치 못하심이 없습니다. 그래서 기도 밖에 없습니다.

① 야고보 서신에서 다시한번 엘리야를 확인합니다.

믿음의 기도입니다(약5:15-17).

② 우리의 기도 역시 예수 안에서 이루어주십니다(요14:13, 15:7).
예수님의 이름으로 약속해 주셨습니다.

**2) 성도의 무기는 기도입니다. 기도라는 무기를 사용하세요.**
① 형편과 처지에 낙심할 이유가 없습니다.
기도는 위력이 있는데 존. 락스의 기도는 10만 대군보다 더 힘이 있다고 엘리자베스여왕은 말했습니다.
② 하나님은 내 기도를 들으심을 믿어야 합니다(막11:23-25).
하나님의 손은 짧아지지 아니하셨음을 믿어야 합니다(민11:23). 위대하신 하나님의 응답을 체험하시기를 주의 이름으로 축원합니다.

**결론 : 하나님은 응답해 주십니다.**

# 죽었으나 믿음으로 말하는 사람들
(히11:1-4)

옛말에 '호랑이는 죽어서 가죽을 남기고 사람은 죽어서 이름 석자를 남긴다' 는 말이 있지만 실상은 누가 그렇게 기억할만한 이름을 남기겠습니까? 그러나 믿음의 사람들에게는 영원한 천국에 그 이름들이 기록되었고 남아서 '그 이름들이 생명책에 있느니라' (빌4:3)고 하였습니다.(whose names are in the books of life) 예수 믿고 예수 안에서 살다가 간 사람들은 천국에 그 이름이 남게 됩니다.

미국 프린스턴(Princeton)신학교의 초대 학장을 지내다가 간 알렉산더(Alexander)교수는 말하기를 '더운 여름날 목마른 사람에게는 많은 호수물이 필요한 것이 아니라 한잔의 물이듯이 이 세상에 필요한 이름은 오직 예수 이름 뿐이다' 라고 했습니다.

무디(Moody)와 함께 전도했던 헨리워드 비쳐(O.W. Beacher)는 예수님은 그림 한 폭 그린 적이 없지만 유명한 라파엘, 미켈란젤로, 레오나르드다빈치 등의 작품 속에 예수가 주제가 되었고 예수는 시 한 수도 쓴 적이 없지만 유명한 단테, 밀턴 등의 글들에 예수가 주인공이었으며 예수는 음악적으로 작곡 한 번 하지 아니하였으나 하이든, 헨델, 베에토벤, 바하, 멘델스존 같은 거장들의 음악의 주제가 되었으며 유명한 조각가들의 제목이 되었다고 말했습니다.

본문에서 히브리서기자는 믿음의 정의를 내리고 믿음의 산증인들에 대해서 말했습니다. "저가 죽었으나 그 믿음으로써 오히려 말하느니라"(4절)하였는데 믿음의 산증인들입니다. 본문에서 은혜를 받게 됩니다.

## 1. 먼저 믿음의 정의를 내려 봅니다.

많은 사람들이 믿음(Faith) 에 대해서 말하는데 과연 믿음이 무엇일까요? 1

절에서 정의를 내려주고 있습니다. "믿음은 바라는 것들의 실상이요 보지 못하는 것들의 증거니 선진들이 이로써 증거를 얻었느니라" 하였습니다.

### 1) 믿음이 무엇이라고 정의를 내렸습니까?
믿음에 대해서 확인해 보시기 바랍니다.
① 믿음이란 바라는 것들의 실상이라고 하였습니다.
현재 내게 없지만 바라보고 기도하고 간구할 때에 이루어지는 현장이요 '바라보는 것' 입니다. 그런 사실이 성경에는 많이 기록되었고 소개했습니다. (대상4:9-10) 야베스(Jabez) 같은 경우에서 봅니다. 현재는 없지만 기도하게 될 때에 하나님께서 주셨습니다.
② 믿음의 사건들을 보시기 바랍니다.
(마8:5)백부장의 믿음입니다.
예수님이 칭찬하셨습니다. (마9:1-, 막2:1)네명의 친구들의 믿음을 보시기 바랍니다. 예수님이 저들의 믿음을 칭찬하셨습니다.(마17:14-, 막9:24)예수님은 믿음을 강조하셨습니다.

### 2) 따라서 믿음이 있을 때에 하나님을 기쁘시게 할 수 있습니다.
(히11:6) "믿음이 없이는 기쁘시게 못하나니" 했습니다.(And without faith it is impossible to please God)
① 하나님은 살아계심을 믿어야 합니다.
전지전능(全知全能)하신 하나님이십니다. 따라서 기도하게 될 때에 믿음으로 기도해야 합니다. 믿음이 없이 구하는 것은 아무것도 응답받을 수 없습니다.(약1:5-8)
② 내가 능력이 없거나 약하다고 해서 하나님께서도 약하시거나 능력이 없으신 분은 아닙니다.
나는 약해도 하나님은 강하시며 나는 부족해도 하나님은 부유하시며 나는 할 수 없으나 하나님은 모든 것을 하실 수 있다고 믿는 것이 믿음입니다.
긍정적 사고의 거장인 조엘 오스틴(Joel Osteen)은 '긍정의 힘,(your best life now)이란 책에서 긍정의 사고를 강조하였습니다. 성경은 우리들에게 믿음을 강조합니다.

## 2. 성경에서 강조하는 인물들은 믿음의 사람들입니다.
특히 히브리서 11장은 믿음의 큰 산맥들이 소개되었습니다.

### 1) 믿음으로 살았던 사람들의 믿음의 내용을 소개하였습니다.
믿음의 내용들을 자세히 살펴보시기 바랍니다.
① 가인과 아벨에서 예배에 대한 아벨의 믿음입니다.(창4:1)
  예배는 믿음대로 나타나게 됩니다.
② 같은 세상을 살아가지만 믿음으로 하나님과 동행한 에녹입니다.(창5L21)
  엘리야를 끝까지 따라가던 엘리사와 같이 언제나 주와 동행하는 성도가 믿음을 보여주는 것입니다.(왕하2:10-11)
③ 하나님의 심판 때에 믿음으로 120년을 방주를 짓던 노아의 믿음은 말세 때에 성도의 귀감입니다.(창6-9장, 마24:31)
④ 아브라함의 믿음은 누구와 견줄 수 없는 믿음의 조상입니다.
  그래서 신구약할 것 없이 아브라함은 높이 솟아 있습니다.(롬4:18)

### 2) 어찌 모두 열거할 수 있겠습니까?
이들은 모두 산중인들입니다.
① 말세 때에도 믿음의 산중인들이 요구됩니다.
  믿음을 찾기 힘든 세대이기 때문입니다.(눅18:8)
② 인자의 때에는 노아나 소돔시대와 같기 때문입니다.(눅17:26-29)
  이런 때에 성경적인 믿음만이 살 길입니다.

## 3. 믿음의 사람들은 죽음 이후에도 말하게 됩니다.
(히11:4) "저가 죽었으나 오히려 믿음으로써 말하느니라" 하였습니다.(And by faith he still speaks, even though he is dead)

### 1) 죽었지만 믿음으로 후세 사람들을 살리는 믿음을 가진 사람들입니다.
이것이 믿음의 위대한 능력입니다.
① 우리나라에도 순교자들의 간증을 통해서 수많은 사람들이 믿음의 역사를 배우며 소생의 역사가 일어납니다. 믿는 자가 누리는 복입니다.(갈

3:9)

② 그의 후손이 복을 받고 그 믿음을 본받는 사람이 복을 받습니다.

예수님은 그의 삶 때문에 역사에 수많은 생명을 살린다.(John. R. Seeley)고 하였습니다.

**2) 믿는 자는 사후에까지 기적이 나타나게 되는데 이것이 믿음의 위력입니다.**

① 믿음의 역사들을 행한 사람들을 보시기 바랍니다.

(왕하13:20)엘리사는 죽은 뼈가 역사했습니다. 영적이고 신령면에서 큰 교훈이 있습니다. 죽어서도 역사합니다.

② 믿음의 유산을 남기시기 바랍니다.

내가 떠난 후에 타인들이 내 얘기를 하면서 은혜를 받고 영적인 소생을 할 수 있는 믿음의 산증인이 되어야 합니다. 그 믿음 갖기를 주의 이름으로 축원합니다.

**결론 : 믿음으로 말해야 합니다.**

# 무엇이든지 두려워하지 않는 사람
(시27:1-3)

성경에서 믿음의 사람들은 무엇이든지 두려워하지 않는 사람들이었습니다. 이들 모두가 강심장의 소유자들이라서가 아니라 그 배후에 만군의 하나님을 믿는 믿음이 있었기 때문입니다.

불의와 죄악 앞에서도 '아니요' 하였던 요셉이라든가(창39:9), 우상 앞에서도 굽히지 않고 빳빳하게 서서 오히려 바벨론왕 느브갓네살을 굴복시켰던 사드락, 메삭, 아벧느고의 경우(단3:17)라든가 사자굴에 들어갈 줄 알면서도 굳건하게 기도하고 사자를 굴복시키는 다니엘의 모습에서(단6:10) 볼 때에 이들은 가히 무엇이든지 두려움 없이 세상을 이긴 사람들입니다.

예루살렘에 올라가면 잡힐 것을 알면서도 복음을 위해서 예루살렘으로 올라가던 바울의 경우(행20:24)는 이 세대에 교회에게 큰 교훈을 줍니다.

본문에서 다윗은 겹겹이 둘러싸인 문제 앞에서도 약해지지 않고 오히려 승리의 승전가를 부르는 모습에서 역시 신앙의 모델이라고 믿어지게 됩니다. 그가 고백하듯이 사망의 음침한 골짜기(through the valley of the shadow of death)(시23:4)와 눈물골짜기(As they pass through the valley of Baca)(시84:6) 같은 이 세상에서 하나님을 빛으로 구원으로 믿고 나갈 때에 다윗은 두려워하지 않고 승리할 수 있었듯이, 이 세대의 성도가 이 믿음 위에 서야하겠기에 본문에서 몇 가지 은혜를 나누게 됩니다.

## 1. 세상에는 사람들이 무서워하고 두려워하는 일들이 많습니다.

이 무섭게 하고 두렵게 하는 일들이 사람들에게 긴장하게 만듭니다. 성경은 믿는 성도들에게 두려워하지 말라고 하였습니다.(사41:14, 사43:1-)(Do not be afraid)

### 1) 주변에서 두렵게 하는 존재들이 있습니까?

2절 '나의 대적 나의 원수된 행악자가 내 살을 먹으려고' 라고 하였고, 3절 '군대가 나를 대적하여 진칠지라도' 라고 하였습니다.

① 다윗은 자기를 죽이려하는 음모와 계획을 알고도 두려워하지 않았습니다.

(시3:1) '여호와여 나의 대적이 어찌 그리 많은지요 일어나 나를 치는 자가 많도소이다' 하였을 만큼 그 수가 많았습니다. 주변에 행악자가 많았어도 다윗은 두려워하지 않았습니다. 이것이 다윗의 믿음이었습니다.

② 불안과 공포를 자아내는 일들이 주변에 많이 있습니다.

그래서 심리학적으로 현대인들은 예견치 않은 불안과 공포에 둘러싸여 살아간다고 말합니다. 실패의 두려움, 자동차 사고의 두려움, 온갖 질병의 두려움 등 경우들이 다르지만 75가지의 공포증에 시달린다는 보고도 있는걸 보면 막연한 공포 속에 사는 것이 현대인들입니다. 그러나 성도는 이 모든 공포에서 해방이 된 줄 믿어야 합니다.

2) 예수그리스도 안에 있는 사람은 모든 두려움과 공포에서 자유함을 얻어야 하겠습니다.

예수님이 말씀해 주셨습니다.

① 믿는 성도는 모든 문제를 하나님께 맡기고 안심해야 합니다.

왜냐하면 분명한 이유가 있기 때문입니다. 예수님이 근심하지 말라고 말씀하셨습니다.(요14:1) 그리고 평안을 약속하셨기 때문입니다.(요14:27) 그 약속은 계속 유효합니다.

② 이제는 모두 맡겨 버리시기 바랍니다.

성경은 여러 곳에 공포와 두려움, 염려를 주께 맡기라고 하셨습니다.(시37:4-5) 다윗은 사울의 칼날 앞에서도, 수많은 적군과의 전투에서도 하나님을 의지하고 승리했던 사람입니다. 하나님께서 도와주시기 때문입니다.(시121:1-4)

## 2. 다윗은 어떤 상황 중에도 두려워하지 않았습니다.

(1절) '내가 누구를 두려워하리요' 하였습니다.(who shall I fear?)

### 1) 왜 두려워하지 아니하였을까요?

문제는 다 같은데 왜 두려워하지 않았겠습니까? 이유는 간단합니다. 1절을 보시기 바랍니다. 여호와는 빛이시요 구원이시요 생명의 능력이 되시기 때문입니다.

① 그 하나님이 내 편이 되시고 내 곁에 계십니다.

독일 나치 수용소에서 극적으로 살아남은 코리텐붐여사는 이렇게 말했습니다. '기차가 터널을 지날 때에 무섭다고 뛰어내리지 말라, 잠시 후면 캄캄한 굴은 지나가 버린다.' 하였습니다. 다윗은 하나님을 믿었기 때문에 두려워하지 않았습니다.

② 그리고 다윗은 언제나 하나님만 바라보았습니다.

골리앗과의 싸움에서도 나타나게 됩니다.(삼상17:43-44) 이새의 양을 칠 때에도 나타난 현상입니다.(삼상17:34-37)

### 2) 앞에 있는 대적보다 하나님의 보호가 더 위대합니다.

따라서 문제를 보는 것이 아니라 하나님을 바라보아야 합니다.

① 역사하시는 하나님 말씀을 보시기 바랍니다.

엘리사의 경우에서도 나타나게 됩니다.(왕하6:14-17) 우리가 믿는 하나님이 지금도 역사하십니다.

② 믿음의 선진들이 모두 그랬습니다.

마틴루터(Martin Luther)는 '원수가 저 지붕 위의 기와보다 더 많아도 두려워하지 않는다' 고 말했습니다.

## 3. 하나님을 의지하고 두려워하지 않는 사람은 생활이 다릅니다.

### 1) 하나님을 의지하고 태평하게 생활합니다.

① '내가 오히려 안연하리로다' 했습니다.

엄마 품에 안긴 아이가 비바람 앞에서도 안연하듯 말입니다. '하나님을 믿으니 또 나를 믿으라' 하였습니다.(요14:1)(Trust in God; trust also in me)

② 주께 맡기면 태평해지게 됩니다.

극한 상황에서도 오히려 찬송과 기도가 나옵니다.(행16:25) 바울의 경우를 보시기 바랍니다.

**2) 천국 가는 성도들은 분명히 삶의 자세가 바뀌어야 합니다.**
천국 시민권자이기 때문입니다.(빌3:20)
　① 이 사람은 매사에 부정적이지 않고 긍정적입니다.(민14:6-9)
　　(8절) '내가 주의 얼굴을 찾으리이다' 하였습니다.
　② 우리는 삶이 밝아야 합니다. 그리고 긍정적이어야 합니다.
　　이것이 믿음이기 때문입니다. 믿음의 선진들의 승리가 은평교회 성도들의 삶이 되시기를 주의 이름으로 축원합니다.

**결론 : 믿음의 생각으로 바뀌어야 합니다.**

## 부활의 주님을 믿습니까?

(요16:28-33)

모든 일에는 그 일에 대한 핵심이 있고 중심이 있습니다. 흔히 말할 때에 '계란의 노른자위'라는 말을 사용하듯이 가장 중요한 일로서 자동차의 엔진으로 비유할 수 있습니다. 자동차가 겉이 아무리 화려해도 엔진이 문제가 있다면 무용지물이 될 수밖에 없을 것입니다. 시대적으로 외화내허병에 걸린 이때에 다시한번 우리의 신앙생활을 비추어 보는 시간입니다.

사도바울은 예수를 믿은 이후에 부활신앙을 강조하는데 만약에 기독교에서 십자가와 부활이 제외된다면 기독교는 아무것도 아니며 제일 불쌍한 존재일 것이라고 증거하였습니다.(고전15:19) 예수님이 십자가에 죽으실 때에 정식 재판도 없이 비공식 재판과 함께 정확한 십자가에 죽일만한 죄목을 규명하거나 입증도 없이 엉터리 재판에 의해서 억울하게 십자가에 죽게 되는데 그것으로 끝이 났다면 기독교는 존재자체가 무의미할 것입니다.

베드로가 전하였듯이(행4:10) '너희가 십자가에 못 박고 하나님이 죽은 자 가운데서 살리신 나사렛 예수그리스도'라고 하였고 법 없는 자들의 손에 죽으신 예수그리스도는 다시 살아나셨습니다.(행2:24-27) 영광스러운 부활의 아침에 다시한번 부활신앙으로 신앙을 고백합니다. 부활에 대한 질문형으로 우리의 신앙을 확인하고자 합니다.

### 1. 첫째 질문입니다. 예수그리스도의 십자가와 부활을 믿습니까?

예수그리스도는 십자가 위에서 대속적 죽으심을 죽으시고 생명의 주로써 다시 살아나셨습니다.

#### 1) 이제 예수그리스도의 무덤은 빈 무덤입니다.

모든 무덤들 속에는 망자에 대한 시신이 있기 마련입니다. 오래된 후에라도 그 뼈의 흔적이있게 됩니다. 얼마전 파주에서 미이라가 발견되었는데 산모가 출산 중에 죽어서 아기까지 같이 발견된 일이 뉴스(News)화된 일이 있습니다.
　① 유명인들의 무덤들을 보시기 바랍니다. 그리고 세상은 그 무덤을 자랑합니다.
　　석가모니, 공자, 마호멧, 북한의 김일성 등 무덤을 자랑하지만 그 속에는 죽은 사람의 잔해만 있을 뿐입니다. 그러나 예수그리스도의 무덤은 없습니다. 왜냐하면 부활하셨기 때문입니다. 예수님이 질문하십니다. "예수께서 대답하시되 이제는 너희가 믿느냐"(31절)("You believe at last!" Jesus answered) 이제 인간이 대답할 차례입니다. 예, 아니요? 여기에 예수 생명과 함께 영원한 생명이 있습니다.(요일5:11-13)
　② 지난 이천여 년이 그 역사적 증거가 됩니다.
　　사람이 한두 명을 속인다든지 잠시 동안은 속일 수 있습니다. 그러나 AD와BC의 분수령이 되었고 이천 년이 지나도록 수억의 사람들을 속일 수는 없습니다. 유대법에 의하면(구약) 2-3명의 중인만 있으면 진실이 됩니다. 정치, 경제, 사회, 과학, 학문 등 수많은 사람들이 예수를 믿고 부활의 주를 믿으며 그 분에게 일생을 맡겼으며 심지어 이 복음 때문에 순교도 각오하였고 지금도 순교정신으로 복음을 전합니다. 바울은 핍박자였으나 예수를 만난 다음에(고전15:5) 모든 것을 버리고 순교 때까지 십자가와 부활을 전했습니다. 그들이 속은 것일까요?

**2) 예수그리스도의 빈 무덤은 부활에 대한 확신이요 현장입니다.**
　① 누가 감히 부활을 막을 수 있겠습니까?
　　헤롯왕이 군사를 동원해서 무덤을 지켰지만 그 군대도 예수님의 부활의 현장에서는 죽은 자 같이 되었을 뿐입니다.(마28:4)
　② 거짓 입술도 예수님의 부활을 역사적으로 감출 수 없습니다.
　　예수님의 부활이 확실해지자 제사장들과 장로들, 서기관들이 군병들에게 돈을 주면서 잠을 잘 때에 도적질 해갔다는 거짓을 유포 하지만 그 거짓이 부활을 막을 수는 없습니다.(마28:11-14) 오히려 이천 년이 넘는 역사 속에서 수없는 정치, 경제, 사회, 군인, 의사, 농부, 철학자 등이 이름 없는 서민에 이르기까지 인생을 바꾸어놓고 심지어 순교까지 하게 한 이름이 부활하신 예수그리스도의 이름입니다. 바울도 담대히 이 사

실을 고백하였고 전하였습니다.(고전15:13)

## 2. 두 번째 질문입니다. 예수님의 부활과 같이 성도들의 영광스러운 부활을 믿습니까?
우리가 믿는 기독교 신앙의 본질이요 중요한 부분입니다.

### 1) 예수님의 부활하심과 같이 성도의 부활이 확실합니다.
이것을 성경이 제일 중요하게 전하고 있는 사실(Faot)입니다.
① 구약에서 예표로 보여주셨습니다.
(민17:1)아론의 싹 난 지팡이의 사건은 아론과 같은 대제사장이신 예수그리스도의 부활을 보여준 사건이요 모형입니다. 죽은 나무에서 꽃이 피고 열매 맺듯이 예수님이 부활하셨고 그를 믿는 자의 무덤이 부활할 때가 옵니다. 신약에 와서도 예수님이 질문하셨으며 확실히 보여주셨고,(요11:25-26) '네가 믿느냐' 고 하셨습니다.(Do you believe this?) 사도바울도 이를 강조하였습니다.(살전4:13-17)
② 부활하신 예수그리스도는 지금도 우리에게 부활의 신앙을 가지고 살게 하십니다.
지난 세월동안 교회 역사가 이를 증명하였고 우리에게 전하여 주었으니 우리는 이 신앙으로 승리하며 다음 세대에도 전해야할 숙제가 있습니다. 이것이 곧 전도요 선교입니다.

### 2) 부활하신 예수께서 지금도 우리와 함께 하십니다.
① 부활하신 예수님이 찾아오셨습니다.(요20:19-20)
그리고 세상 끝날까지 함께 하시겠다고 약속하시며 이 부활의 복음을 전하라고 사명을 주셨습니다.(마28:18-20)
② 세상 사람은 영원히 동행자(同行者)가 아닙니다.
부모형제, 친척, 친구 그 누구도 나를 떠날 때가 됩니다, 그러나 부활하신 예수님은 내 숨결보다 더 가까이 같이 계십니다. 영국의 의학 잡지인 랜싯은 '아이에게 우유나 다른 것보다 모유가 좋은 이유 중에 하나는 질병 예방은 물론이고 엄마의 체온과 숨결이 안정감을 주기 때문이라' 고 하였는데, 부활하신 예수님이 우리 곁에 같이 계십니다.

### 3. 세 번째 질문입니다. 부활하신 예수님이 질문하시기를 '너희가 평안하느냐?' 하십니다.

지금만큼 평안이 필요한 시대는 없을 것인데 예수님은 평안케 하시고 바람과 파도도 잔잔케 하십니다.(마8:26)

**1) 예수님이 질문하시며 평안을 전하셨습니다.(요20:19-21)**
① 세상에서는 환난이 있지만 평안을 주시려고 오셨습니다.
이미 평안을 선포하셨고(요14:27) 이기게 하십니다.(고전15:57) 예수님이 이기셨으니 또한 평안이 따라옵니다.
② 십자가로 이기시게 되었습니다.(골2:15)
십자가에서 죽으시고 부활하심으로 이기시며 평안을 약속하셨습니다.

**2) 부활주일에 예수님이 주시는 평안이 넘치게 되시기를 바랍니다.**
① 세상에서 얻어지는 것 때문에 오는 평안은 유동적이고 잠간입니다.
지위, 재물, 출세들이 나를 평안케 하는 것은 잠시 동안입니다. 들의 꽃과 같기 때문입니다.(벧전1:25) 그래서 궁극적인 평안은 될 수 없습니다.
② 십자가를 통한 부활의 신앙으로 무장할 때에 영원한 평안이 옵니다.
경제적 여유가 있어서 레저시대가 오는데 그 레저 속에도 진정한 평안을 기대할 수 없습니다. 부활신앙으로 영원한 평안이 있게 되시기를 주의 이름으로 축원합니다.

**결론 : 주님의 질문에 대답 하십시오**

# 탕감받은 자의 믿음
(눅7:43-50)

'채무자'라고 하는 것은 매우 어려운 입장입니다. 왜냐하면 글자 그대로 빚을 갚아야 하는 입장이기 때문입니다. 성경에도 기록되었듯이(왕하4:1-) 채권자가 자식까지도 볼모로 잡아가기도 하였습니다. 사람이 세상을 살아가면서 여러 가지의 모습으로 살아가게 되는데 어떤 이는 주어진 환경을 극복하면서 약방의 감초와 같이 사는 사람도 있고 어떤 사람은 가는 곳마다 문제만 일으키는 사람도 있게 됩니다.

교회 생활에도 진정으로 구원 받은 기쁨 속에서 영적 승리생활을 하는 사람도 있고 구원의 감격은 어디로 가버리고 문제만 일으키는 사람도 있게 됩니다. 영적인 채무자임을 끝까지 잃어버린 채 자기 멋대로 살아가면서 은혜를 잃어버린 자도 있습니다.(눅17:11-19)

오늘 본문 말씀은 신약성경에 유명한 말씀입니다. 마26:6-13, 막14:3-9, 요12:1-8에도 소개된 말씀입니다. 여기에 나오는 이 여자는 그 신분이 '그 동네에 죄인인 한 여자'라고 하였습니다. 성경을 주석(註釋)하는 학자인 벵겔(Bengel)이나 메이어(Mayer)는 그 여자가 창녀였다고 주석하였습니다. 시몬의 잔칫집에 그 여자가 온 것에 대해서 수군거리기 시작하였고 더욱이 예수님께 향유병을 부어드리는 행위에 대해서 수군거렸습니다. 중요한 것은 초청된 것이 아니고 스스로 와서 그렇게 하였다는데 있습니다. 그 여자는 옛사람이 아니고 변화 받은 사람입니다. 제자들도 변화 받은 사람이고 오늘날 교회 직분자도 변화 받은 사람입니다. 변화 받지 못한 채 목사, 장로, 권사, 집사, 성가대와 교사를 할 수는 있으나 진정으로 변화 받은 자의 헌신과 채무 행위가 나타날 수 없는데 문제가 있습니다.

변화되지 못한 가롯유다의 모습에서 확실하게 나타납니다.

## 1. 변화 받은 이 여자는 예수님께 귀한 것을 헌신하였습니다.

사람은 누구나 소유욕이 있기 마련이고 자기 것은 모두가 귀하게 여깁니다. 그런데 이 여자는 향유병을 예수님께 드리게 되었는데 향유는 당시에 혼수품으로 유명한 물품입니다. 그런 귀한 것을 왜 드리게 되었을까요?

### 1) 받은바 은혜에 감격해서 드린 헌신입니다.

주께서 주신 은혜가 너무 감격스러워서 견딜 수가 없었습니다.

① 감격에 못 잊을 헌신이었습니다.

죄에 파묻혀서 영과 육이 아울러 파괴되고, 인격이 모두 무너지게 될 때에 예수님을 만나서 죄 사함 받고 인생이 100% 변화와 함께 축복을 받게 되었고, 창녀였던 그가 정신적 평안까지 얻었으니 그 산 소망을 인하여 어찌 감격하지 아니하였겠는가? 예수님을 만나게 될 때에 회복됩니다. 그와 같은 감격에서 향유병의 헌신 사건이 나오게 된 것입니다. 찬송가 141장의 아이작 왓츠(I.Watts)나 405장의 존 뉴튼(John Newton) 역시 같은 은혜 속에서 찬송을 부르게 되었습니다. 이와 같은 은혜를 받은 사람들이 교회에서 주께 헌신을 하게 됩니다. 이것이 참 헌신입니다.

### 2) 이 여자는 아주 귀한 것으로 헌신을 하였습니다.

신앙적인 면에서 볼 때에도 귀한 헌신이지만 세상 경제적 가치에서도 볼 때에 큰 것이었습니다.

① 300데나리온은 1년 치 품삯에 속하는 가치입니다.

(37절) '향유 담은 옥합을 가지고 와서' 라고 하였습니다. 요12:3에는 '순전한 나드 한 근' 이라고 하였습니다. 예수님 당시의 1일 품삯이 1데나리온(마20:1-)이기 때문에 거의 1년 치 품삯이라고 본다면 작은 돈이 아니었습니다. 부자라서 헌신한 것이 아니라 받은 바 은혜에 감격해서 헌신을 하게 되는 것입니다. 이것이 진정한 헌신의 모습입니다. 부자라고 헌신하는 것이 아님을 예수님은 말씀하셨습니다. 눅12:20-21, 눅16장 부자와 나사로의 사건에서 보듯이 오히려 가난한 사람이 헌신하고서 축복을 받게 됩니다.

② 왜 이 여자는 이런 행동을 하였을까요?

돈이 남아서 쓸데없거나 누가 강요해서 이루어진 사건이 아닙니다.
(38절) '예수의 뒤로 그 발 곁에 서서 울며 눈물로 그 발을 적시고 자기 머리털로 씻고 그 발에 입 맞추고 향유를 부으니' 라고 하였습니다. 천한 자요, 병자요, 사람들에게 사람대접 받지 못하다가 예수님을 만나서 병도 낫고 사람대접을 받게 된 것입니다. 교회안에서 성도들은 영적으로 이런 체험자들이 될 때에 진정한 헌신자가 되는 것입니다. 이런 체험적 신앙생활이 되시기를 축원합니다.

## 2. 변화 받은 이 여자는 사람들의 이목을 두려워하지 않았습니다.

사람들의 눈치나 보고 머뭇거리는 모습이 아닙니다.

### 1) 진정한 헌신자는 비난이나 사람들의 이목을 개의치 않습니다.

39절 이하에서 이 여자의 행동에 대해서 집주인의 마음이 엿보입니다.

① 집주인조차도 의아해 하였고 못마땅한 모습입니다.

예수님이 어떻게 저 천박한 여자의 하는 일에 대해서 모르시는 것인지 아니면 묵인하시고 계시는 것입니까? 하는 눈치입니다. 집주인으로서는 잔치를 벌여놓고서 치명타를 입을 수 있었을 것입니다. 그러나 이 여자는 개의치 않고 행동하였습니다.

② 제자들도 마땅치 않게 여겨 비난하였습니다.

마26:8에는 분히 여겼고, 막14:4에는 허비한다고 꾸짖습니다. 모두가 이 여자의 행하는 일에 대해서 욕하며 난색을 표합니다. 옛날이나 지금이나 진정한 헌신자에게는 욕이 오도록 되어있지만 참 헌신자는 개의치 않는 것이 충성입니다.

### 2) 사람들은 대개가 타인의 말하기를 좋아합니다.

잠언에도 명시하였습니다.(잠18:8, 26:20)

① 진정한 헌신과 충성은 비난이나 비방을 두려워하지 않습니다.

왜냐하면 헌신에 대한 동기나 목적이 뚜렷하기 때문입니다. 신앙적인 면에서 본인의 신앙적 입장이 뚜렷하기 때문입니다. 기도 응답 받고 은혜 받으면 뚜렷해지는데 이것이 초대교회에서 보여주는 신앙입니다.(행2:44, 4:34)

② 그러나 남의 일에 덩달아서 가식으로 하는 헌신은 들통이 납니다.
이것이 아나니아와 삽비라의 사건입니다.(행5:1-)

## 3. 변화 받은 이 여자는 구원도 받고 평안의 선물도 받게 되었습니다.

이 여자는 사람들의 시선과 자기의 입장 때문에 헌신 전에 망설임이 왔을지 모르지만 믿음으로 주께 헌신할 때에 구원과 평안을 누리게 되었습니다. 어렵지만 행하고 나니 그 가치가 예수님께로부터 선포되었습니다.

### 1) 믿음의 구원입니다.
(50절) '네 믿음이 너를 구원하였으니' 하였습니다.(Jesus said to the woman, "Your faith has saved you)
① 이 여자는 믿음으로 구원의 확증을 얻게 되었습니다.
향유병의 값이 문제가 아니라 사람들 앞에서 구원의 선포를 받게 되었으니 여기에 비길 것은 아무 것도 없습니다.
② 마음에 믿음이 있다면 행하시기 바랍니다.
그것이 무엇이든지 간에 영적이고 신령한 것은 좋은 것입니다. 여기에 믿음에 따라서 역사하게 됩니다.(롬10;10)

### 2) 불안하던 마음에 평안의 축복을 받게 되었습니다.
'평안히 가라' 하였습니다.(go in peace)
① 이 평안은 세상이 주는 것과 다르다고 하였습니다.
예수님 밖에 줄 수 없는 것입니다.(요14:27)
받은 자 밖에는 알 수가 없는 것입니다.(계2:17)
② 예수님 만나서 기적을 체험하게 되었고 구원과 평안을 받았습니다.
여기에서 진정한 헌신이 나오게 됩니다. 탕감을 많이 받은 만큼 사랑을 많이 받은 여자가 되었습니다. 이 은혜가 있기를 축원합니다.

**결론 : 큰 것을 탕감 받은 성도의 모습입니다.**

# 소원의 항구로 인도하소서
(시107:23-32)

사람이 세상에 태어나서 살아가는 동안에 소원이 없는 사람은 없습니다. 그 소원이 제각기 다른 소원들이겠지만 작고 소박한 소원부터 시작해서 크고 원대한 소원들까지 다양합니다.

그런데 사사로운 보통 소원이 아니고 바다에서 풍랑을 만나서 언제 죽을지 모르는 사람에게는 소원이 무엇이겠습니까? 사느냐, 죽느냐는 위기에서의 소원은 항구에 도착하는 것입니다.

인생사를 고해와 같다고 합니다. 성경에는 실제 상황이 기록되는데 요나서의 요나의 경우를 보게 되고(욘1장), 예수님께서 타신 배에도 위험이 닥쳐왔습니다.(마8장)

사도바울은 로마로 가던 배에서 유라굴로라는 풍랑을 만나게 되어서 모든 사람이 함께 죽을 고비를 겪게 되지만 오히려 여호와하나님의 도우심으로 모든 이들에게 희망을 전하였고 드디어는 소원의 항구로 도착하게 되었습니다.

인생길은 대적의 손이 많고(2절), 흑암과 사망의 그늘에 앉은 광야와 사막의 길(4-9), 곤고와 사슬에 매임(10-16), 사망의 문(17-22), 광풍과 바다의 물결이 심각한 곳(25절)이 세상입니다.

그런데 성경은 또한 희망을 주시는데, "여호와를 기뻐하라 그리하면 네 마음의 소원을 이루어 주시리로다" 하였습니다.

## 1. 이 세상은 풍랑과 파도가 많은 인생여정을 깨닫게 됩니다.

(23절) "선척을 바다에 띄우며 큰물에서 영업하는 자는" 이라고 하였습니다. 큰물에서 영업할수록 파도가 더 크게 옵니다.

**1) 풍랑이 일어나는 바다에 떠있는 배와 같은 인생 삶의 현장입니다.**
마치 인생여정이 그러합니다.
　① 과거 인생사를 보시기 바랍니다.
　　완전하게 100% 만족하거나 풍랑이 하나도 없는 인생 바다는 없습니다. 유명한 인물일수록 한 시대를 살아가면서 풍랑이 많은 경우를 봅니다. 모세의 경우를 보게 되고(출2:1-9), 요셉의 경우를 봅니다.(창37:50) 다윗의 경우와(시23:4,) 일반 역사에서도 유명인일수록 풍랑이 심했습니다. 링컨 같은 경우에 8세 때에 모친을 잃게 되었고, 발명왕 에디슨 같은 경우에는 가정학교(Home school)에서 공부하였고 화약을 실험하다가 귀청이 고장이 나서 청각장애자가 되기도 하였습니다.
　② 현존하는 사람들 중에도 수고와 아픔을 딛고 일어나서 크게 된 경우들이 많습니다.
　　교계지도자들, 정치가들, 학자들, 사업가들 중에 풍랑이 없이 살아온 사람들은 거의 없습니다. 그러나 그 풍랑들이 여기까지 빨리 오게 했다고 간증합니다.

**2) 풍파와 고난은 하나님의 섭리입니다.**
모두가 하나님의 섭리(Providence of God)인데 신학자 비비워필드박사(B.B.Warfield)는 말하기를 모든 창조물들은 하나님의 섭리가 아닌 것이 없다고 하였습니다.
　① 하나님의 섭리 중에 있기 때문에 고해와 같은 인생이지만 결국 소원의 항구로 도달하게 됩니다.
　　그런데 이 고난은 보통 고난이 아니라 '광풍'(25절)으로써 배가 바다 위로 올라갔다 내려갔다 하는 공포 속에 있는 현상입니다.(26-27) 그 위험으로 인해서 그 영혼이 녹는도다, 하였습니다. 온 유다나라가 바벨론의 느브갓네살에게 먹히는 광풍입니다.
　② 이런 어려운 나그네 인생에서 하나님이 섭리는 계속 되어서 70년 만에 바벨론에서 다시 돌아올 수가 있었습니다.
　　욥의 경우에 고백하기를 내가 앞뒤를 보아도 하나님이 보이지 않는다고 하면서 단련하신 후에는 정금같이 나온다고 하였습니다.(욥23:9-10) 이것이 고난의 나그네 인생입니다.(창49:9, 시90:10)

## 2. 파도치고 죽을 고비를 넘기는 가운데에서도 성도가 세상을 어떻게(How) 살 것인가를 말씀해주십니다.

### 1) 환난 중에도 해야 할 일은 기도입니다.
죽을 고비 가운데에서도 기도하였습니다. 나의 존재는 무기력한 존재입니다.
① 기도 밖에 없습니다.
(28절) "이에 저희가 그 근심 중에서 여호와께 부르짖으매"라고 하였습니다.(Then they cried out to the LORD in their trouble) 바벨론에서도(단6:10, 스4:16), 풍랑에서도(행27) 기도했습니다.
② 기도는 위기를 호기로 바뀌게 합니다.
(시107:6)이에 저희가 근심 중에 부르짖으매 고통에서 건지셨습니다.
(왕하20:1-)히스기야의 경우를 보시기 바랍니다.

### 2) 위기에서도 하나님의 손길을 바라보아야 합니다.
(시42:1)목마른 사슴처럼 하나님을 바라보아야 합니다.
① 지금 우리는 더욱 기도할 때입니다.
국가적으로 기도해야 하겠고, 교계가 기도해야 하고, 사회 여러 분야를 위해서 기도해야 할 때입니다.
② 개인이든, 교회든, 국가든 간에 위기와 풍랑은 기도하라고 하시는 하나님의 뜻이 있기 때문입니다.
미국 죠지 부시대통령의 아버지 부시대통령은 이라크와의 전쟁 시에 모두 준비해놓고 온 교회와 미국국민들에게 기도해 줄 것을 당부하였습니다. 우리나라 역시 북한이 언제 어떻게 변할지 모르는 이때에 기도 밖에 없습니다.(렘33:1-3)

## 3. 광풍과 같은 위기 때에 기도하게 되면 하나님께서 인도하십니다.
제자들이 예수님께 부르짖었고(마8장), 근심 중에 부르짖은 말씀을 본문에서 보게 됩니다.(시107:28-30)

### 1) 광풍의 주권까지도 하나님께 있습니다.

모든 것을 창조하시고 통치하시는 하나님의 주권입니다.
① 그래서 인생은 하나님께 목자로 고백해야 합니다.
여호와는 나의 목자시니 내가 부족함이 없으리로다(시23:1), 고백해야 합니다. 예수님이 우리의 목자가 되십니다.(요10:11)
② 하나님 밖에서는 참 평안이 없습니다.
어거스틴(Augustine)은 하나님께 돌아올 때 평안이 있다고 하였습니다.

**2) 내 소원도 그렇지만 하나님의 소원도 내가 빨리 소원의 항구에 오기를 기다리십니다.**
① 오히려 소망 중에 즐거워해야 합니다.
(롬12:12) "소망 중에 즐거워하며 환난 중에 참으며 기도에 항상 힘쓰라"고 하였습니다. 성도는 낙심하지 말아야 합니다.
② 그리고 끝까지 인내해야 합니다.
욥이 그 대표이며(약5:11), 말세 성도의 모습입니다.(계14:12)
풍랑이 오히려 바울이 바울의 모습으로 서게 하였고 사람들에게 하나님의 살아계심을 보여주었습니다.
이런 신앙으로 승리케 되시기를 주의 이름으로 축원합니다.


**결론 : 풍랑에서 낙심치 말고 승리해야 합니다.**

# 푯대를 분명히 하라
(빌3:12-16)

사람이 세상을 살아가면서 목표를 세우는 일은 매우 중요한 일입니다. 삶에 목표가 세워지게 될 때에 도전과 응전이 생기기 때문입니다. 따라서 무엇인가에 대한 도전 정신이 없이는 승리도 없다는 것입니다. 그래서 유명한 역사가인 토인비박사(Arnold Toynbee)는 도전과 응전을 통해서 역사가 발전한다고 했습니다. 일반적인 일에도 그러하지만 더욱 신앙생활에는 이런 정신이 중요합니다. 여기에 결단과 결심이 생기게 되고 신앙의 성공적인 일이 될 수 있기 때문입니다.

그래서 성경에는 운동장에서 경주하는 일로 비유되기도 하였고 면류관이 준비된다고 하였습니다.(고전9:24-25) 사도 바울은 본문에서 '푯대를 향하여 그리스도 예수 안에서 하나님이 위에서 부르신 부름의 상을 위하여 좇아가노라' 했습니다. '푯대를 향하여' 라는 말은 '카타스코폰'(κατὰ σκοπὸν)인데 '목표를 향하여' 라는 뜻으로서 우리 신앙의 분명한 미래를 밝혀주는 말씀인바 메달을 위해 달려가듯이 우리의 신앙생활이 분명한 목표가 있음을 배우게 됩니다.

## 1. 지나온 뒤의 것은 잊어버려야 합니다.

지나온 과정 속에 잘한 것에 치우치거나 그릇된 것에 붙잡혀서도 아니됩니다. 모두 묻어버려야 합니다.

### 1) 운동 경기는 앞만 보고 뛰듯이 신앙생활 역시 그러합니다.
과거에 발목을 붙잡히게 되면 뛸 수가 없습니다.
① 왜냐하면 아직 목표에 도달하지 못하였기 때문입니다.
모두 마치고 골인지점에 도착할 때에 비로소 웃어야 합니다.
(13절) '형제들아 나는 아직 잡은 줄로 여기지 아니하고 오직 한 일 즉

뒤에 있는 것은 잊어버리고' 라고 전했습니다.(Brothers, I do not consider myself yet to have taken hold of it) 육상이나 기록경기에는 0.01초로 차이가 나는데 언제 뒤를 돌아볼 시간이 없습니다. 신앙생활 역시 그러합니다. 그래서 구약시대의 사건은 우리의 거울입니다.(고전10:6, 11-12)

 ② 뒤에 있는 것은 잊어버려야 합니다.
  일반 역사도 잊을 것은 잊어야 발전이 있듯이 신앙생활도 버릴 것은 버리게 될 때에 가볍게 질주하게 됩니다, 과거에 밀착해서 전진할 수 없다면 큰 손실이 오게 됩니다.

### 2) 하나님을 두려워할 줄 알아야 합니다.

매사에 발목이 잡히는 현상은 하나님을 두려워하지 않기 때문입니다.
 ① 높은데 마음을 두지 말고 겸손히 낮은데 두어야 합니다.
  (롬11:20) '높은데 마음을 품지 말고 도리어 두려워하라' 하였습니다.(Do not be arrogant, but be afraid) 왜냐하면 교만하게 되면 망하게 되고 겸손이 승리하기 때문입니다. (벧전5:5-6) 이스라엘 초대왕 사울은 교만과 불순종이 망하게 했습니다.
 ② 이 모든 일에는 영적교훈이 매우 크다고 볼 것입니다.
  사도바울이나(고전10:6-12) 히브리서기자도 분명히 밝히고 있는 부분입니다.(히10:38)
  그러므로 겸손히 예수님만 바라보고 뛰어야 합니다.(히12:2)

## 2. 미래로 힘차게 나아가려는 신앙적 의지가 있어야 하겠습니다.

우리는 세상적 목적이 아니라 천국이 우리의 최종적 목적지입니다.

### 1) 앞만 향해서 달려야 합니다.

(13절) '앞에 있는 그것을 잡으려고' 라고 하였습니다.
 ① 뒤로 돌이켜서도 뒤를 돌아보아서도 아니 됩니다.
  성경에서 이런 예는 많이 있는데 대표적으로 소돔성이 멸망할 때에 뒤를 돌아보았던 롯의 처가 좋은 예입니다.(창19:17, 26)
  신약에 와서 말세 때의 경고로 주셨습니다.(눅17:32) '롯의 처를 생각하라' 했습니다. (Remember Lot's wife)

② 앉아만 있어도 아니 됩니다.
   신앙생활은 계속 달려가야 하고 움직여야 합니다. 여호수아에서 말씀을 배우게 됩니다.
   (수1:2)요단강 앞에서 앉아있을 때에 일어나서 건너가라고 재촉해 주셨습니다.
   쉬지 말고 가야하는데 쉬었다가 큰 낭패를 본 사람도 있습니다.(왕상 13:4, 9, 14)

2) 아직 목적지에 도달하지 아니하였기 때문입니다.
   ① 문제는 앞으로 전진해보려는 신앙적 노력과 의지가 중요합니다. 가만히 앉아있거나 낙심해 있거나 해도 아니 되고 일어나 앞으로 나아가야 합니다.
   ② 앞에 있는 푯대를 향해가려는 의지(will)가 중요합니다.
   서양 속담에 '벌레 눈을 가진 자는 망하게 되고 독수리의 눈을 가진 자는 흥한다' 고 하였는데 당장 코앞에 유익을 위해서 일하지 말고 창공을 날아서 천지를 바라보아야 합니다.

### 3. 매일 매일 주어진 일에 최선을 다해야 하겠습니다.

지미카터 대통령은 '왜 최선을 다하지 않느냐' (Why not best?)라고 하였습니다.

**1) 최선을 다해야 합니다.**
(2절) '그것을 잡으려고 좇아가노라' 하였고(14절) 하나님이 위에서 부르신 부름의 상을 위하여 좇아가노라' 하였습니다.
   ① 내게 주신 영적 능력에 따라서 힘써야 합니다.
   어디에까지 이르렀든지 그대로 달려야 합니다.(16절)
   달란트를 맡은 청지기가 최선을 다한 사람과 묶어둔 사람은 결과가 확연하게 달랐습니다.(마25:14-21)
   ② 환경이나 배경이 달라도 최선을 다해야 합니다.
   올림픽의 꽃이라는 마라톤에서 지난 아테네올림픽 때에 브라질선수는 미치광이에 의해서 방해를 받았어도 끝까지 잘 달려가서 3위를 했는데

이 선수가 '리마' 라는 선수입니다.

**2) 우리의 목표요 푯대는 천국입니다.**
이 세상이 아니라 천국이 목표입니다.
① 이 세상 것 때문에 목표가 흐려지거나 푯대가 사라지면 곤란합니다.
   모세는 모든 것을 버렸습니다.(히11:24-)
② 영적 푯대는 정해져 있습니다. 중요한 것은 영적인 푯대입니다.
   바울은 이것 때문에 모든 것을 버렸습니다.(빌3:9) 이런 성도들이 되시기를 주의 이름으로 축원합니다.

**결론 : 우리는 영적 경주자들입니다.**

# 만나요약설교 6

| | |
|---|---|
| 초판 1쇄 발행 | 2009. 06. 15. |
| 2쇄 발행 | 2021. 03. 10. |

| | |
|---|---|
| 지은이 | 김명규 |
| 펴낸이 | 박성숙 |
| 펴낸곳 | 도서출판 예루살렘 |
| 주 소 | 10252 경기도 고양시 일산동구 고봉로 776-92 |
| 전 화 | 031-976-8972 |
| 팩 스 | 031-976-8974 |
| 이메일 | jerusalem80@naver.com |
| 창립일 | 1980년 5월 24일(제16-75) |
| 등 록 | (제59호) 2010년 1월 18일 |

ISBN 978-89-7210-493-3 03230

책값은 뒤표지에 있습니다.

도서출판 예루살렘은 말씀과 성령 안에서 기도로 시작하며
영혼이 풍요로워지는 책을 만드는 데 힘쓰고 있으며,
문서선교 사역의 현장에서 세계화의 비전을 넓혀가겠습니다.

나의 힘이신 여호와여 내가 주를 사랑하나이다(시 18:1)